Rito Escocês
Antigo e Aceito
Loja de Perfeição
(Graus 1º ao 33º)

Rizzardo da Camino

Rito Escocês
Antigo e Aceito
Loja de Perfeição
(Graus 1º ao 33º)

MADRAS®

© 2025, Madras Editora Ltda.

Editor:
Wagner Veneziani Costa

Produção e Capa:
Equipe Técnica Madras

Revisão:
Arlete Genari
Amanda Maria de Carvalho

Dados Internacionais de Catalogação na Publicação (CIP)
(Câmara Brasileira do Livro, SP, Brasil)

Camino, Rizzardo da
Rito escocês antigo e aceito / Rizzardo da Camino.
São Paulo: Madras, 2025.

ISBN 978-85-370-0222-3

1. Maçonaria - Rituais I. Título.
07-2937 CDD-366.12

Índices para catálogo sistemático:
1. Maçonaria: Rito escocês antigo e aceito:
Sociedades secretas 366.12

É proibida a reprodução total ou parcial desta obra, de qualquer forma ou por qualquer meio eletrônico, mecânico, inclusive por meio de processos xerográficos, incluindo ainda o uso da internet, sem a permissão expressa da Madras Editora, na pessoa de seu editor (Lei nº 9.610, de 19.2.98).

Todos os direitos desta edição reservados pela

MADRAS EDITORA LTDA.
Rua Paulo Gonçalves, 88 — Santana
CEP: 02403-020 — São Paulo/SP
Tel.: (11) 2281-5555 – (11) 98128-7754
www.madras.com.br

*Dedico este trabalho aos Irmãos de minha
Loja, Fraternidade Nº 100, do Oriente do
Rio de Janeiro*

ÍNDICE

Apresentação 11
Prefácio 21
Aprendiz –1º Grau 23
    A Iniciação 27
    As Provas 30
    Instruções do Primeiro Grau 35
    A Cadeia de União 38
    Companheiro – 2º Grau 43
    Os Sentidos 45
    As Artes Liberais 46
    As Viagens Iniciáticas 48
    Os Deveres do Companheiro 51
        Deveres para com o Grande Arquiteto do Universo 51
        Deveres do homem para consigo mesmo 53
        Deveres para com o próximo 53
    Instruções do 2º Grau 55
Mestre – 3º Grau 59
    Esclarecimentos sobre o Ritual 61
    A Lenda de Hiram 62
        Os degraus do Templo 63
        Consagração 63
        Instruções do Grau 64
        O Painel da Loja 67
    A Lenda de Hiram Abiff 70
Loja de Perfeição – 4º Grau 79
Mestre Perfeito – 5º Grau 99

Secretário Íntimo – 6º Grau 103
Preboste e Juiz – 7º Grau 107
Intendente dos Edifícios – 8º Grau 113
Cavaleiro Eleito dos Nove – 9º Grau 117
Cavaleiro Eleito dos Quinze – 10º Grau 127
Sublime Cavaleiro dos Doze – 11º Grau.. 133
Grão-Mestre Arquiteto – 12º Grau... 139
Cavaleiro do Real Arco – 13º Grau.. 143
    A Lenda de Enoch 144
Perfeito e Sublime Maçom – 14º Grau 149
Cavaleiro do Oriente – 15º Grau 155
    A Lenda do Grau 15 160
Príncipe de Jerusalém – 16º Grau 163
Cavaleiro do Oriente e do Ocidente – 17º Grau..................................... 167
Príncipe Rosa-Cruz – 18º Grau.. 173
    A Pramanta 175
    O Crucifixo 176
        A Rosa Mística... 178
        O Candelabro de Sete Velas 178
    As Viagens 179
    A Ceia 181
Grande Pontífice ou Sublime Escocês – 19º Grau 185
Soberano Príncipe da Maçonaria ou Mestre "Ad Vitam" – 20º Grau ... 193
Noaquita ou Cavaleiro Prussiano – 21º Grau 197
Cavaleiro do Real Machado ou Príncipe do Líbano – 22º Grau........... 203
Chefe do Tabernáculo – 23º Grau.. 209
Príncipe do Tabernáculo – 24º Grau 215
Cavaleiro da Serpente de Bronze – 25º Grau... 221
Príncipe da Mercê ou Escocês Trinitário – 26º Grau............................. 227
Grande Comendador do Templo – 27º Grau... 233
Cavaleiro do Sol ou Príncipe Adepto – 28º Grau................................... 239
Grande Cavaleiro Escocês de Santo André ou Patriarca das
Cruzadas – 29º Grau 247
Cavaleiro Kadosh ou Cavaleiro da Águia Branca e
Negra – 30º Grau 253
    A Câmara Vermelha... 254
    A Câmara Negra 255
Grande Juiz Comendador ou Inspetor Inquisidor
Comendador – 31º Grau 263

Sublime Cavaleiro do Real Segredo, Soberano
Príncipe da Maçonaria – 32º Grau 271
    A Iniciação 278
Soberano Grande Inspetor Geral – 33º Grau 287
    A Abertura dos Trabalhos 294
    A Iniciação 297
    Encerramento dos Trabalhos 300

APRESENTAÇÃO

A Maçonaria deixou de ser uma "sociedade secreta" para apresentar-se como uma Instituição Civil devidamente registrada nos livros do Cartório competente, obtendo, assim, uma personalidade jurídica, sujeita às leis do país onde funciona.

No Brasil, a Instituição tem progredido favoravelmente, multiplicando suas Lojas e registrando novos adeptos.

Apesar da evolução em todos os sentidos, observada na Instituição, ela conserva os princípios fundamentais promulgados nas sucessivas Constituições, a partir de 1717, compiladas em 1723 por James Anderson, personagem que viveu entre 1680 a 1739. Essas Constituições foram publicadas em 1723 e 1738 e precederam os "Manuscritos".

Esses eram compilados como manuscritos, apesar de já existir a tipografia e foram em grande número a partir do Poema Regius de 1390.

Os Manuscritos são conhecidos como as "Old Charges" e constituem a base moderna da Maçonaria.

O escritor Assis de Carvalho[1] relacionou a maioria deles, o que nos dá uma ideia da riqueza dessa literatura, infelizmente, desconhecida pela maioria dos maçons não tanto pelo desinteresse individual, mas pela escassez de literatura; Assis refere à existência de mais de 140, o que constitui uma verdadeira biblioteca.

As Constituições de Anderson surgiram após os Manuscritos de Papwort, Roberts, Macnab e Hardon (entre 1714 a 1723) e tiveram grande divulgação; até hoje, é fácil encontrá-las, uma vez que são traduzidas por muitos autores e inseridas em Manuais e Constituições de cada Grande Loja.

---

1. *A Maçonaria, Usos e Costumes,* Francisco Assis Carvalho.

O curioso desses Manuscritos e das Constituições é a ausência de uma definição sobre o que seja a Maçonaria. Eles discorrem mais a respeito do comportamento maçônico, moral e social dos Adeptos.

Paralelamente a esses Manuscritos e sucessivas Constituições, surgiram os Ritos.[2]

Dentre mais de 200 Ritos, e apenas alguns postos em uso, no Brasil o Rito Escocês Antigo e Aceito teve a preferência.

Por isso, julgamos apropriado apresentar um trabalho que envolvesse todos os 33 Graus do referido Rito.

Poucos são os autores brasileiros que nos brindaram com comentários ritualísticos completos; desconhecemos a existência de algum livro que apresentasse todo o Rito.Somos um dos raros que já escreveram sobre todos os Graus do Rito Escocês Antigo e Aceito, porém fizemo-lo em oito partes distintas, sem a continuidade necessária para uma observação genérica e panorâmica de todo o Rito.

Obviamente, resultou em um trabalho restrito e conciso; como o fizemos, cada Grau se presta a uma longa dissertação, o que se torna cansativo. Em um só volume, torna-se cômodo e de fácil manuseio; procuramos registrar os pontos fundamentais, com a preocupação de evitar comentar a respeito das "Palavras de Passe" e dos elementos "sigilosos".

Nada impediria explanarmos com toda amplitude os mínimos detalhes; no entanto, certos elementos são privativos de cada Grau e essa privacidade tem o escopo de evitar profanação.

Certa "reserva" é conveniente para manter uma unidade preservada aos Adeptos, pois, sendo as palavras em hebraico de difícil interpretação, poucos conseguem memorizá-las.

Ademais, o assunto Maçonaria não encontra maior interesse entre os não maçons e assim o "vulgo profano" não tem acesso aos "sigilos", às partes preservadas e aos "segredos".

Contudo, nem todos os autores apresentam o mesmo escrúpulo e, com extrema facilidade, atiram as "pérolas" aos que, possivelmente, as possam pisotear.

Nossa preocupação é manter os princípios e filamentos filosóficos que podem se resumir na crença em Deus e no amor fraterno.

Esse binômio conduz à conquista de uma série de virtudes.

A crença em Deus, instituído por nós como Grande Arquiteto do Universo, não significa o surgimento de uma religião.

Sabemos, perfeitamente, o que seja Religião: a religação entre Deus e a criatura humana; porém, por meio de um caminho pleno de dogmas e revelações particulares de pessoas predestinadas que se arvoram em mensageiros diretos, causam uma avalanche de expressões que diferem entre si, embora com a proclamação de exclusiva verdade.

---

2. *Ritos e Rituais*, de Francisco Assis Carvalho.

A "profissão de fé" do maçom é simples: crer na existência de Deus, como Divindade, sem a preocupação de detalhar essa crença e sem o afã de um contato direto, de um diálogo (oração) ou submissão total.

Essa fé é raciocinada; a bondade que emana da Divindade deve ser imitada e, assim, o maçom ama o seu próximo, antes mesmo de amar a si próprio.

Duas são as partes essenciais: a "espiritual", que respeita a Deus e a "material", que se traduz no culto ao Amor fraterno.

A Maçonaria apresenta um culto a Deus; ela o tem presente por meio dos símbolos, sendo o Livro Sagrado, um deles.

O Amor fraterno, esse, sim, é cultivado, exercitado e positivado.

Crer em Deus e amar o seu Irmão fazem do Iniciado um maçom.

A base que sustenta o Edifício é a tolerância.

A Maçonaria não exclui a existência de dogmas quando esses são manifestados pelos seus adeptos; a tolerância leva ao respeito da crença de cada elo, mas com a exigência de que haja uma crença em Deus.

A Ordem carreia todo seu empenho para a Iniciação. Crê que pode contribuir para uma sociedade digna, oferecendo-lhe membros perfeitos, oriundos dessa perfeição da Iniciação.

Existe uma complexidade de Iniciações partindo da básica, do 1º Grau, para o "ápice", passando por uma série de "provas" e enunciações.

Sabe-se da existência da separação entre a Maçonaria Simbólica e a Filosófica; são dois campos isolados, mas que fazem parte de um todo.

Há um traço de união entre os 33 Graus, que é a Lenda de Hiram Abiff e o desenvolvimento harmonioso dos Rituais.

O Rito Escocês Antigo e Aceito é desenvolvido em toda amplitude no Brasil e, apesar da separação entre o Simbólico e o Filosófico, ambos os Corpos marcham unidos; praticamente toda Loja Simbólica participa dos Altos Corpos sem que haja qualquer dissonância; ao contrário, percebe-se uma união muito mais estreita entre os maçons.

Os maçons possuidores dos Graus superiores emprestam às suas Lojas Simbólicas excepcional força nos trabalhos, desde o 4º Grau até o último.

A Iniciação cria um estado de consciência próprio para desenvolver os princípios básicos maçônicos; o trabalho lento e persistente conduz ao pleno conhecimento da Arte Real e daí o acerto de existência dos 33 Graus.

O que exsurge dos Graus são os "Mistérios", que assim vêm definidos no vernáculo: parte enigmática e oculta.

Ao lado da Mística, o Mistério apresenta-se como se fosse uma Coluna paralela; Mistério e Mística possuem a mesma raiz na linguagem, embora sejam derivações isoladas.

Os Mistérios da Iniciação Simbólica prolongam-se até o final do Rito, robustecendo-se de Grau em Grau, até a obtenção da Coroa gloriosa, posto de espinhos, dada aos Poderosos Soberanos Grandes Inspetores Gerais.

Os Mistérios maçônicos são constituídos de todas as verdades morais ocultas sob formas alegóricas, expressas por sinais, palavras, números, fórmulas, lendas e cerimoniais.

Um dos Mistérios tidos como permanentes é o fato de a Revelação permanecer oculta; constata-se essa Revelação de forma individual e reservada; ela surge na mente dos maçons de forma mística; cada um a possui como um "bem sagrado", responsável pela atitude de vida desenvolvida.

O amor para com um Irmão é um desses Mistérios que é responsável pelo elo de União.

Esse é o segredo maçônico que não pode ser revelado levianamente, e sim mantido ciosamente; é o "segredo a dois" que purifica a amizade e busca a perfeição, outro Mistério insondável.

A Maçonaria não se desenvolveu isoladamente e espontaneamente; as suas alegorias, os seus símbolos vieram do mundo antigo, em especial do Egito, transformando-se em linguajar sagrado.

A Maçonaria nasceu e subsiste para liberar o Espírito do Homem; assim, ela se apresenta também como essencialmente Espiritual.

A consulta dos Mistérios da Antiguidade, nas suas Iniciações, no campo filosófico, esotérico e místico, capacitar-nos-á a compreender por que "trabalhamos em Loja" e, sobretudo, entender nossa Liturgia, nossos Símbolos e nossas práticas. Cada Grau, como se fora um "degrau de uma escada", auxilia a compreensão do Grau precedente.

O Rito Escocês Antigo e Aceito, como um bloco só, surgiu juntamente para dirimir dúvidas e capacitar compreensões.

É evidente que, havendo outros Ritos, eles atuem da mesma forma, uma vez que se compõem de um certo número de Graus que atuam independentemente.

A finalidade da Maçonaria é "pinçar" do mundo profano os "escolhidos" (pela inspiração Divina) para congregá-los numa única família, aperfeiçoando o Ser humano.

O Grupo (que não é muito numeroso), aparentemente, subsiste isolado, mas, como ato de Mistério, dissemina-se entre a população influenciando a sociedade, tornando-a melhor. Para tanto, não é preciso um trabalho "operativo"; essa influência é automática.

Com a melhora do indivíduo, melhora-se a família e esta é a célula da sociedade.

No prefácio dos Estatutos Gerais promulgados em Lausanne, em 1820, constatamos:

"Aquela união de homens sábios e virtuosos que, com alegórico significado apelida-se ordinariamente de "Sociedade dos Pedreiros Livres", foi considerada, em todo tempo, como o santuário dos bons costumes, uma Escola de Virtude, o Templo da Filantropia. Por princípio, crê na existência de um Deus que adora e respeita sob a fórmula de um Grande Arquiteto do Universo; tem por fim o aperfeiçoamento do coração humano e propõe-se, qual meio necessário para a obtenção dessa finalidade, o exercício e a prática de Virtude. A Sociedade dos Pedreiros Livres é de natureza eminentemente humanitária, ocupada a erigir e construir Templos à Virtude e cavar profundas masmorras ao vício".

Essa definição tem inspirado as definições que se encontram em todo livro maçônico.

Pelo seu conteúdo, constata-se que resume ao máximo a atividade intelectual; registra com destaque a construção de Templos e a adoração a Deus, criando certa confusão, pois sugere um "culto religioso".

Essa "adoração", contudo, diz respeito à disposição da Alma em exteriorizar o amor que possui.

Crer em Deus e o adorar não é um princípio maçônico; cremos que em vez do vocábulo "adorar" seria mais apropriado o uso de "obedecer", pois, sendo Deus, já significa que possui todo o poder e que esse deve ser aceito com submissão.

A definição (e isso é um dos Mistérios) do que seja a Maçonaria, cada maçom a traça dentro de si sem a necessidade de exteriorizá-la.

Há uma ampla liberdade de pensamento garantida pelo próprio Poder Divino; cultuar Deus dentro dessa liberdade não significa oposição, mas, ao contrário, uma submissão amorosa.

A Iniciação visa a semear o amor no coração do Iniciando como se fosse uma semente que necessita ser germinada e cultivada até que se transforme em árvore frondosa.

A definição quanto ao que possa ser a Maçonaria tem percorrido um longo caminho e, até hoje, embora os termos tenham sido enriquecidos, não a temos gloriosamente como desejaríamos.

A Constituição de 1762 apresenta o fundamento da Instituição:

> "O regime de vida de nossos antepassados, nutridos e crescidos dentro da perfeição, apresenta um quadro bem diverso dos nossos costumes modernos. Naquele venturoso tempo, a Inocência, a Pureza e o Candor conduziam, naturalmente, o coração contrário a Justiça e à Perfeição. Porém, com o tempo, todas as virtudes se destruíram por causa da corrupção dos costumes e do transviamento do Coração e da Inteligência, e a Inocência e o Candor desapareceram paulatinamente, deixando a humanidade imersa nos horrores da miséria, da injustiça e da imperfeição.
>
> Não obstante, o vício não prevaleceu entre os nossos antepassados. Os nossos primeiros Cavaleiros souberam manter-se afastados dos numerosos males que os ameaçavam e conservaram-se naquele feliz estado de Inocência, Justiça e Perfeição,

que afortunadamente legaram à posteridade, século após século, revelando os sagrados mistérios somente àqueles merecedores de participação; em cujos mistérios o Eterno permitiu que nós fôssemos iniciados".

Nas "Novas e Secretas Constituições da Antiquíssima e Venerabilíssima Sociedade", promulgadas em 1786 por Frederico da Prússia, lemos:

"Esta Instituição universal, cujas origens provêm do berço da Sociedades Humana, é pura nos seus dogmas e na sua doutrina; é sábia, prudente e moral nos seus ensinamentos; e na prática, nos propósitos e nos meios a recomendam, especialmente, a finalidade filosófica e humanitária que se propõe.

Tem por objetivo a Harmonia, a Fortuna, o Progresso e o Bem-Estar da Família humana em geral e de cada homem, individualmente.

Com tais princípios, é seu dever trabalhar sem descanso e com firmeza até alcançar essa finalidade, única finalidade digna dela".

Esses princípios fazem supor que eles eram observados rigorosamente e que a Instituição era formada por homens realmente sábios e de elevada moral.

Qualquer comparação entre a Maçonaria de hoje e a do passado nos deixa frustrados; estamos nós, os maçons, longe daqueles ideais, embora os relacionemos e exaltemos como princípios básicos.

A Maçonaria talvez não tenha mudado, mas os seus adeptos, esses sim, e como desafio de uma pretensa evolução.

Cremos que a base dessa "derrota" seja a pouca crença que depositem em Deus; a fé frágil que nos sustenta, que nos dá forças suficientes para mantermos o ideal maçônico vivo, esperançosos de retomarmos à fé inicial e à pureza que nossos antepassados possuíam.

Rever os propósitos de ontem nos anima para um amanhã promissor. Para tanto, torna-se necessário instruirmo-nos e instruir aos demais.

Prosseguindo na nossa exposição, vejamos como surgiu o Rito Escocês Antigo e Aceito:

Falar das origens do Rito Escocês Antigo e Aceito constitui-se por certo, uma aventura.

A autoridade de José Castellani[3] esclarece que o "escocesismo" nasceu na França stuartista, como primeira manifestação maçônica em território francês, precedendo a fundação da primeira Grande Loja de Londres (1717), remontando o evento ao ano de 1649, após a decapitação do rei Carlos I, da família dos Stuart, pelos partidários de Oliver Cromwell.

---

3. *Manual Heráldico: do Rito Escocês Antigo e Aceito do 19º ao 33º.*

É dito "Escocês" por causa da origem das personagens envolvidas em sua fundação, que foi lenta, sofrendo inúmeras alterações.

Assis Carvalho[4] nos relata:

"Já dissemos que os grandes nomes da Maçonaria Primitiva eram escoceses. Que o primeiro Maçom Especulativo – John Boswell, iniciado em 8 de junho de 1600 – era escocês; que a primeira Loja Maçônica – a Loja de Kilwinning, por isso chamada de Loja Mãe do Mundo – foi fundada na Escócia; que o primeiro Compilador de uma Constituição Maçônica – o Reverendo James Anderson, em 1721, Constituição que até hoje rege os destinos de Maçonaria, no mundo todo – era escocês; que o idealizador dos Altos Graus, em 1737, André Miguel, Cavaleiro de Ransay, era escocês; o primeiro professor de Maçonaria, 1772, William Preston, também nascera na Escócia, e muitos outros".

Não se pode confundir Rito com Ritual, pois os primeiros trabalhos em Loja organizada obedeciam a outros Rituais que envolviam até o Grau 3; paulatinamente, os Graus Filosóficos foram surgindo, e assim o 4º Grau, antes de 1740, atribuindo-se a sua criação ao Barão de Tschoudy.

O atual Rito Escocês Antigo e Aceito, na realidade, é recente, pois, se solidificou em 1801.

Ouçamos o que Assis Carvalho compilou e que com sua autoridade deve ser considerado:

"Com a morte de Etiene Morin, em 1771, e a completa inoperância de Henry Franckem, a partir de 1783, o crescimento do Rito de Perfeição perdeu sua direção central. Seu desenvolvimento ficou nas mãos de alguns Deputados Inspetores Gerais, nomeados por Morin e por Franckem – e esses Irmãos foram os que levaram adiante o sonho dos dois donos do Rito. Voohris fez uma lista com aproximadamente 50 nomes de Inspetores Gerais existentes em 1800, sendo que a maioria deles estava na América Central e não na área de Charleston. Deputados Inspetores Gerais estavam totalmente independentes de um Controle Central, durante o último quartel do século XVIII. E parece que eles estavam dando as boas-vindas ao dilúvio de novos Ritos que estavam sendo criados na França, naquela época.

Com a advento de Guerra da Independência Americana e suas consequências posteriores, durante a década que se seguiu, as comunicações entre as Índias Ocidentais e a América do Norte ficaram deterioradas, difíceis.

O Rito de Perfeição começou a perder sua forma original, e o sistema de Altos Graus, no Hemisfério Ocidental, tornou-se caótico. Em 1795, dois cidadãos franceses chegaram a Charleston. Eram eles: Alexandre Francisco,

---

4. *Ritos e Rituais*.

conde de Crasse de Rouville, Marquês de Tilly, e seu sogro – João Batista Noel Maria De La Hogue. A esses dois franceses, deve-se creditar a maior parte na criação do Rito dos Maçons Antigos e Aceitos, em Charleston. Como não podia deixar de ser, seus métodos eram frequentemente criticados como sendo impróprios, mas deve ser levado em consideração que o período em que eles trabalharam com o Rito, foi constante de guerras, para que se fizesse alguma coisa com mais capricho, com mais critério.

O Conde Grasse-Tilly, como era sempre chamado, tinha ido para a América Central ainda solteiro e casou-se em São Domingos com a filha de La Hogue.

Em 1791, estourou a rebelião dos negros escravos, em São Domingos. Como ex-oficial, Grasse-Tilly alistou-se como o Primeiro Voluntário contra as forças rebeldes. Em 1795, a situação dos brancos da ilha estava péssima e tiveram de abandoná-la nas mãos dos rebeldes.

Grasse-Tilly, De La Hogue e seus familiares foram para Charleston, na Carolina do Sul, como refugiados. Eles permaneceram lá até 1802. Em 1798, Grasse-Tilly fez uma curta viagem até São Domingos. Em Charleston ele foi convidado a ingressar no novo Exército Americano, no posto de engenheiro.

Depois que eles deixaram São Domingos, ambos, Grasse-Tilly e De La Hogue, atribuíram a si próprios o domínio do 32º Grau, embora esse Grau ainda não tivesse sido atribuído naquele Rito, como eles supunham. Ambos tinham também atribuído a eles mesmos a patente de Deputados Grandes de Inspetores Gerais do Rito de Perfeição, que continha apenas 25 Graus. Não há informação de como eles adquiriram esses títulos. Embora houvesse Deputados Inspetores Gerais em São Domingos, naquele tempo, nenhum deles havia conferido aquele título a homens maçons de importância social tão elevada, como era o caso de Grasse-Tilly e seu sogro – De La Hogue.

Quando se refugiaram em Charleston, ambos continuaram com suas atividades maçônicas. Com outros maçons lá residentes, eles fundaram uma Loja de Católicos Romanos – a La Candeur (A Candura) e, em 1801, Grasse-Tilly tornou-se o Grande Mestre de Cerimônias da Grande Loja da Carolina do Sul. Mas era nos seus Altos Graus que eles causavam impacto. De acordo com Mackey, uma Loja de Perfeição tinha sido instalada em Charleston, em 1783, por um Deputado Inspetor Geral: um americano chamado Isaac da Gosta e, em 1788, um Conselho de Príncipes de Jerusalém também fora instalado ali.

Em 12 de novembro de 1796, Hymanlong, que tinha recebido uma lista de Deputados Grandes Inspetores Gerais na Jamaica, no ano anterior (1795) estendeu a autoridade de Grasse-Tilly a outros franceses refugiados na área de Charleston.

Era difícil entender por que havia uma necessidade disso, se eles estavam sob as Leis de Constituição de 1762 e ela não limitava os campos de atividade dos Deputados Inspetores Gerais, isto é, a Constituição não fazia nenhuma menção dos Limites Territoriais.

A ambição maçônica de Grasse-Tilly era insaciável. No mesmo dia em que ele recebeu a patente do 25º Grau, conferida por Hymanlong, ele emitiu uma do 33º Grau para o seu sogro e diversos outros cidadãos franceses.

Quando ele retornou a São Domingos, após uma rápida visita que fizera no começo do ano, assinou uma patente como Soberano Grande Comendador do Supremo Conselho das Índias Ocidentais Francesas, fundada por eles mesmos entre 1797 e 1798, quando viviam no "Exílio". Pode ser que isso tenha acontecido por um curto espaço de tempo, mas é muito duvidoso.

Não há registros de atividades maçônicas de Grasse-Tilly e De La Hogue, – de 1798 até maio de 1801, quando o Supremo Conselho foi fundado. Mesmo na Ata de fundação, não aparecem suas assinaturas.

As referências existentes são de que estavam atarefados em planejar com seus amigos locais o início do Supremo Conselho Americano. Eles eram "experts" em Altos Graus Maçônicos e deviam estar bem informados sobre os Graus que tinham vindo da França, em décadas anteriores. Os americanos que estavam para fundar o Novo Supremo Conselho deviam estar necessitados de suas ajudas, especialmente e particularmente da notória habilidade de De La Hogue em elaborar documentos.

Em 25 de maio de 1801, queriam ajudar um encontro de portadores do 33º Grau, em Charleston mas não sabiam como. Então Grasse-Tilly, De La Hogue e outros franceses, Membros do Supremo Conselho das Índias Ocidentais Francesas ajudaram impondo suas próprias ideias, pois eram as únicas pessoas qualificadas para conferir Graus.

O Soberano Grande Comendador do futuro Supremo Conselho, Coronel John Mitchell tinha sido contemplado com o título de Deputado Grande Inspetor Geral (25º Grau) em 1795. Ele ainda nem conhecia o futuro Tenente Grande Comendador – o Irmão Frederico Dalcho.

Se os franceses Tilly e De La Hogue se negassem a conferir aos americanos o 33º Grau, eles mesmos o confeririam a si mesmos. O certo é que em 31 de maio de 1801, o Novo Supremo Conselho estava aberto, com uma imponente cerimônia. E assim foi fundado, em Charleston, o Supremo Conselho Americano do Rito Escocês Antigo e Aceito. E já começava errado, pois Antigo e Aceito eram os maçons e a Maçonaria, o Rito não. O Rito acabava de ser fundado. E é o mais antigo sobrevivente Supremo Conselho do mundo.

E os Graus como surgiram? Quem os selecionou?

Os Graus 1, 2 e 3 eram administrados pelas Grandes Lojas Americanas que trabalhavam e ainda trabalham no Rito York Americano. O Supremo

Conselho só teria autoridade nos Graus que iam do 4º ao 33º, havendo completa e absoluta independência entre os Corpos que regiam esses dois sistemas – Graus Simbólicos e Graus Filosóficos".

A pequena história de cada Grau será apresentada oportunamente, na descrição respectiva.

Veremos como surgiram os três primeiros Graus, básicos da Maçonaria Universal.

Nosso trabalho, contudo, nunca poderá ser completo, pois a cada livro vêm apresentados uma teoria e um histórico cada vez mais apurados.

Nosso propósito é apresentar "uma visão geral" dos 33 Graus, mantendo-os num só Corpo porque, afinal, são os 33 que fazem parte do Rito e que são Rito, quando agrupados sem qualquer exclusão.

Entre nós, nenhuma Grande Loja e nenhum Grande Oriente se isolam nos três primeiros Graus; todos os membros de uma Loja tomam parte numa Loja de Perfeição, num Capítulo ou nos Conselhos.

A beleza do Rito é que os Graus se apresentam "entrelaçados" e a Lenda de Hiram Abiff* constrói-se paulatinamente, tendo sequência nos Graus sucessivos.

Esperamos que o presente e modesto trabalho seja do agrado dos leitores maçônicos e útil como ensino básico para progredir nas partes filosóficas e litúrgicas.

O Autor

---

* N.E.: Sugerimos a leitura de *O Livro de Hiram*, de Christopher Knight e Robert Lomas, e *Girando a Chave de Hiram*, de Robert Lomas, ambos da Madras Editora.

PREFÁCIO

Durante mais de 20 anos nos dedicamos a escrever sobre os 33 Graus do Rito Escocês Antigo e Aceito.

Apresentamos esses Graus, agrupados, nos livros *Simbolismo do 1º, 2º e 3º Graus; Graus Inefáveis; Cavaleiro do Oriente, Príncipe Rosa-Cruz e seu Mistérios, Kadosh* e *O Ápice da Pirâmide*, obras que circulam pelo Brasil todo com várias reedições.

Faltava um compêndio que abrangesse, em um só livro, todos esses 33 Graus, tanto para uma visão global como para facilitar o estudo.

Evidentemente, baseados nos livros já lançados, embora com alterações, decidimos escrever um só volume.

O trabalho será útil porque resume todo o Rito apresentando de forma simples e até didática o nosso conceito a respeito da Maçonaria, pois o Rito Escocês Antigo e Aceito é o mais propagado entre nós.

Por uma questão de convenção, em Lausanne, houve a separação dos Graus Simbólicos e Filosóficos, porém, o Rito os abarca em um só conteúdo.

Para melhor compreensão, fomos obrigados a "transcrever" passagens dos Rituais que colocamos entre aspas, porém os unimos ao nosso entendimento a respeito da filosofia global.

Esperamos que a utilidade da obra satisfaça aos leitores e estudiosos da Arte Real.

É evidente que o leitor, para amplificar a visão, deve munir-se das monografias e, assim terá, frente à leitura dos Rituais respectivos, um entendimento prático.

Nosso intuito não foi apresentar uma "obra-prima", reconhecemos desde já a existência de inúmeras falhas que devem ser relevadas.

Destacamos que, precedendo cada Grau, colocamos o "Emblema Heráldico" respectivo. Nós os pedimos por "empréstimo" (perdoem-nos os autores) da magnífica obra italiana *Gli Emblemi Araldici Della Massoneria*, cujos emblemas coloridos são um primor artístico. Infelizmente, não pudemos colocá-los coloridos, mas, mesmo assim, nos dão um panorama brilhante da obra artística de Lorenzo Crinelli e Carlo Pierallini.

A edição é da Convivio/Nardini Editore – Florença, Itália. Não se trata de um "plágio", mas sim de uma divulgação; o livro é de difícil aquisição, pois foi impresso no ano de 1988.

A Madras Editora dedicou todos os seus esforços para apresentar um trabalho técnico admirável; a ela, os nossos agradecimentos.

Entregamos, assim, aos leitores maçônicos, mais um "esforço" literário e auguramos proveito e utilidade.

A todos, os nossos mais sinceros agradecimentos.

O Autor

Aprendiz – 1º Grau

A origem dos Graus Simbólicos é confusa, pois não há um documento que a descreva; tudo é suposição, argumento e dedução.

A primeira fonte é a Lenda de Hiram Abiff que, seguindo a organização administrativa imposta pelo Rei Salomão, dispunha de três classes de trabalhadores: Aprendizes, Companheiros e Mestres; o próprio Hiram era um Mestre Arquiteto.

O evento trágico envolvendo a morte de Hiram foi protagonizado por três Companheiros.

As Sagradas Escrituras, 1º Livro dos Reis, informam palidamente sobre a construção do Grande Templo e fala-se em "trabalhadores" e "Chefes Oficiais", sendo o nome "servo" destinado ao próprio Salomão, e a Davi, "servo de Deus".

Não encontramos classificação hierárquica dos trabalhadores, apesar das diversas tarefas, como os talhadores de pedras, os carregadores e os artesãos.

A divisão de Aprendizes, Companheiros e Mestres é notada tão somente na Lenda de Hiram Abiff que, como lenda, não satisfaz e não preenche a lacuna; lenda é suposição baseada em algum aspecto histórico.

Augusto Franklin Ribeiro de Magalhães[5] nos relata:

> "A primeira organização efetiva que se conhece data do ano 704 a.C. quando Numa Pompílio estabeleceu em Roma um sistema de vários colégios de artesãos, que possuía no ápice o Colégio de Arquitetos e englobava os gregos trazidos da África.

---

5. *Simbologia Maçônica*, 1º volume.

Daí vieram os Colégios Romanos, similares às organizações gregas, de acordo com a legislação de Sólon. Tinham um regimento especial e celebravam suas reuniões *(Logias)* a portas fechadas, em locais próximos ao do trabalho. Conforme Pompier, seus componentes "estavam divididos em três grupos: Aprendizes, Companheiros e Mestres e se obrigavam por juramento ante as ferramentas e os utensílios de seus ofícios e profissões a ajudarem-se mutuamente e a não revelarem os segredos de suas agrupações aos estranhos. Tinham o costume de admitir como membros de honra as pessoas que não pertenciam a seus ofícios, mas que eram consideradas úteis para os agrupamentos e se reconheciam entre si por sinais e palavras secretas. Suas assembleias eram presididas por Mestres eleitos para período de cinco anos, assessorados por dois Inspetores ou Vigilantes.

Dedicavam-se à arquitetura religiosa, civil, naval e hidráulica e também dirigiam as construções militares, executadas por soldados".

Esses Colégios perduraram até, aproximadamente, o ano 1200 para dar lugar às "Guildas".

Sem maiores explicações, desses Colégios sacerdotais levaram a organização para os conventos, tomando a si o encargo de construção dos conventos e das catedrais.

Se foi assim, pode-se afirmar que a incipiente Maçonaria passara a um regime religioso, cuja influência (resquícios) permanece até hoje, nos Rituais Maçônicos.

Os monges da Idade Média eram denominados de "Caementerii", "Latomii", e também de "Massonerii".

O "sigilo" não dizia respeito à organização em si, mas à profissão, "os segredos de cada profissão", em especial dos arquitetos que construíam as cúpulas, arcádias, alicerces, suportando o peso da construção, o equilíbrio das traves e a dificultosa ramagem dos telhados.

Os monges chegaram à Alemanha no século XII, fundando a Corporação dos Steinmetzen que reuniu os "talhadores de pedra" com as Guildas Evidentemente, a origem foram as construções romanas; os monges aperfeiçoaram a organização administrativa e a chefia tinha autoridade eclesiástica sobre os subordinados.

Pertencer a essas organizações constituía um privilégio, tanto como meio de subsistência, como de proteção, pois aqueles "artífices" eram respeitados pelas autoridades e pelo povo; todos tinham uma auréola de misticismo, formalizada pelo poder do clero.

Prossegue Magalhães:

> "Essa associação, que passou a denominar-se de "Confraternidade dos Canteiros de Estrasburgo", alcançou notoriedade.

Erwin de Steinbach, que a dirigiu, submeteu ao bispo da diocese os planos para a construção da catedral de Estrasburgo e, ao mesmo tempo que iniciava as obras, deu aos seus operários uma organização que se tornou célebre em toda a Alemanha. Em 1275, foi realizada uma convenção histórica, talvez a primeira da Ordem. As Constituições de Estrasburgo, de 1459, as Ordenações de Torgau, de 1462, e o Livro dos Irmãos, de 1563, tornaram-se as Leis e os Fundamentos que serviram de regra a essas corporações, até o aparecimento dos primeiros Sindicatos alemães. A entrada dos franceses em Estrasburgo, em 1681, e o Decreto da Dieta Imperial, de 1731, acabaram com a Fraternidade dos Steinmetzen".

As Corporações foram se ampliando, disseminando-se por toda a Europa, todas já desligadas dos mosteiros e tendo vida própria.

As "Lojas" mantinham as tradições recebidas das Guildas anteriores e conservavam "um Ritual" rústico e simples orientado para manter o agrupamento coeso. Esse Ritual tinha, talvez, apenas um Grau: o do "Aprendiz", mas, na evolução natural, seguiu-se o de "Companheiro" para, afinal, estabelecer-se o de "Mestre".

Não há documento que registre esse "nascimento". O Ritual não passava de uma "adaptação" da organização dos monges.

Os rituais atuais do Simbolismo Maçônico dão ao Grau de Aprendiz uma ênfase maior; é o Grau mais complexo e básico, sustentáculo dos Graus posteriores.

O Grau de Aprendiz, entre nós, é o mais divulgado de todos, pois nas centenas de Lojas que existem no País, os trabalhos são realizados no 1º Grau.

Praticamente, em cada Estado (e são 27) há uma Grande Loja e, com raras exceções, cada uma possui um Ritual diferenciado.

Mesmo que essas diferenças sejam mínimas, não temos no Rito Escocês Antigo e Aceito uma uniformidade ritualística.

Já nos Graus Filosóficos, as diferenças são oriundas dos diversos Supremos Conselhos existentes. Quanto às Grandes Lojas, os Rituais são idênticos, pois são emitidos por um único Poder, o Supremo Conselho.

No entanto, apesar das "ligeiras" diferenças, o cerne é mantido e nenhum Ritual desrespeita os *Landmarks*.

Nós afirmamos que essas diferenças caracterizam a Loja e constituem a sua "personalidade".

Os maçons mais antigos, como nós, por exemplo, já com mais de 50 anos de Loja, enfrentamos algumas dificuldades quando visitamos as Lojas (e a nossa própria), pois encontramos "inovações".

As alterações que os Grão-Mestres introduzem, aparentemente inóquas, na realidade, às vezes, ferem a liturgia e alteram o sentido da frase ritualística.

Frequentemente, os Rituais são renovados e, assim, perdem o que a tradição deveria conservar.

"Eu aprendi assim", "no meu tempo se fazia assim", são afirmações muito comuns. A tendência é conservar a tradição, mesmo que essa contenha erros vernaculares ou interpretações desusadas.

No entanto, as Lojas progridem e a Fraternidade cresce; talvez essas alterações sucessivas porque são feitas de boa-fé, não prejudiquem tanto o organismo em si; os prejuízos revelam-se na parte esotérica, que é a menos estudada.

A divisão simbólica em três Graus recorda a tríade corpo, espírito e alma nas suas distintas fases: nascimento, vida e morte.

São fases progressivas visando a uma "construção", decorrendo daí que se faz necessário um aprendizado, uma comunicação e um mestrado; este como garantia de perpetuação da construção. Um edifício, após concluído, destina-se a alguma função e esta é permanente, sediada em um complexo bem realizado e permanente.

A trilogia reciona-se a Deus, à Inteligência e à Virtude, e essas fases influenciam a Vida.

Um nascimento e um estágio de companheirismo seriam próprios da juventude; todavia, a Maçonaria inicia a jornada com o homem adulto, vendo nele o desenvolvimento completo; temos então, como se fosse um contrassenso, um adulto nascendo novamente. Uma "criança", ao mesmo tempo adulta, recebendo o alimento próprio para a criança.

O simbolismo esconde sigilos, mistérios e esoterismos.

O Iniciado é, simbolicamente, um recém-nascido e a vivência deste é realizada dentro da Loja e não no mundo profano. Sai da sessão de dentro de um Templo para a Sala dos Passos Perdidos, não o recém-nascido, mas um adulto renovado; a sua inteligência compreenderá a transformação e o campo experimental, no mundo profano, será numa trajetória virtuosa.

A passagem pelo aprendizado objetiva a "União", o "Aperfeiçoamento" e a "Felicidade" da humanidade.

O "culto" exercitado dentro do Templo redunda em benefício do físico, do intelecto e da moral.

Portanto, a ação do Aprendiz materializa-se beneficiando o próprio Corpo (o afastamento dos vícios), robustecendo o intelecto pelos novos conhecimentos por meio do estudo e do conteúdo de um catecismo.

O catecismo é o resumo da Doutrina, parte compreensível de imediato e parte dependente do raciocínio prolongado.

A Maçonaria fornece os "princípios" estáticos; o Simbolismo auxilia na interpretação e a prática contribui para a evolução.

O Mistério maçônico surgirá das regras contidas nos princípios e se revelará paulatinamente para o indivíduo maçom.

Cada Grau (são 33) possui seus Mistérios; ultrapassado o Grau de Aprendiz, os mistérios dos Graus terão sido assimilados e, ao final, chegado o maçom ao ápice da pirâmide, nenhum Mistério existirá.

No entanto, as revelações serão individuais porque ficarão dependentes do estudo e da perseverança.

Como a solução dos mistérios é lenta e difícil, cada maçom conservará para si, e isso constituirá o "sigilo".

Dentro dos Graus Simbólicos, os "mistérios maiores" exaurem-se quando se vence o 3º Grau, ou seja, o Mestrado.

O Grau do Aprendiz, filosoficamente, vem consagrado ao desenvolvimento dos princípios fundamentais da sociedade (maçônica e profana) e ao ensinamento de suas leis e costumes compreendidos nas seguintes expressões: Deus, Beneficência e Fraternidade.

Deus, porque constitui um princípio consagrado. O Maçom deve crer na existência de Deus, caracterizado historicamente pelas Sagradas Escrituras.

Beneficência, porque o coração do maçom não pode permitir que um Irmão (membro de sociedade) passe necessidades.

Fraternidade, porque todos os homens são filhos de Deus, portanto, simbólica, histórica e filosoficamente, nossos Irmãos.

Ao Aprendiz cumpre esquadrejar a Pedra Bruta com trabalho, capacidade, persistência e fé.

Sem preparar a Pedra Bruta, o maçom não poderá entregar-se à construção do Edifício moral, físico e espiritual; essas três fases resultam em construção de um edifício material e espiritual que é o corpo humano, compreendida a razão e a vida.

A saída do estado de imperfeição somente é realizada por meio do trabalho.

Esse trabalho, quanto ao Aprendiz, é auxiliado pelos seus Irmãos de idade superior (2º e 3º Grau).

O maçom trabalha em um Templo onde se encontra a Loja que, por sua vez, mantém uma Oficina.

A Iniciação

Todas as Instituições espiritualistas se valem da Iniciação para o recebimento dos adeptos.

Iniciação simbólica em um misto de participação efetiva e física, a começar pela proposta.

A rigor, em especial na América Latina, o Candidato recebe um convite para participar da Instituição. Esse convite é precedido de uma rigorosa Sindicância, que é realizada sem o conhecimento do Candidato.

Aqui, candidatura não significa "aspiração", mas "indicação" de um Mestre de um Candidato que o julga digno de participar da Família Maçônica, do convívio fraterno.

Grande é a responsabilidade do proponente, pois há riscos graves na admissão de um estranho que ignora tudo a respeito da fraternidade e que se entrega à Iniciação de "olhos vendados"; trata-se de uma dupla aventura: para a Loja e para o Candidato.

Quando uma Loja "enfraquece" e há necessidade de uma campanha para a obtenção de prosélitos, o risco é ainda maior, porque se faz necessário admitir quem possa contribuir para o fortalecimento.

A seleção deve ser severa; não é difícil pinçar, dentre milhares de profanos, aquele que deva preencher um lugar vago.

Não basta que um Mestre proponha um amigo seu ou um parente; ele deve colocar, acima de sentimentos, o interesse da Loja.

Em toda parte se nota um fenômeno inexplicável: o rodízio de membros que figuram no quadro, mas que não assistem aos trabalhos.

Deve-se alertar o proposto, logo após o cerimonial iniciático, que ele "jurou", isto é, "assumiu" o compromisso de assistir a Loja, o que vale dizer "assistir a seus Irmãos".

Todo aquele que deixa de cumprir os compromissos, na realidade passa a ser um "perjuro", pois a sua ausência enfraquecerá a Loja.

Todo Candidato passa por uma rigorosa Sindicância que objetiva o conhecimento da personalidade, de seu modo de viver.

Aquele que não é cumpridor dos deveres profanos para com a família, o seu trabalho e a sociedade é evidente que não será útil à Instituição e resultará em um peso morto.

Logo, "o segredo do êxito está na Sindicância". Esta tem sido "superficial"; trata-se de uma falha gritante do Mestre sindicante, que age inconscientemente porque sabe que não sofrerá qualquer punição.

A responsabilidade deveria ser apurada e exigida do proponente e dos sindicantes a tarefa de orientar o Neófito, acompanhar seus passos, incentivá-lo e, sobretudo, instruí-lo.

O Neófito passa a ser um "discípulo" do Mestre que o propôs.

Na prática e na realidade, porém, encontramos Lojas que possuem um grande quadro de Mestres, mas... sem discípulos, o que é um contrassenso e uma falha.

O nome do proponente é mantido em sigilo; as propostas escritas não são registradas e ninguém sabe quem propõe, o que constitui uma falha grave, pois não há possibilidade de exigir do proponente que acompanhe o seu proposto.

Na realidade, caso se mantenha em sigilo o nome do proponente, deveria ser ao Neófito, um Mestre, seja indicado, ou voluntário que o deseje ser.

Parece um problema simples e superficial, no entanto, constitui a raiz da eficiência de uma Loja.

Um Venerável Mestre que se preocupa com a permanência em Loja dos Neófitos poderá exercer o seu mandato com eficiência.

Durante o aprendizado, poder-se-ia adotar uma "caderneta" na qual a Secretaria anotaria a presença do Aprendiz e esse só poderia ter acesso ao Companheirismo provando sua presença em Loja.

Apesar de milenar, a Maçonaria, com sua experiência, ainda não possui instrumentos para incutir aos seus membros o dever de frequência.

Concluídas as sindicâncias e aprovado o Candidato, este será procurado e convidado a ingressar na Ordem.

Raros são os casos de negativa. E por quê?

Toda vez que o nome de um Candidato for pronunciado em Loja, o Candidato em seu subconsciente é tocado e ele recebe os chamamentos que o despertam, interessando-se em aceitar o convite. É uma predisposição criada pelas "mensagens" esotéricas.

É sabido que a palavra sonora transmite-se em ondas que ocupam todos os espaços e que se alargam, de forma permanente.

Os sons permanecem "materialmente" e atingem os visados; é a parte mística da Liturgia Maçônica.

É evidente que o Candidato inquirirá a comissão que o visita para o convite a respeito do que seja a Maçonaria. Posto a par, embora, resumidamente, comparece no local e hora designados, onde tem início a cerimônia.

O Candidato passa pelo despojamento dos metais, de tudo o que porta consigo, permanecendo descalço, semidespojado da vestimenta e calçando grosseiras alpargatas.

"Perde" tudo o que porta, até a visão, pois os olhos lhe são vendados, e com essa cegueira momentânea, os outros sentidos lhe são aguçados.

É conduzido então à Câmara de Reflexão.

A venda lhe é retirada e na penumbra, vislumbra o recinto; uma mesa tosca; alguns papéis, caneta e tinteiro, inscrições nas paredes, alguns objetos estranhos; uma ampulheta medindo o tempo; silêncio absoluto; um odor de mofo; um crânio, algumas tíbias, símbolos mortuários.

Teias de aranha dão ao ambiente caráter lúgubre. Qual a reação do Candidato? De temor? De curiosidade?

A resposta, oportunamente, é solicitada, e o Candidato, não sabendo exatamente do porquê daquela passagem, titubeia e dá uma resposta vaga.

Na Iniciação, a permanência na Câmara de Reflexão (é denominada também de Câmara de Reflexões, no plural, pois são sucessivas as reflexões que o Candidato é chamado a executar) pode ser considerada como a parte principal, pois a preparação psicológica não tem a interferência de qualquer pessoa; trata-se de uma autorreflexão que ocorre sem qualquer orientação; o Candidato é chamado a refletir isoladamente.

Qual a reação para quem se defronta com símbolos mortuários, com inscrições de admoestação severa? Certamente, conduzirá a uma reflexão inusitada.

Após uma Iniciação, conversando com o Neófito, este disse que jamais lhe ocorreria pensar sobre a morte na forma como lhe foi solicitado. "É aterrorizante", ele nos disse.

Ao contrário do que se poderia pensar, não é a Loja que prepara o Candidato para a Iniciação; é ele que se auto prepara, que psicologicamente espera o pior, e somente sua fibra de homem é que consegue vencer o temor crescente.

Essas preliminares são relevantes: se não forem bem executadas, talvez a Iniciação não surta o efeito desejado.

Quando assistimos a um funeral de algum amigo e contemplamos na câmara mortuária aquele corpo inerte, rosto pálido, traços rígidos, ocorre-nos que algum dia aquilo tocará a nós, e isso conduz a uma reflexão mórbida, triste e nervosa; porém, quando a morte é sugerida por meio de um sem número de símbolos, e nós nos sentimos isolados do mundo, reclusos em um lugar insólito, a reflexão torna-se mais profunda e a antecipação de nossa própria morte nos acabrunha.

Com esse sentimento é que compareceremos às "provas".

As Provas

Uma prova (ou provação) é realizada para medir a resistência nervosa, os sentimentos e o destemor do que será provado.

Na evidência de que essas provas são meramente simbólicas é que o Candidato as enfrenta, pois, na atualidade, jamais alguém seria agredido e correria riscos maiores.

Na Idade Média, essas provas, certamente, causavam real temor, porque nas tidas "Sociedades Secretas", o simbolismo era duro e o Candidato, temendo o pior, atuaria de forma natural para a época.

Partindo desse fato, nenhum Candidato, mesmo após a estada na Câmara de Reflexões, temeria que lhe ocorresse um mal real.

No entanto, existem casos em que o Candidato, nervosamente, pede para "desistir" da Iniciação, de tão impressionado fica e tão temeroso, que lhe falta a coragem para prosseguir.

Uma Sindicância bem realizada, porém, pode revelar o estado de espírito do Candidato. Se é pessoa impressionável, nervosa, o proponente deverá ter com o Candidato uma reunião na qual esclarecerá que a Iniciação é simbólica.

Esses casos são raros, mas podem ocorrer.

Precedem-se as provas, propriamente ditas, e um questionário, ainda, na porta de entrada, sobre o nome, a idade, o lugar de nascimento, a profissão e o domicílio.

É evidente que os presentes sabem desses detalhes, mas como se trata do primeiro contato com o Candidato, ele é quem deve prestar as informações solicitadas.

Até aqui, o nome do Candidato sempre foi pronunciado dentro da Oficina; agora, esse nome é referido de "fora para dentro", ou seja, no Átrio, e vale como um consenso. É a primeira oportunidade que o Candidato tem de, diante de uma Assembleia, confirmar que deseja ingressar na Ordem.

A Oficina deseja saber não apenas o nome, mas a idade, o lugar de nascimento, a profissão e o domicílio, para "identificar" o Candidato.

Por ter sido o Candidato declarado livre e de bons costumes, ele responde essas questões com toda liberdade, e essas respostas lhe dão o direito de adentrar no Templo.

O Guarda do Templo coloca sua espada sobre o coração do Candidato que, apesar de vendado, percebe e reage com um leve tremor, respondendo que a impressão que tem é a de uma arma apontada em seu peito.

O Venerável esclarece que é uma espada, símbolo sempre pronto a punir os "perjuros", os traidores, e inquire: "O que pedis?".

Certos Candidatos, mantendo-se tranquilos, respondem que desejam ingressar na Maçonaria, porém a maioria deixa de responder.

O Venerável, pausadamente, pergunta: "É de espontânea vontade, com plena liberdade e sem nenhuma sugestão que pretendeis ingressar na Maçonaria?".

Deixa-se o Candidato à vontade, aguardando-se a resposta que é afirmativa.

Pergunta, ainda, o Venerável: "Tendes alguma noção a respeito da Maçonaria?".

O Candidato então responde a respeito do que entende e, obviamente, a resposta será omissa e falha, completando-a, então, o Venerável, dizendo: "A Maçonaria é uma Instituição que tem o seu princípio na razão, sendo, portanto, universal; possui uma origem própria que não se confunde com qualquer religião, porque deixa a cada um a liberdade de crença e de qualquer dogma religioso e não impõe limite algum sobre a procura da liberdade".

Essa primeira prova demonstrará o equilíbrio emocional do Candidato, que já se acalma, em virtude do s primeiros esclarecimentos obtidos.

O Candidato é colocado sentado sobre um banco e é submetido a outra série de questionamentos:

O Venerável pergunta: "Se vos ocorrer um grave perigo, em quem depositareis vossa confiança?".

O Candidato responde: "Em Deus".

A segunda pergunta: "Que entendeis por liberdade?".

Terceira pergunta: "Que entendeis por moral?".

Quarta pergunta: "Que entendeis por virtude?".

Quinta pergunta: "Que entendeis por vício?".

A essas perguntas, o Candidato responde timidamente em breves palavras, não totalmente do agrado do Venerável, que as complementa.

Sexta pergunta: "Persistis em ingressar na Maçonaria?".

Se a resposta for negativa, o Candidato é conduzido, de imediato, para fora do Templo, e na Sala dos Passos Perdidos lhe é informado que pode retirar-se, sendo-lhe pedido que mantenha discrição sobre aquilo de que participou e que presenciou. Porém, as desistências são raras.

Sétima pergunta: "Estais disposto a submeter-vos a certas provas que reputamos necessárias?".

Com a anuência, é solicitado ao Candidato prestar um Juramento diante da Taça Sagrada.

Essa prova constitui parte sigilosa que não se pode elucidar; o Candidato vence a prova e lhe é feita a oitava pergunta: "Persistis a enfrentar provas?".

O Experto toma conta do Candidato e o submete à primeira prova.

A primeira prova é denominada "da terra" e constitui a "primeira viagem".

O Venerável inquire o Candidato: "Que vos sugeriu essa primeira viagem?".

Como a resposta não será satisfatória, o Venerável a complementa: "A viagem que empreendestes simboliza que completastes o emblema da vida humana. O rumor que percebestes representa as paixões que agitam a vida, e os obstáculos que encontrastes, as dificuldades que o homem encontra e não pode vencer a não ser conquistando aquela energia moral que permita lutar contra a má fortuna e graças à ajuda encontrada junto aos seus semelhantes".

O Venerável determina que seja procedida a segunda viagem, denominada "da água"; uma vez concluída, o Venerável esclarece: "Encontrastes nesta segunda viagem menos dificuldades e menos obstáculos; esses desaparecem quando o homem persiste a caminhar sobre o sendeiro da virtude; todavia, ainda não está liberto dos combates".

O Venerável faz ao Candidato uma série de perguntas: Informai-nos sobre o lado bom de vosso comportamento; deixai de lado a falsa modéstia e respondei: "Durante o curso de vossa existência profana, destes alguma prova de dignidade humana? De grandeza de ânimo e de desinteresse? Tendes praticado a justiça? A beneficência? A prudência?".

O Candidato responde titubeando e com dificuldade.

Então, o Venerável ordena que o Candidato seja submetido à terceira viagem.

Essa é denominada de "prova de fogo". O Candidato passa por uma prova de fogo e, após, diz o Venerável: "Candidato, as chamas completaram a terceira viagem; possa o vosso coração inflamar-se de amor para com vossos semelhantes, possa a caridade presidir vosso futuro, vossas palavras, vossos atos. Não esqueçais jamais o preceito: 'Não fazeis aos outros aquilo que não desejais que fosse feito a vós mesmo'; e aprender o outro conceito maçônico: 'Fazei aos outros todo o bem que desejares que os outros vos fizessem'".

Candidato: a Ordem Maçônica na qual pedis ser admitido poderá, talvez, algum dia pedir-vos que derrameis vosso sangue pela sua defesa e pela dos vossos Irmãos; se vos sentis apto a fazer tal sacrifício devereis firmar o juramento que ides prestar, com vosso próprio sangue. Consentis nisso?".

A resposta virá afirmativa.

O Candidato, então, passará pela prova do sangue, obviamente no sentido simbólico.

Após, ainda vendado, o Candidato presta o Juramento Maçônico convencional.

Enfim, prestado o juramento, é "dada a luz ao Candidato", com a retirada da venda. Recebe as primeiras instruções.

O Orador pronuncia um discurso de boas-vindas e, na Sala dos Passos Perdidos, agora já como Neófito, o Candidato é cumprimentado por todos.

As provas compreendem os quatro elementos da natureza: a Terra (estada na Câmara de Reflexão), o Ar (o combate com espadas), a Água e o Fogo.

O Candidato, agora Neófito, recebe as primeiras instruções.

São lhe ensinados os "Passos", as Palavras de "Passe" e "Aagrada"; os Sinais, a Postura, o "Toque" e como deve dirigir-se aos seus Irmãos e aos Oficiais.

Esses ensinamentos constituem parte sigilosa que o Neófito não poderá comunicar a nenhum profano.

A princípio, são de difícil execução, mas, com a prática, passam a ser compreensíveis e até corriqueiros.

Essa parte deve ser desempenhada com "perfeição". Nota-se, porém, nas Lojas, certo desleixo, em especial quanto às posturas – o maçom não deve ignorar que essa arte contém "misticismo e esoterismo".

Contudo, observando-se o comportamento posicional dos maçons em Loja, constata-se que, individualmente, essa parte passa a apresentar-se com características individuais; não há aquela uniformidade desejada. A disciplina nesse sentido deveria ser rigorosa, mas, infelizmente, isso não ocorre.

O Neófito recebe um "nome simbólico" (nem todas as Lojas usam) com o qual assina o Livro de Presença (*ne varietur*).

O novo nome deve ser bem escolhido, obedecendo os preceitos da numerologia, pois o nome pode resultar afortunado ou aziago.

O valor dos números é considerado, pois faz parte das Instruções.

A idade do Neófito passa a ser de três anos. Esse número é altamente simbólico e aparentemente colide com a Iniciação, pois o candidato, após a estada na Câmara de Reflexão, surge como sendo recém-nascido; seria incongruente que um recém-nascido passasse a ter três anos de idade.

A criança com essa idade, cientificamente, já possui formação completa e está apta para o crescimento; o passar dos anos significa frequentar uma escola – a escola da vida, onde surge o aperfeiçoamento.

Esse "disparate" não é considerado, pois tudo é simbólico e, para o maçom, tempo e espaço não existem.

Essa idade de três anos, o Aprendiz manterá durante o seu aprendizado, mesmo que perdure mais de um ano; a idade maçônica dá saltos e o

Aprendiz, quando elevado a Companheiro, terá outra idade, ou seja, dois anos a mais; e, ao atingir o Mestrado, terá "sete anos a mais".

Portanto, a idade madura será sete anos, evidentemente simbólica; o setenário abre as portas para a velhice.

Os quatro elementos existentes e cultivados pelos antigos maçons são reavivados e representados pela Câmara de Reflexão como sendo a Terra, Câmara onde não penetra o Sol, e a escuridão conduz à reflexão, pois a ausência da vida simbolizada pelo ocaso do Sol traz solidão e tristeza; o profano, ora Candidato e Recipiendário, sente que é constrangido a viver na Terra, como sendo sua última morada.

A mitologia pagã tinha a Terra como uma deusa, filha do Caos, esposa de Urano e mãe do Oceano.

A prova da Terra desperta na memória do Candidato as suas tribulações, os momentos de enfermidade, de crise, de agonia, do peso que suporta para viver; a experiência dessa vivência na Terra finda com a Iniciação, pois a Iniciação é que lhe trará a Luz.

A segunda prova surge da primeira viagem, a do Ar; Galileu Galilei foi o primeiro a descobrir que o ar tinha peso e Evangelista Torricelli comprovou; o ar é elemento indispensável para toda a Natureza.

A terceira prova é a viagem da Água, que é o elemento indispensável à vida, da qual os oceanos constituem os depósitos. Na atmosfera, está o grande manancial que umedece a Terra com o constante orvalho noturno, bênção dos Céus, como sugere o Salmo 133.

A quarta prova, ou seja, a terceira viagem, tem como centro o Fogo, considerado potência universal e inteligente, fonte de toda criação; segundo Lavoisier, o fogo não seria, apenas, um elemento da Natureza, mas o complexo efeito de combinações e de movimentos; o fogo contém dois elementos: o calor e a luz.

O Neófito recebe, após a Iniciação, um Avental e dois pares de Luvas brancas.

O Avental é sua insígnia; ele não poderá adentrar em Templo sem o seu Avental, que representa o instrumento protetor do trabalhador; o Avental protege da dureza dos elementos trabalhados, em especial das arestas que saltam da Pedra Bruta. Para uma proteção total, o Aprendiz ergue a abeta do Avental; evita que seu corpo se molhe na umidade e se macule com a sujeira deixada pelo manuseio dos materiais de construção.

As Luvas são protetores das mãos; o segundo par recebido é destinado à mulher que o maçom mais estima, fazendo dela a companheira nas tarefas de construção; essas luvas não podem ser manchadas pelo vício e pelo pecado, devem permanecer puras, pois o trabalho será honesto e destinado ao sustento seu e da família.

Além do Avental, das Luvas e das Instruções, o Aprendiz recebe do Venerável Mestre, dentro do Templo, como complementação, o Tríplice

Abraço dado de forma maçônica. Esse abraço é o sinal público de que a Loja recebe com afeto fraterno o novo membro.

No mundo profano, quando um maçom encontra outro, são trocados esses abraços, recordando, com isso, a Iniciação e a união existente e perene.

Instruções do Primeiro Grau[6]

"A Maçonaria é um liame que une; nenhuma Instituição humana, laica ou religiosa, apresenta-se tão propícia para a união universal dos homens, porque ela se esforça para a colocar em evidência os pontos concordantes de todas as opiniões e de superar as diferenças que, às vezes, são mais aparentes que reais, que geram as divergências e as discórdias."

Adorar a Deus, fazer o bem aos semelhantes, combater tudo o que prejudica e trabalhar para a própria perfeição, tal é o escopo da Maçonaria.

O culto à Divindade concilia-se com todas as opiniões religiosas porque deixa a cada um os próprios dogmas e a própria fé e contenta-se de expressar, no mais simples linguajar, ao Grande Arquiteto do Universo, os próprios sentimentos de amor e respeito.

Fazer o bem aos semelhantes significa empregar todo o esforço para lhes ser útil. O prejudicial que a Maçonaria esforça-se a combater são, sobretudo, aqueles que tendem a separar os homens com as divisões exclusivas vindas da diversidade das suas crenças, crenças essas que a Maçonaria respeita, quando professadas de boa-fé. Enfim, trabalhar para a nossa perfeição significa iluminar o nosso Espírito à luz da Ciência e fortificar a nossa vontade contra as viciadas paixões.

O maçom é um homem livre e de bons costumes e é, de modo igual, amigo dos ricos e dos pobres, se esses forem virtuosos.

As duas primeiras qualidades estão intimamente ligadas entre si, porque é, precisamente, na própria boa moralidade, que o maçom encontra a verdadeira liberdade, ou seja, a libertação dos danos e dos vícios mundanos que paralisam o pensamento e aprisionam a vontade. O infortúnio da sorte não influencia sobre sua amizade, porque ele a mede, não sobre a riqueza, mas sobre a virtude.

Os maçons reúnem-se em Loja para aprender a vencer as suas paixões, a submeter a sua vontade e a fazer novos progressos na Maçonaria.

A Maçonaria não se esforça em sufocar as paixões, o que resultaria quase impossível, porém, esforça-se em imprimir a isso, uma direção menos danosa e de reter o ímpeto perigoso; é nesse sentido que ela submete a vontade dos seus adeptos e lhe facilita o progresso maçônico.

A Loja é o local no qual os maçons se reúnem para cumprir os seus trabalhos.

---

6. Salvadore Farina

No sentido literário, a Loja é a Oficina de trabalho dos maçons, ou seja, o local onde se dá e se recebe a Palavra que os gregos denominavam de *Logos;* hoje, esse *Logos* não é segredo, nem mesmo para os profanos.

A Loja é voltada para o Oriente porque a Maçonaria, como primeiro raio de Sol, surgiu dessa parte.

Dionísio da Trácia e Vitrúvio nos informam que os Templos dos antigos eram voltados para o Oriente; também hoje, vários Templos cristãos têm a mesma orientação.

O comprimento de Loja vai do Oriente para o Ocidente; a sua largura, do Meio-Dia à Meia-Noite, e sua altura, do Zênite ao Nadir, ou seja, da superfície da Terra ao infinito.

Essas dimensões indicam que a Maçonaria é universal, não somente porque ela se dirige a todos os homens, mas sobretudo pela universalidade dos seus princípios e de suas obras.

A Loja é sustentada por três grandes Colunas: Sabedoria para criar, Força para seguir e Beleza para ornamentar.

Esse três termos foram sempre usados para indicar a Perfeição.

Essas Colunas que sustentam a Maçonaria são: a Sabedoria que a fundou e preside as suas deliberações; a Força, moral que só pela razão conduz os seus adeptos a executar as suas prescrições; a Beleza dos seus resultados que consistem em unir, iluminar e tornar felizes todos os membros de Família Maçônica.

O Recipiendário é introduzido na Loja após se ter batido à porta por três vezes; esses três golpes significam: pedi e recebereis, procurai e encontrareis; batei e vos será aberta.

A primeira máxima lembra que o maçom deve estar sempre pronto a acolher um pedido baseado na Justiça; a segunda, que ele deve usar da maior perseverança na busca pela Verdade para conseguir encontrá-la, e a terceira, que o seu coração deve estar sempre aberto aos Irmãos que peçam.

O Neófito (em qualquer Loja de Aprendizes) é denominado membro ativo da Grande Loja de São João.

Isso comprova que a denominação de São João é geral e aplicável a todas as Lojas. Porém, de onde vem e qual o significado de tal frase?

Segundo a tradição, vem do tempo das Cruzadas, dos Cavaleiros Maçons que se reuniram aos Cavaleiros de São João de Jerusalém, mais conhecidos como Cavaleiros Templários, para combater os infiéis; o nome de São João teria sido uma palavra de ordem proposta pelos Templários e, por esse motivo, toda Loja Maçônica passou a denominar-se Loja de São João.

Essa narrativa, em certo aspecto histórico, serve para esclarecer o porquê da adoção do nome de São João por parte das Lojas Maçônicas, numa época em que os maçons perseguidos tinham a necessidade de zelar os seus mistérios sob o manto da religião, na época dominante; no entanto, não seria uma justificativa para mantê-la até nossos dias. A Maçonaria, que admite todas as religiões, não divide os homens em fiéis e infiéis; ela não aceitaria a missão de combater os pretensos infiéis.

Mas, quanto à origem etimológica de palavra João, esta significaria: "dia".

Em efeito, o substantivo João, junto aos persas *Jeha*, os hebreus *Johan* e junto aos gregos *Joannes,* tem por radical o hebreu *Jom* dia, de onde os romanos extraíram *Janus*, nome sob o qual adoravam o Sol.

Os maçons, em muitas circunstâncias e, particularmente nessa, usaram a palavra João para representar alegoricamente o Sol.

Logo, o Aprendiz torna o Neófito membro ativo da Loja do Sol e essa nova fórmula comporta vários significados simbólicos. Porquanto, o Sol tem por Loja o mundo inteiro, o homem não pode vir a ser realmente membro ativo de tal Loja, ou seja, do mundo, pelo conhecimento que conquista por meio da Iniciação. Cada Oficina Maçônica denomina-se Loja do Sol porque constitui como um fulgor da Maçonaria que ilumina o mundo moral, como o Sol clareia o físico.

Por fim, o maçom, para merecer o título de membro ativo da Loja do Sol, amigo que é da Luz, deve consagrar todos os seus esforços, antes iluminando a si mesmo e, após, os seus semelhantes, dissipando com toda a atividade de que é capaz, as trevas acumuladas pela ignorância, a hipocrisia e a ambição.

Os trabalhos dos Aprendizes abrem-se ao "Meio-Dia" e encerram-se à "Meia-Noite". J.M. Ragon* afirma que essa proposição possui referência com os trabalhos de Zoroastro, que os exercitava em igual tempo.

Porém, sob o aspecto moral, esse espaço fictício de 12 horas, representando o tempo maior durante o qual o Sol brilha diariamente sobre os diversos pontos do planeta, lembra os Maçons que devem, com os seus trabalhos, expandir sobre o Mundo a maior Luz moral para serem dignos de merecer o título de "Filhos da Verdadeira Luz".

A Palavra Sagrada "B..." quer dizer "a minha força está em Deus", a qual significa que a principal força moral da Maçonaria repousa sobre a crença divina.

O Aprendiz possui três anos. Segundo Ragon, isso teria relação com os Antigos Mistérios, aos quais os Aprendizes só eram admitidos três anos após a apresentação. Segundo Vassal,** tal frase encontraria a sua origem nos Mistérios Egípcios, nos quais o iniciado no primeiro Grau corresponderia ao nosso Aprendiz, ficaria três anos afastado do mundo profano.

No entanto, como isso não ocorre ao Aprendiz moderno, torna-se impossível encontrar uma explicação quanto à sua idade; faz-se necessário encontrar outro significado.

---

* N.E.: Sugerimos a leitura de *Ortodoxia Maçônica*, de J.M. Ragon, Madras Editora.
**N.E.: Sugerimos a leitura de *Curso Completo de Maçonaria*, de Pierre Gerard Vassal, Madras Editora.

No sentido simbólico, a idade de três anos é atribuída ao novo Iniciado para indicar que ele conhece o valor alegórico dos números, sendo o três consagrado ao Aprendiz.

Em razão disso, nesse Grau, idade, marcha, viagens, sinais, toques, abraços, bateria e aclamações, contam-se por três.

A Marcha do Aprendiz é com três passos que formam um ângulo reto. Cada passo indica a retidão do caminho que o maçom deve seguir na jornada da vida; e todos os três unidos indicam que essa reta deve ser conduzida até o Terceiro Grau, ou seja, ao "superlativo".

O Sinal do Grau compõe-se de três movimentos, sendo que o da "Ordem" será o primeiro.

Esses três movimentos reunidos oferecem uma forma que lembra todas as imagens simbólicas do Triângulo.

O Sinal de Ordem, que por si só representa um ângulo reto, é símbolo da postura que deve presidir o discurso do maçom.

O Toque, que possui também três movimentos, sendo que dois são precipitados e um lento, simboliza a atividade e a continuidade com os quais deve ser orientado o trabalho.

A Bateria por três representa a atenção, o zelo e a perseverança necessários para cumprir a obra maçônica.

O Tríplice abraço é a imagem do afeto fraterno que une todos os maçons.

Por fim, a Aclamação, também essa, por três, exprime os votos formulados aos Maçons por cada Irmão, por cada Loja em particular e para a prosperidade maçônica em geral.

O que devemos entender pelas palavras: "Três governam a Loja"?.

Se, no sentido literal, esses são o Venerável e os dois Vigilantes, devemos recordar que, no sentido simbólico, o número três representa em especial a Deus, Inteligência e Virtude.

Por conseguinte, essa proposição significa que a Loja, ou melhor, a Maçonaria, tem por Mestre somente a Deus; por guia nos trabalhos, a Inteligência e por finalidade de suas ações, a Virtude".

A Cadeia de União*

Após o encerramento dos trabalhos, ainda em Templo, forma-se a Cadeia de União, isto é, compõe-se colocando todos os presentes em círculo, sendo que os Oficiais defronte aos locais que ocupavam, o Venerável Mestre voltado com as costas para o Oriente e o Mestre de Cerimônias no lado oposto, dando as costas à Porta de Entrada.

---

*N.E.: Sugerimos a leitura de *Cadeia da União e seus Elos*, de Rizzardo da Carmino, Madras Editora.

A formação será em círculo, procurando-se, quando possível, colocar o Altar no centro, como Ponto Central da Loja.

Cada Loja caracteriza a sua Cadeia de União, observadas, porém, certas regras gerais; assim, formado o Círculo, os Irmãos que são os seus Elos, permanecem eretos com os braços caídos.

O Venerável Mestre ordena que os pés se unam; cada um une os calcanhares, e abre os pés em esquadria, tocando as pontas dos pés dos Irmãos que estão ao lado.

Forma-se, assim, um círculo unindo os Elos, dando uma base sólida posta no Pavimento; é o contato com a matéria; o Venerável observa se todos se posicionam corretamente.

As extremidades ficam unidas equilibrando o corpo.

A seguir, cruzam-se os braços, sendo que o braço direito é colocado sobre o esquerdo; dão-se as mãos.

As segundas extremidades, então, unem-se; a posição obriga o aperto das mãos, bem como o aperto do plexo solar, controlando, assim, a respiração.

Depois de observado que os braços estão harmoniosamente cruzados, o Venerável convida os Irmãos a que respirem uniformemente, com rápido exercício de inspiração e expiração; quando a respiração for uniforme, o ar dentro do círculo, ou seja, o Prana (ou, no feminino, a Prana) contido pelas paredes redondas formadas pelos Elos, circula nos pulmões de todos, numa troca constante de energias.

Os Elos estarão, então, unidos pelos pés, pelos braços e mãos e pela respiração.

Falta a união das mentes.

Há um fundo musical apropriado; um incenso é aceso; silêncio.

O Venerável Mestre avisa que circulará a Palavra Semestral, transmitida de ouvido a ouvido, sussurrando-a, partindo da direita para a esquerda até chegar correta ao Mestre de Cerimônias, que, com um aceno, dirá que chegou Justa e Perfeita.

Caso, pelo caminho, a Palavra resultar errada, então o Mestre de Cerimônias dirá em voz alta que a Palavra chegou incorretamente; o Venerável Mestre repetirá, então, a operação.

A Palavra Semestral é distribuída como garantia de frequência, dando a regularidade maçônica. Une as mentes e, assim, todo o organismo humano ficará unido; todo Elo se unirá aos demais Elos; haverá um só pensamento, uma só mecânica. Este, recolhido ao seu gabinete, em meditação, busca uma palavra que possa servir de contato entre ele e a sua Jurisdição.

Não se trata de uma palavra comum surgida de um primeiro pensamento, mas uma palavra gerada pelo Espírito que possa representar a autoridade do Grão-Mestre e que, transmitida pelas diversas Cadeias de União, possa na realidade desempenhar o papel de União.

No passado, a Maçonaria era frágil e restrita a poucas Lojas; com o seu desenvolvimento é que foi criado esse "liame".

O Grão-Mestre não pode estar presente em todas as Lojas; portanto, a sua presença será oficializada pela Palavra Semestral, que simboliza a sua presença.

Certas Lojas transmitem a Palavra Semestral apenas de seis em seis meses; a rigor, bastaria; no entanto, a Loja desejar permanentemente a presença de seu Grão-Mestre.

Essa Palavra Semestral equivale ao "Mantra" hindu; quando distribuída, ela une os pensamentos, de modo que cada Elo passa a ter um só pensamento que será o pensamento de seu Grão-Mestre.

Uma vez unido dessa forma, o pensamento, durante a formação da Cadeia de União, tudo o que for "pensado" será uniforme e distribuído entre os Elos e, assim, surgirá uma Força de Pensamento capaz de fortalecer o Quadro e de distribuir benesses.

O Venerável Mestre ordena que os Irmãos cerrem as pálpebras e o acompanhem na prece que elevará a Deus.

Essa prece, então, será uníssona; todos estarão em comunhão com o Criador.

Na prece haverá oportunidade de súplicas, de agradecimentos e de louvor. Não há necessidade de que seja prolongada; bastam algumas palavras simples e fervorosas.

O campo de energia que se forma oriundo da Cadeia, alcança a todos os maçons; a palavra é composta de sons e esses; como se sabe, extravasam o recinto da Loja e, em ondas, alcançam todos aqueles que comungam a mesma Doutrina Maçônica.

Sabemos que, pelo fenômeno do fuso horário, em cada fração de minutos, uma Loja, pelo menos, reúne-se na Terra; assim, a cada Cadeia de União formada, todos os maçons são alcançados e a "Corrente", gigantesca, portanto, é permanente; todos os maçons estarão protegidos e serão alcançados pelas vibrações emanadas dessas Cadeias espargidas por toda parte.

E os Mantras? As Palavras Semestrais emitidas por todos os Grão-Mestres da Terra não causarão confusões?

Em absoluto, porque a Palavra Semestral é sussurrada de ouvido a ouvido e o sussurro não forma ondas sonoras. Logo, a Palavra Semestral que atua será a exclusiva emanada por uma só autoridade, dentro de uma Loja.

É frequente e apropriado que o Venerável peça aos Elos um pensamento positivo em favor de determinado Irmão que se encontra em dificuldades, em especial, de enfermidade.

Toda Cadeia emite a vibração necessária para o restabelecimento do Elo necessitado.

Essas vibrações alcançam não só o destinatário, mas a toda Fraternidade Universal.

Há uma permuta de vibrações entre as Cadeias de União reunidas; são milhões de pensamentos positivos e benéficos a fortalecer a Irmandade.

É dito, quando falece um maçom, que ele seguiu para o Oriente Eterno; a Maçonaria, como princípio, crê em Deus e na Vida Futura.

Sabemos que os que vivem neste mundo têm uma vida palidamente semelhante à vida do Além. Trata-se de um mistério que ainda permanece oculto sob um denso véu, mas que, pouco a pouco conseguimos penetrar; a Fraternidade Universal abrange a Terra e o Cosmos e – por que não? – nesse Oriente Eterno, os maçons que partiram não fazem parte de uma Maçonaria Esotérica, onde também são formadas as Cadeias de União?

Esse conhecimento espiritual é acanhado; pouco vislumbramos e pouco sabemos, porém, a nossa ignorância não significa que não haja a possibilidade de uma vida Maçônica no além.

São lucubrações místicas que ficam na dependência de maior ou menor desenvolvimento espiritual.

A Cadeia de União possui uma formação "excêntrica" com a união das extremidades e das mentes. Por que essa formação? Por que os pedidos? Por que a súplica?

Todos os maçons presentes participam da Cadeia de União; é um ato obrigatório; todos os maçons se unem e fundem os seus pensamentos em um só. Imaginar que milhões de maçons assim agem resulta em aceitarmos que grandes energias são formadas e distribuídas.

Alguns maçons não aceitam esse "Esoterismo", porém, mesmo assim, participam da Cadeia de União; são "arrastados" e, queiram ou não, são envolvidos no poder do "Mantra" e participam do "turbilhão" espiritual, contribuindo com a sua, energia particular; dão de si, creiam ou não na potencialidade da Corrente Fraterna.

No término da Cadeia, o Venerável concita ao cumprimento fraternal e cada Elo deseja um ao outro, "Muita Saúde, Força e União".

Desfaz-se a Cadeia, lentamente; cada Elo toma seu lugar na Loja e, depois, são dispensados pelo Venerável Mestre, retirando-se, silenciosamente, em direção ao Átrio e, após, à Sala dos Passos Perdidos, onde retomam a atividade profana.

Restabelecidos nas suas energias, cada maçom retorna ao lar, onde os seus familiares o aguardam; recebem o membro da família recomposto, apto a prosseguir a sua jornada do dia de amanhã.

Companheiro – 2º Grau

O Aprendizado Maçônico equivale à infância, pois o Iniciado é nova criatura que fatalmente progride no seu crescimento, obviamente simbólico, atingindo a virilidade em busca da maturidade.

Três são as imposições da jornada em direção ao Companheirismo: Trabalho, Ciência e Virtude.

O Trabalho significa o esforço pessoal que abrange uma série de fatores, como a perseverança, o ideal, o entusiasmo, enfim, a disposição de prosseguir na jornada encetada.

A Ciência diz respeito à instrução, pois não basta o trabalho "operativo" representado pela frequência às sessões e por desempenho dos encargos; é preciso o interesse em direção à cultura.

Tem-se discutido muito, se um profano analfabeto pode ser submetido à Iniciação.

A Maçonaria não exige uma elite intelectual, mas o interesse em evoluir; se o Iniciado for analfabeto, ele terá a obrigação de instruir-se, pois a educação lhe é facilitada com uma multiplicidade de cursos para adultos existentes no País e até programados por meio de correspondência ou programas televisivos.

Nunca é tarde para a "Instrução".

Percorrido o caminho do Aprendizado, surge a oportunidade de encontrar a Instrução. Essa é necessária para desenvolver o intelecto e abrir caminhos para a compreensão filosófica.

Cinco são as etapas a transpor e cada uma simboliza uma parte da Ciência, a saber: Gramática, Retórica, Lógica, Aritmética e Geometria.

Esse agrupamento, diante do progresso intelectual de nossos dias, nos parece tímido; contudo, são aspectos científicos tradicionais que resumem uma maior gama de conhecimentos, como veremos mais adiante.

Comparando a alegoria do sistema solar, o Companheirismo equivale ao posicionamento entre os Equinócios da primavera e do outono, pois a Terra fecundada das chuvas primaveris desenvolve todos os frutos que garantem a continuidade das espécies.

A Loja do 2º Grau difere da Loja de 1º Grau, destacando-se seis pontos distintos, a saber: no Pavimento Mosaico é colocado o Quadro da Loja; na Estrela Flamejante brilha os cinco pontos luminosos; no centro da Loja, encontra-se o "Ara do Trabalho", sobre o qual são colocados: uma Régua, um Malhete, um Cinzel, uma Colher de Pedreiro e um Esquadro.

Colocados sobre estantes, são dispostos quatro cartazes: no 1º, colocado ao Oeste, veem-se o nome dos cinco sentidos; no 2º, colocado ao Sul, o nome das quatro ordens arquitetônicas; no 3º, colocado no Oriente, o nome das sete artes literais; no 4º, colocado ao Norte, o nome dos filósofos Sólon, Sócrates, Licurgo e Pitágoras.*

O traje é igual ao do Aprendiz, sendo que a abeta do Avental será abaixada.

O Companheiro estará à ordem, mudando a postura, erguendo o braço esquerdo, pousando o direito sobre o coração na forma convencional.

Possui Palavra de Passe que lembra uma espiga de trigo.

A Palavra Sagrada é a mesma inserida na Coluna "J".

O Sinal é o convencional, bem como o Toque.

A Marcha é a do Aprendiz acrescida de dois passos oblíquos.

A Bateria consta de cinco golpes; a Aclamação é a do Aprendiz; o seu Salário é a passagem de uma Coluna para outra, da Perpendicular ao Nível.

Os trabalhos iniciam-se ao Meio-Dia e encerram-se à Meia-Noite.

A Lenda do Grau revela a maturidade do homem.

O Trolhamento difere do Aprendiz e possui cinco perguntas; a idade do Companheiro é de cinco anos.

O Ritual Iniciático difere do Ritual do 1º Grau; cinco são as viagens probatórias; há o trabalho sobre a Pedra Bruta e o Juramento é o convencional.

*
* *

---

*N.E.: Sugerimos a leitura de *Pitágoras – Ciência e Magia na Grécia Antiga*, de Carlos Brasílio Conte, Madras Editora.

Os Sentidos

A VISÃO: O olho humano é o órgão da visão; é um órgão duplo a comandar a visão cruzada da esquerda e da direita; é o mais perfeito órgão do corpo humano; a visão pode ser considerada a geratriz da imaginação; em um diminuto espaço de alguns milímetros, o olho recolhe o Universo inteiro, distingue as cores e suas nuances e transmite ao cérebro todas as sensações da Natureza; ela define a beleza e fecunda a imaginação. Paralelamente, transforma o "panorama" em visão espiritual; adentrando no infinito dos corpos, ingressando em um mundo esotérico e celestial.

Na Iniciação ao 1º Grau, a visão do Recipiendário é tolhida por uma venda; na aprendiz elevação ao Grau 2º, já não sendo "cego", participa com os olhos desvendados.

Para a meditação, os olhos devem ter as pálpebras cerradas para provocar "visões", dentro de um campo experimental esotérico.

A AUDIÇÃO: O ouvido é o condutor harmonioso dos sons materiais e espirituais; socialmente, representa a comunicação; espiritualmente, conduz a Voz da Consciência.

A Natureza, alia a visão com a audição e, assim, o ser humano contempla toda beleza e mistérios, notando que dela faz parte e parte relevante, de domínio e observação.

O TATO: O tato dá ao homem a certeza da posse, para respeitar assim, o que é "meu" e o que "não é meu", equilibrando o convívio social.

O tato revela o esforço físico para obter a informação completa; é exercido por meio do maior órgão do organismo humano, que é a pele, e subsiste mesmo sem a visão.

O Tato é o condutor das vibrações; ele as obtém fisicamente, quando houver o "contato" e, espiritualmente, quando essas vibrações forem elétricas; o tato espiritual é obtido através de práticas apropriadas.

O OLFATO: Os odores expelidos pela Natureza são absorvidos pelo órgão do olfato, o nariz; os perfumes são agradáveis e os maus odores, desagradáveis, comprovando o equilíbrio existente; o olfato é sutil e penetrante. Os desejos são excitados pelos odores sexuais; os perfumes das flores atraem os insetos que, removendo o pólen e o transportando, fecundam outras espécies. Os sentidos que mais nos aproximam da Natureza são a visão e o olfato; os perfumes e a beleza agradam à vida e lhe dão sentido.

O PALADAR: O sentido do paladar simboliza a sensibilidade mais próxima do mundo físico; o alimento necessário ao ser humano é selecionado pelo gosto alterado, pelo uso do "sal" que acentua os sabores, abrindo o apetite; para a alimentação, são exigidos todos os cinco sentidos em conjunto.

É dito, ao refinamento do ser humano, que este "possui bom gosto", demonstrando, assim, que esse sentido pode tornar-se mais sublime.

Na sociedade, ao erguer-se um brinde, são simbolicamente atraídos todos os cinco sentidos.

O da visão, ao contemplar o vinho no cálice; o do tato, ao segurar esse recipiente; o do olfato, aspirando o perfume da bebida, o do paladar, ao saboreá-la e, finalmente, o de Audição, no tilintar das taças batendo-as uma na outra.

Os sentidos estão sempre alertas; durante o repouso e no sono, eles suspendem a atividade, embora nos sonhos se possa usá-los, o que demonstra que eles atuam psiquicamente; os sentidos mais constantes são os da Visão e do Olfato, pois esse último tem ligação estreita com a respiração.

Os sentidos "espirituais" são os da visão e o da audição; o da visão, através do "terceiro olho"; o da audição, captando a "música das esferas".

*
* *

As Artes Liberais

A GRAMÁTICA: Segundo o *Aurélio,* é "o estudo ou tratado dos fatos da linguagem falada e escrita e das leis naturais que a regulam". É a arte de falar corretamente. O Aprendiz, como regra geral, pouco fala, mas o Companheiro, para instruir-se, deve manejar seu idioma corretamente, tanto no falar como no escrever. Sendo a Maçonaria também uma Escola, essa parte que compreende a comunicação deve ser fielmente observada; o maçom deve ser humilde e aceitar as correções que possam lhes ser feitas. O discurso é a forma de o maçom expressar-se, aplicando o linguajar correto, buscando as belas palavras do vernáculo e fugindo da gíria; a perfeição é buscada também no uso da palavra. As regras vernaculares não podem ser deixadas para trás; a concordância, os acentos e o belo discurso devem preocupar todo maçom.

A RETÓRICA: Segundo o mesmo dicionário, Retórica "é a arte de bem falar; conjunto de regras relativas à eloquência; livro que contém essas regras; ornatos empolados ou pomposos de um discurso".

É a arte que dá eloquência, força e graça ao discurso.

O discurso pode ser apresentado escrito ou de improviso; em ambos os casos, as palavras deverão ser "medidas", exteriorizadas com acerto e elegância, banindo-se os empolamentos supérfluos, os termos vulgares; sobretudo, ser comedido; diz o sábio: "Se queres agradar, fales pouco"; não é o discurso longo e cansativo, repetitivo e vazio que há de atrair as atenções dos ouvintes; cada palavra proferida deve ter o seu "peso" exato.

A eloquência surge do agrupamento de palavras corretas formadoras de frases exatas, obedecidas as regras gramaticais.

Esta arte, nos dias atuais, não vem sendo observada, mas ela não caiu em desuso; o falar do maçom deve, sempre, agradar; a frase deve ter o conteúdo sábio; o ouvinte deve obter desse discurso o alimento espiritual e científico.

A LÓGICA: Prossegue o *Aurélio*: "Ciência que estuda as leis do pensamento; coerência de raciocínio".

Embora "ciência", não deixa de ser uma arte; a arte do raciocínio metódico; o conduto do pensamento para que se torne compreensível; a colocação exata do pensamento a ser transmitido, usando as premissas corretas.

A Palavra é um dom e quem o possuir não deve mantê-lo apenas para si, mas exteriorizá-lo. A Palavra consola, anima, excita e entusiasma.

A ARITMÉTICA: É a arte de calcular; é a ciência dos números; todo maçom deve saber que é a chave de todas as ciências exatas. Ninguém prescinde da Aritmética no seu trato social.

Difere da Matemática, que é a ciência que tem por objetivo as medidas e as propriedades das grandezas.

A GEOMETRIA: É a arte de medir. O Companheiro, inspirado na letra "G", que representa a imagem da inteligência universal, deve possuir o conhecimento sobre as medidas, medem-se todos os aspectos da Natureza exterior e interior; medem-se as palavras e as obras e, para tanto, são usados instrumentos específicos. Na construção, ela é vital porque nada pode ser feito sem uma medida adequada, desde o ponto às linhas retas e curvas e todas as demais dimensões.

A construção principal a que o maçom deve dedicar-se é a do seu próprio Templo, símbolo da presença de Deus em si mesmo, no seu corpo físico, mental e espiritual.

Os instrumentos de medida são símbolos que devem ser usados com razão e equilíbrio.

A ASTRONOMIA: É a arte de conhecer os astros e os seus movimentos; não deve ser confundida com a Astrologia, que é a "arte de conhecer o futuro pelos astros".

Conhecer a lei que movimenta os astros, satélites, planetas é conhecer o Universo. A maioria dos símbolos maçônicos têm estreita ligação com a Astronomia.

Há o Universo "exterior" e o Universo "interior"; conhecê-los é o maior desafio do maçom.

A Astronomia é simbolizada de forma genérica na Abóbada Celeste dos Templos maçônicos.

A MÚSICA: É a arte dos sons e de suas alterações; em Maçonaria, os sons são considerados de importância relevante, a partir das "Baterias", da Aclamação, dos Tímpanos, dos fundos musicais, dos rumores iniciáticos.

Os sons sensibilizam todo ser humano e, consequentemente, a Natureza; o som é produzido pela vibração das moléculas do ar e podem ser definidos em agudos e graves.

A percepção das nuanças sonoras apura o ouvido e sensibiliza a audição.

Toda cerimônia iniciática, e mesmo todo trabalho em Loja não dispensa o fundo musical, tanto que é mantido um oficial como Mestre de Harmonia.

A educação do "ouvido", ou seja, o despertar da sensibilidade da audição, faz parte daquilo a que Platão se referia como "música das esferas celestiais", que eram os sons que podiam absorver do Universo, por intermédio de um apurado ouvido espiritual.

Os sons propagam-se na atmosfera e são permanentes; os sons espirituais são como os de estratosfera: silenciosos, mas sempre vibratórios.

A música conduz o pensamento à meditação das Artes Liberais, ela é a maior representação.

Essas vibrações, o maçom as recebe por meio da audição e do tato; todo o organismo capta os sons, os detém, analisa e os coloca no "depósito" que é a mente.

O cérebro absorve todos os sons, sem limites, e os acumula tal qual poderoso computador.

*
* *

As Viagens Iniciáticas

No 2º Grau, o do Companheiro, o Aprendiz enceta cinco viagens dentro de sua Elevação.

A Elevação segue a mesma alegoria da anterior, um pouco mais simples, pois o Aprendiz não terá os olhos vendados.

Dessa primeira parte, o Aprendiz participa sentado em um banco; nas mãos, segura a Régua.

O Companheiro já não é tão ignorante como o Neófito, e o conhecimento é simbolizado pela permissão de poder observar o que se passa nas viagens; a ignorância era representada pela "cegueira" momentânea; o Neófito passara pela Iniciação completamente ignorante do que se passava.

As Iniciações não passam de uma demonstração alegórica e simbólica; nessa Elevação, o Aprendiz já sabe "dialogar" com os símbolos e compreende o seu significado; já possui certa intimidade com a alegoria de modo que passa a compreender com facilidade o simbolismo iniciático.

O Aprendiz é um ser que nasceu "de novo" simbolicamente, saindo do "ventre materno" que é a Câmara de Reflexão; tudo o que se passa dentro do "útero" ele não vê, apenas ouve e toma conhecimento de forma superficial; recebida a luz, o que contempla o faz pela primeira vez; tudo lhe é desconhecido e, por isso, está numa fase experimental; a tudo toca acanhadamente, nada sabe, mas retém o que lhe é ensinado; não fala, balbucia apenas algumas palavras.

Aos poucos, pacientemente, dá os primeiros passos, seu universo é ampliado, aprende a expressar-se até conseguir "desbatar a Pedra Bruta".

No Aprendizado a Pedra deve perder as arestas e obter forma para, depois, no Companheirismo, planejar sobre ela o formato definitivo, com o devido burilamento.

Aprontar a Pedra Bruta significa burilar-se a si mesmo; em Maçonaria, o Aprendiz não é burilado por outrem; o esforço deve ser próprio, dentro do rígido aprendizado.

Do Aprendiz, é retirada a Régua e entregue um "Malhete" e um "Cinzel", para incentivá-lo a trabalhar a Pedra que já não é disforme, mas, apenas, esquadrejada; ele tem um cubo a ser transformado em pedra de alicerce de primeira ordem; alegoricamente, supõe-se que esse trabalho deverá ser imediatamente iniciado.

O Aprendiz levanta-se e, seguindo o Experto, cumprirá a "primeira viagem" dirigindo-se ao Oeste, diante do cartaz que tem a palavra correspondendo aos cinco sentidos.

Lê em voz alta os dizeres, demonstrando, assim, que sabe ler e que se disporá a compreender o significado da leitura.

Nesse ato, poderá tecer algumas considerações a respeito dos sentidos, auxiliado pelo Venerável Mestre, que completará a exposição.

A alegoria dos cinco sentidos é ampliada, podendo qualquer Obreiro presente tecer considerações a respeito.

A compreensão dos sentidos conduz o Aprendiz ao conhecimento de si mesmo, na autonomia de seu procedimento, quando Companheiro.

O Venerável aponta a Estrela Flamejante como novo emblema, novo símbolo ainda desconhecido, cujo brilho deverá acompanhar sua própria vida.

O Aprendiz deposita o Malhete e o Cinzel sobre o Altar do trabalho e lhe são dados, em substituição, uma Régua e um Compasso.

De posse desses Instrumentos, enceta a "segunda viagem" em direção ao Sul, onde há um cartaz e nele escritas as ordens arquitetônicas: Toscana, Dórica, Jônica, Coríntia e Compósita. Procede à leitura em voz alta.

Essa "segunda viagem" corresponde à aplicação da arte na sociedade, o embelezamento moral do indivíduo, ao aperfeiçoamento por meio do sábio e prudente uso dos instrumentos de decoração do Templo.

A Régua nos ensina que devemos ser justos, corretos, equânimes no relacionamento humano; o Compasso é o símbolo da Sabedoria e da Prudência.

A Arquitetura é a mais nobre das artes manuais; é a ciência com a qual os antigos expressavam a beleza. As cidades por eles construídas, com seus colossais monumentos, desapareceram, mas permaneceram as notícias.

Caim construiu a cidade de Enoc; Noé, a Arca com que se salvou o povo do dilúvio; Nemrot a Torre de Babel e construiu os alicerces da Babilônia; Hiram Abiff adornou o Grande Templo de Salomão; Piteu edificou o Templo de Minerva na Ásia Menor; Dédalo construiu, em Creta, o famoso Labirinto e Vitrúvio foi o mais célebre arquiteto romano.

Ignoram-se os construtores de Mênfis e de Tebas.

A Arquitetura teve seu berço no Egito; estendendo-se à Grécia, construíram as três ordens: Dórica, Jônica e Coríntia; para Roma foram levadas e mais, a Toscana, uma espécie de Dórica menos refinada; a ordem Compósita é um misto de todas as demais; cada região adotou um estilo. Assim, tínhamos o estilo egípcio com as Pirâmides, as Colunas e o Templo de Carnac; o estilo grego com o Partenon de Atenas; o estilo árabe com Alhambra em Granada; o estilo romano, com o Arco de Tito e o Coliseu; o estilo bizantino com Santa Sofia em Constantinopla, e o gótico com Notre-Dame em Paris.

A mais antiga ordem é a Dórica; Doro, rei de Acaia, fez construir em Argo, em um local sagrado, um Templo no estilo que tomou o seu nome.

A ordem Jônica, a mais elegante, deve o seu nome a Jon, filho de Creusi, que levou à Ásia Menor 13 colunas gregas, fundando, ao mesmo tempo, 13 cidades, entre as quais Éfeso, que foi a mais célebre; nessas cidades foram erguidos templos a Apolo e Diana.

A ordem Coríntia é a mais rica das ordens arquitetônicas; essa coluna representa toda a graça feminina de uma donzela.

Em torno dessa ordem, surgiu uma lenda: uma donzela adoeceu vindo a falecer; sobre o seu túmulo foram colocadas uma cesta com flores cobertas por uma telha; a cesta repousava, justamente, sobre uma raiz de acanto; na primavera, a raiz brotou e as folhas cercaram a cesta; ao atingir a telha, encontraram resistência e então curvaram-se formando uma espiral. O escultor Calimano, observando a curiosa forma, decidiu criar uma coluna, surgindo, assim, o novo estilo Coríntio.

Os ornamentos dos capitéis dessas colunas representam a virtude dos maçons encarregados da construção do Templo.

Na "terceira viagem", o Experto entrega ao Candidato uma Régua e uma alavanca que retira do Ara do Trabalho; munido desses instrumentos, o Candidato faz um giro em direção ao Oriente e lê os cartazes a respeito das Artes Liberais: Gramática, Retórica, Lógica, Aritmética, Geometria, Astronomia e Música.

Após essa viagem, o Candidato deve compreender que nenhuma ciência deve ser desconhecida, porque cada uma delas poderá ser a vertente que oferece uma virtude.

Para encetar a "quarta viagem", o Candidato recebe um Esquadro e uma Régua e é conduzido a Oeste, onde lê os nomes inseridos nos cartazes: Sólon, Sócrates, Licurgo e Pitágoras.

Sólon foi um dos sete sábios da Grécia, poeta e grande orador; viveu 700 anos antes da Era Cristã; deu a Atenas uma Constituição democrática; quando os seus concidadãos aceitaram o jogo de Pisitrato, recolheu-se a um exílio voluntário; a sua divisa era: "Em tudo deve ser considerado o fim".

Sócrates, filósofo ateniense, nascido 470 anos antes de Cristo, ensinou a crença em Deus e a imortalidade da alma; criou a ciência da moral e do dever, a sua divisa era: "Conhece-te a ti mesmo".

Licurgo, nascido em Esparta dois séculos antes de Sólon, com as suas leis foi o artífice da grandeza de Esparta.

Pitágoras, criador da escola filosófica italiana; a sua filosofia era baseada na "crença em Deus e na moral do dever".

O Candidato procede um giro na Loja sem nada ter nas mãos.

Essa "quinta viagem" o Candidato a faz sem instrumentos, mas portando o Avental, símbolo do trabalho; é o trabalho mental, a disposição para executar as tarefas em prol do bem-estar da Humanidade.

O símbolo dessa viagem é a liberdade; o ser humano deve ter momentos de meditação, introspecção; é o trabalho intelectual que prescinde de instrumentos.

O uso da Liberdade importa em sérios compromissos, sendo o primeiro o de não afetar os semelhantes; a Liberdade deve ser cultivada, como qualquer outra virtude.

O interesse e escopo da Maçonaria é a "civilização" da sociedade, desenvolvendo e difundindo as ciências e o melhoramento da espécie humana, ensinando e praticando a moral que deriva da influência de cada uma das ciências.

A seguir, o Candidato é conduzido frente à Pedra Bruta para que execute o seu último trabalho como Aprendiz.

Na Pedra Bruta, o Aprendiz a esquadreja e retira as arestas, mas por melhor que execute o seu trabalho, que perdura longo tempo, sempre há de sobrar alguma aresta. Ninguém consegue burilar-se sem antes eliminar as asperezas de seu viver; a Pedra Bruta simboliza o próprio Aprendiz e na Elevação ao Companheirismo, antes de mais nada, deve haver um exame consciente se, na realidade, o Candidato está apto a iniciar o burilamento que exige delicadeza dos golpes do Malho, a fim de não ferir a Pedra e entregá-la apta para o embelezamento, trabalho mais intelectual que braçal.

Assim, o Candidato conclui as viagens iniciáticas.

*
* *

Os Deveres do Companheiro

Deveres para com o Grande Arquiteto do Universo

O Grande Arquiteto do Universo, ou Deus, é o Ser Invisível e incriado, misterioso em sua forma e ação; existe sem ser percebido; atua sem interferência humana; criou e cria constantemente e forja a humanidade.

Pelo mistério insondável é respeitado e adorado; somente Ele tem o direito à adoração exclusiva; repartir essa adoração com algum ser criado, dentro da Natureza ou no Cosmos, não passa de idolatria, prática que a Maçonaria condena.

A Maçonaria não seleciona "uma espécie de religião", aceita todas, uma vez que Deus seja o ponto central e que não haja idolatria.

O homem tem a sua liberdade de escolha quanto à forma de adorar a Deus, de cultuá-lo e de manifestar a sua religiosidade que deve visar ao grande respeito para com Deus e tolerância para com os seus semelhantes, amando-os com ternura e fraterna amizade.

Os deveres para com Deus abrangem a crença numa vida futura, em um local que é denominado de Oriente Eterno, onde se supõe a presença visível de Deus e o desvendamento dos mistérios.

Os maçons, quando reunidos em Loja, elevam preces a Deus para demonstrar o seu respeito e a sua submissão, invocando as benesses de que necessita para usufruir uma vida digna no seio da Natureza e da sociedade.

O maçom crê em Deus como o Criador do Universo, conhecido e desconhecido, o que é atual e o que será amanhã.

Não há lugar nos trabalhos maçônicos para cogitar da existência ou não de Deus; duvidar de sua existência significa falta de respeito. Deus existe e é o Criador; o demais, será supérfluo e negativo.

Isso não significa uma crença cega, um dogma ou uma ilusão; constitui um princípio que deve ser aceito, caso contrário o profano não será iniciado.

O nome dado a Deus de Grande Arquiteto do Universo designa o Ser Construtor, ou seja, o Construtor do Universo.

Sabemos que existem múltiplos universos; ninguém cogita em definir e separar esses universos; ao maçom basta saber que Deus é o Criador do Universo onde habita.

O Cosmos é tão incomensurável que a inteligência humana, com raras exceções, não abarca; assim, Deus deve ser considerado o Construtor do homem e isso resulta em certeza de que essa construção foi divina.

Ao apelar-se à mercê de Deus para alguma de nossas humanas necessidades, o maçom não deve esquecer que faz "parte desse Deus" e que assim, tem o direito de ser beneficiado pela vontade de um Deus amoroso, um Deus Pai.

A adoração revela-se por meio de atos de respeito; é uma adoração mística que ocorre por ocasião da abertura do Livro Sagrado e das preces; contudo, a adoração deve ser em "Espírito"; a nossa mente deve encontrar o caminho da Comunhão, da aproximação, da vidência e do contato direto com o Poder Maior.

A veneração deve ser permanente e não apenas durante os trabalhos em Loja; o Aprendiz é maçom permanente e sua ligação com a Divindade é trabalho constante; da Pedra Bruta que o homem é, uma vez burilada, compreenderá muito melhor a influência de Deus em sua vida, inspirador do Amor fraterno, da Paz e da Amizade.

Deveres do homem para consigo mesmo

Porque o homem é criatura de Deus, ele é um todo "santificado", assim, deve tratar à sua mente e ao seu corpo com respeito.

A parte física não poderá ser bombardeada com a ingestão de alimentos inapropriados e de substâncias químicas nocivas.

O excesso em tudo é prejudicial, mesmo que seja, simplesmente, na ingestão de água; o que dizer então das demais bebidas, em especial as alcoólicas que levam à decadência e ao vício?

Algumas religiões não permitem a ingestão de certos alimentos; os hebreus e os orientais desprezam a carne de suínos; os ocidentais lutam para afastar de sua mesa as carnes vermelhas; há os vegetarianos que só se alimentam com vegetais, grãos e frutos; os maometanos não ingerem bebidas alcoólicas.

O ar respirado há de ser puro; portanto, o uso de cigarros e assemelhados é nocivo à saúde; os tóxicos químicos levam à degradação e à morte; assim, os que se entregam aos vícios estão usando mal o seu corpo físico com as consequências funestas de todos conhecidas.

Deveres para com o próximo

Duas são as máximas a serem observadas: não fazer aos outros o que não desejarias que te fizessem; faze aos outros o que desejarias que os outros te fizessem.

Há uma compensação nessas duas máximas: uma, negativa, que traduz o bem-estar, a paz e a tranquilidade; a outra, positiva, que traz satisfação, segurança e felicidade.

A comunidade é formada por cidadãos com deveres iguais, mas a cumprir; a omissão é uma grande falha da sociedade.

O "Ama o próximo como a ti mesmo" revela um espírito de igualdade; esse amor é amplo e sem barreiras.

O próximo sempre é o "outro", não importando se membro da mesma família, se concidadão, se maçom.

O maçom crê na existência de Deus como Pai criador; logo, todos os por Ele criados são irmãos.

A Maçonaria destaca os deveres para com o próximo em um sentido lato, pois todos são esse "próximo".

Há maçons que entendem que esse amor é devido, exclusivamente, aos demais maçons.

Os deveres para com os maçons são outros; derivam de uma iniciação que une os seres humanos como se essa união fosse de sangue, ou seja, de parentesco.

Observando uma família, entre pais, filhos e irmãos, nota-se um comportamento natural de afeto. O que distingue o próximo do familiar é justamente esse afeto.

Entre Irmãos maçons, além do relacionamento como se fossem o "próximo", há um liame iniciático que conduz a um afeto, às vezes maior que o familiar.

A fragilidade que se observa na sociedade é essa ausência de afeto; a família já não possui o amor que deveria registrar todos os atos da vida e por essa ausência é que a sociedade fracassa; o ponto central da sociedade é a família.

O maçom, antes de tudo, deve ser um chefe de família ideal.

Os proponentes de Candidatos nem sempre se preocupam em observar o ambiente familiar do proposto.

Existindo falhas na "célula mater", estas refletirão na vida profissional, social e religiosa.

Religião aqui é considerada como agrupamento de louvor a Deus; a Maçonaria não sendo uma religião, todavia possui uma vivência religiosa na expressão lata do vocábulo: "religare" (*religio*); unir Deus à criatura.

O maçom deve prever os acontecimentos que envolvem o próximo e levar a este a sua colaboração; não se deve esperar que seja feito o pedido de auxílio; este deve ser espontâneo.

O grande "pecado" é o "deixar de fazer"; em tese, quando cruza o nosso caminho alguém necessitado, o cidadão deve prestar-lhe assistência espontânea.

Fazer a Caridade não é dar esmolas, mas dar assistência.

A primeira máxima revela a disposição de respeito; valorizar o próximo tendo por base a própria vivência; ser justo na análise fria que se faça a alguém; sequer um olhar desprezível é aconselhável, pois se esse olhar for dirigido a nós, sentiremos o seu efeito; no mínimo um mal-estar.

O ideal será a observância das duas máximas ao mesmo tempo.

O fazer aquilo que gostaríamos que nos fizessem parte do pensamento; a força do pensamento atrai o semelhante.

Para o necessitado, sendo nós também um necessitado, pouco poderemos realizar, mas não possuindo "nem ouro nem prata para dar", demos a nossa simpatia, a nossa solidariedade, pois dois infelizes poderão suportar o infortúnio, melhor que se agissem isoladamente.

A filantropia é uma das bases da solidariedade humana; o maçom tem o dever de dar; é "melhor dar que receber", diz a máxima evangélica.

Para receber, é preciso, um ato de atração; parte do pensamento positivo; tornar-se receptivo é abrir caminho para o recebimento de qualquer benesse. Mas para ser receptivo é preciso ser dadivoso.

São Francisco, em sua célebre oração, resumiu: "É dando que se recebe".

Nas sessões maçônicas, em especial, por meio da Cadeia de União, o Maçom permuta benesses.

O desequilíbrio social torna uma nação frágil; cada um de nós, cidadão, deve tentar, pelo menos, equilibrar o meio ambiente onde atua.

Para conseguir a primeira máxima, deve ser cumprida a segunda; elas subsistem em harmonia plena.

A ação derivada do cumprimento dos deveres do maçom resulta na prática de uma virtude.

O maçom virtuoso é o maçom completo, o maçom iniciado.

*
* *

Instruções do 2º Grau

Inicialmente, o Companheiro deve conhecer o significado da letra "G" aplicada às seguintes palavras: Generante, Generação, Gênio, Gnose, Geometria, que assim se definem:

Generante, ou seja, aquele que gera, portanto Deus, o Grande Geômetra. Em algumas línguas, como o inglês e o alemão, Deus é conhecido como "God" e "Gott".

No vernáculo, Deus, no 2º Grau, é representado pela letra "G"; essa letra está inserida na Estrela Flamígera; a outra expressão divina está no *Iod* hebreu, inserido no Triângulo Sagrado.

Grande Geômetra porque a Geometria, como a ciência das linhas, simboliza a criação do Universo; o Ser supremo; a Força Maior, enfim, a Potência, é uma só; o homem simplificou essa imagem dando-lhe a designação de "Deus".

Nas Sagradas Escrituras Jeová (Deus hebraico) intitulou-se: "Eu Sou", demonstrando a necessidade de uma identificação.

O maçom o identifica como Grande Arquiteto do Universo.

A finalidade da Maçonaria não é a conquista do mundo, mas difundir, pacificamente, as conquistas da inteligência para divulgar a filantropia.

A Geometria aponta a moderação dos pensamentos, das palavras e das ações, equilibrada pela Razão e pela Justiça.

O Companheiro é recebido passando da Coluna "B" para a Coluna "J", ou seja, do conhecimento do 1º Grau ao do 2º Grau representados pelas letras "B" e "J", iniciais das Palavras Sagradas.

A primeira dessas palavras significa "perseverança no bem", a segunda, "minha força está em Deus"; essas Colunas representam as duas pedras fundamentais da Maçonaria, ou seja, "a imortalidade da alma" e a "União com Deus".

O Companheiro é recebido fazendo-o subir os cinco degraus do Trono, ou seja, "iluminando o seu espírito e fortalecendo o seu coração" com as ciências e as virtudes que constituem os primeiros cinco degraus da escada científica e moral que ele deve subir para tornar-se Companheiro.

O "primeiro degrau" é a "pequenez", estado no qual todos vêm ao mundo, cuja lembrança deve sugerir humildade.

O sentido intelectual é a "Gramática", ou seja, a arte de falar e escrever corretamente; arte indispensável aos homens para transmitir os próprios pensamentos, proporcionando o aprendizado de comparação das leis, os costumes, os hábitos dos diversos povos, unindo, assim, a sabedoria dos povos através dos séculos.

Na ausência de uma Gramática universal, a Maçonaria adotou uma linguagem simbólica que é igual para todos os maçons e representa, moralmente, a "Fé Maçônica", ou seja, a crença em Deus único e universal.

O "segundo degrau", aparentemente, é a "Fraqueza", estado de quem nasce e que evolui até a maturidade; num sentido intelectual, é a "Retórica", ou seja, a arte de falar bem.

A verdade não penetra facilmente em todas as mentes uma vez que haja paixão e emoção; para vencer as dificuldades, é necessária a Retórica, que apresenta simbologia brilhante e figuras literárias ofuscantes; no sentido moral, o segundo degrau é a "Esperança Maçônica", ou seja, a convicção na imortalidade da alma.

O "terceiro degrau" é a "Grandeza" que envolve os homens de certa vaidade; no sentido intelectual representa a "Lógica", ou seja, a arte de discernir o verdadeiro do falso. Os sofismas devem ser destruídos e os erros corrigidos para que a verdade surja gloriosa. O terceiro degrau é a "Caridade", ou seja, a filantropia universal que impulsiona os homens a tratarem-se como irmãos.

O "quarto degrau", no sentido físico, é a "Força", à qual a cada dia dá-se menos importância, mas que ataca o débil; a Maçonaria deseja igualdade entre os homens, e os fortes protegendo os fracos; no sentido intelectual, isso constitui a "Aritmética" ou a ciência dos números, base essencial de todas as ciências exatas; esta dá à razão uma retidão ímpar e uma precisão matemática. A ciência dos números preserva os números sagrados das antigas Iniciações.

O sentido moral do "quarto degrau" é a "Vigilância Maçônica", ou seja, o ardor e o entusiasmo com os quais cada maçom deve trabalhar a própria perfeição e pela felicidade dos seus semelhantes.

O "quinto degrau" é, no sentido físico, a "Saúde", o mais precioso de todos os bens físicos, cujo valor só é reconhecido quando dela somos privados.

No sentido intelectual, representa a "Geometria" ou a ciência das medidas, indispensável aos arquitetos nos seus projetos e construções.

A "Geometria" serve para corrigir os erros provocados por nossas ilusões dos nossos sentidos; ela fornece à Maçonaria os emblemas da construção que simbolizam o labor maçônico; no sentido moral, representa a "devoção Maçônica", ou seja, o amor ao dever, dando à Maçonaria a força necessária para triunfar sobre os obstáculos que o homem virtuoso sempre encontra em sua jornada.

O Companheiro sobe os cinco degraus pela porta do Ocidente; isso indica o progresso intelectual que surgiu durante o aprendizado; como Neófito, ele ocupava a Coluna do Norte; agora, como Companheiro, sua Coluna é a do Sul.

O Companheiro vislumbra as duas grandes Colunas de bronze, "B" e "J"; o material com que foram construídas representa a eternidade e a imutabilidade, os dois princípios que essas Colunas representam.

A altura dessas Colunas é de 18 côvados; a circunferência de 12 e a espessura de 4 dedos, significando que nenhum homem, por maior que seja, pode alcançar com sua mão o topo delas, abraçar a circunferência e medir a espessura com os dedos.

Simbolicamente, significa que essas Colunas não temem o assalto de qualquer potência humana.

Essas Colunas protegem o tesouro destinado ao pagamento dos operários Aprendizes e Companheiros, ou seja, significa que as Colunas representam para os Maçons seu verdadeiro tesouro.

Ainda, elas representam a Deus e a Humanidade; em tal caso, "J" significa "Jeová" e a "B", "Beneficência", virtude característica do Maçom.

As dimensões da primeira Coluna, aplicadas a Deus, indicam que a divindade supera qualquer proporção; as dimensões da segunda Coluna, aplicadas ao homem, indicam que a Humanidade sai de sua esfera puramente física e ergue-se moralmente sobre si mesma por meio de suas boas obras.

A Loja apresenta três ornamentos: o Pavimento Mosaico, a Orla Dentada ritual e a Corda dos 81 Nós.

O Pavimento Mosaico indica que, entre todos os maçons, deve reinar uma igualdade perfeita sem distinção de raça ou condição social.

A Estrela Flamejante que ilumina a Loja representa o Sol que clareia o mundo físico, a ciência que resplandece sobre o mundo intelectual e a Filosofia maçônica que ilumina o mundo moral.

A Corda dos 81 Nós simboliza a união de todos os maçons; a Corda circunscrevendo o Templo indica que tal união se estende a toda a Terra.

A Loja possui três Joias móveis: o Esquadro, o Nível e o Prumo. Como o Esquadro serve para esquadrejar os materiais de construção, assim o sentido da Justiça guia as ações dos maçons que constituem o material do edifício moral e espiritual.

E como o Nível de forma simétrica iguala as pedras colocadas na obra, assim a igualdade fraterna apaga entre os maçons as vaidades e distinções do mundo profano que frequentemente perturbam a harmonia fraterna.

E se o Prumo dá às construções o prumo em suas bases, a filosofia maçônica assegura aos adeptos uma retidão inalterável.

A Loja possui três Joias imóveis: a Pedra Bruta, a Pedra Cúbica e a Prancheta.

A Pedra Bruta, servindo aos Aprendizes para exercitarem-se, representa que a Maçonaria é chamada a trabalhar no sentido moral e material, eis que essa Pedra é trabalhada pelo construtor.

A Pedra Cúbica serve ao Companheiro para afiar os próprios utensílios, simboliza o trabalho necessário para afinar a própria inteligência e afastar do próprio espírito os erros e os preconceitos mundanos.

A Prancheta serve aos Mestres para traçar os seus planos.

O Sinal Vocal consiste nas Palavras Sagradas e de Passe.

O Sinal Gutural é particular ao Aprendiz.

O Sinal Peitoral é particular ao Grau de Companheiro.

O Sinal Manual consiste no "tocamento" relativo a cada um dos três Graus.

O Sinal Pedestre é representado pela marcha particular de cada Grau.

Esses cinco sinais reunidos indicam que cada maçom deve dedicar-se de coração à Maçonaria, usando da palavra e da ação para a difusão da Doutrina visando à prosperidade.

O Companheiro trabalha com seu Mestre com alegria, fervor e liberdade.

O maçom, tendo por Mestre Supremo a Deus, afirma sua alegria em servi-Lo; coloca nisso todo o seu fervor no cumprimento de seus deveres e usa sua liberdade para afastar-se do fanatismo e da superstição.

A Palavra de Passe do Companheiro significa "numerosos como as espigas de trigo".

A idade do Companheiro é de cinco anos. Essa idade vem sugerida pelo fato de que na escola pitagórica, o Companheiro permanecia cinco anos nos estudos.

No sentido simbólico, o número cinco tem valor alegórico: 5 são as viagens; 5 são os degraus que sobe; 5 anos é a sua idade; 5 são as pontas da Estrela Flamejante; 5 são os passos da marcha e os golpes da Bateria.

O Toque e a Bateria de cinco golpes simbolizam o zelo e a perseverança no bem.

Mestre – 3º Grau

O Grau de Mestre é consagrado aos homens honrados que sempre souberam cumprir com os seus deveres, maçons reconhecidos como cultuadores da sabedoria dedicados a amar os seus Irmãos e integrados ao culto para com o Grande Arquiteto do Universo.

O Ritual do Grau de Mestre foi elaborado por Elias Ashmole nos fins do ano 1648; quanto a essa autoria, há autores que divergem.

Os trabalhos realizam-se em Loja especificamente preparada para o Grau 3; a Loja apresenta as paredes em negro, sejam pintadas ou revestidas por panos negros, semeados de lágrimas brancas, de crânios e de ossos em cruz, agrupados em três, cinco e sete elementos.

Sobre cada Coluna, surge um féretro de onde sai um ramo de acácia, símbolo de imortalidade.

Nove são as luzes agrupadas em três, uma ao Leste, outra ao Sul e a terceira a Oeste; essas luzes são cobertas por um véu negro.

O Sol vem recoberto por um véu negro porque é comemorada a sua morte, sob o nome de Hiram.

Sobre o Pavimento Mosaico, o Quadro da Loja; no centro do Pavimento, um féretro que na cabeceira apresenta um Compasso e na outra extremidade um Esquadro; sobre o caixão é depositado um ramo de acácia.

Ocupa o féretro o mais jovem dos Mestres.

Os Mestres usam chapéu com as abas rebaixadas em sinal de tristeza; portam as Espadas com a ponta direcionada ao piso.

O Venerável Mestre senta diante dos degraus do Trono; à sua frente uma diminuta mesa; nesta, uma lâmpada recoberta com um véu negro.

Os Malhetes estão recobertos por panos negros a fim de abafar o ruído dos golpes.

O negro é o que caracteriza o Grau; o negro não é uma cor, mas a ausência das cores.

Os trabalhos realizam-se na penumbra; quando o Primeiro Vigilante sai de seu Trono para reconhecer se todos os presentes são Maçons e Mestres, deve encará-los de perto; cada Irmão ergue, para tanto, a aba de seu chapéu.

Nas Colunas, inexistem assentos; todos permanecem de pé durante o cerimonial; apenas o Venerável Mestre e os Vigilantes possuem assentos.

A Loja toma o nome de "Câmara do Meio"; o Presidente tem o título de Venerabilíssimo Mestre; os Vigilantes, de Respeitabilíssimos Mestres, e os presentes, de Respeitáveis Mestres.

Todos são revestidos com os respectivos Aventais do Grau; o traje é negro; os Irmãos portam uma faixa da direita à esquerda, da qual pende a joia de Mestre, luvas brancas e chapéu na cabeça.

O Grau de Mestre possui Palavra de Passe e Palavra Sagrada; na Postura, é mantido o sinal convencional; há o Toque característico.[7]

A Marcha é feita em três tempos, sendo o primeiro com os passos do Aprendiz; o segundo com os passos do Companheiro; o terceiro com os passos convencionais do Grau.

A Bateria é constituída de nove golpes agrupados de três em três.

O Mestre possui o Sinal de Socorro usado em caso de necessidade ou perigo.

Colocado na postura do sinal, o Maçom suplica aos Filhos da Viúva o auxílio de que necessita; receberá o socorro dos Maçons que estiverem ao seu alcance, quando visíveis, e dos Irmãos que se encontram no Oriente Eterno.

A necessidade é dirimida por meio de comunicação mental.

Essa "benesse" é pouco usada, visto que, nesses casos de necessidade, é preciso exercitar a fé; os exemplos que os Irmãos narram justificam a credibilidade que merece esse Sinal de Socorro.

Em qualquer necessidade, o Maçom deve exercitar esse Sinal; a experiência atestará a credibilidade esotérica dessa benesse que a Maçonaria propicia aos seus adeptos.

A idade do Mestre é a de sete anos e mais.

Os Mestres recebem o seu salário na Câmara do Meio, subindo uma escada em caracol de 3, 5 e 7 degraus. Essa escada é simbólica.

O significado do Toque é o seguinte: a conjunção dos pés, voar em socorro aos Irmãos; flexão dos joelhos, adorar o Grande Arquiteto do Universo; aproximação das cabeças, todos os pensamentos em direção a um único objetivo; mãos sobre os ombros, conselhos aos Irmãos; conjunção das mãos, assistência aos Irmãos na necessidade.

Os trabalhos abrem-se ao Meio-Dia e encerram-se à Meia-Noite.

A lenda do Grau: morte do Mestre Hiram executada por três Companheiros.

O Grau de Mestre encerra a Maçonaria Azul.

---

7. A Postura, as Palavras de Passe e Sagrada, o Toque, por serem sigilosos, não vêm referidos no presente trabalho.

Esclarecimentos sobre o Ritual

Os primeiros dois Graus Maçônicos representam o nascimento e a vida física e moral do homem; o 3º Grau representa a finalidade do homem, ou seja, o seu ideal voltado aos seus semelhantes para redimi-los e dar-lhes a liberdade que, em última análise, significa a felicidade.

Segundo Salvatore Farina, a decoração da Loja tem significado esotérico.

A Loja, num sentido geral, trabalha no mesmo Templo em que trabalham os Aprendizes e Companheiros; raras são as Lojas que possuem a sua Câmara do Meio, assim, a Loja apresenta-se "quadrada", pois o Oriente vem oculto por uma cortina negra, o que equivale a dizer que na Loja de Mestre não há Oriente.

O recinto quadrado denomina-se "Hekal", que é a parte nos Templos hebraicos onde o rabino oficia; "Hekal" significa "O Santo"; a parte menor, semicircular, denomina-se "Dehbir", ou seja, o "Sanctum Sanctorum".

O "Hekal", recoberto por cortinas negras semeadas com emblemas fúnebres, é iluminado por uma única lâmpada denominada de "sepulcral", emblema da unidade divina; no centro da sala, um ataúde coberto com um pano negro. Tudo representa a morte.

O "Dehbir" é iluminado por nove "estrelas" e, principalmente, por um triângulo luminoso pendente.

O Exaltado somente visualizará esse Triângulo ao final de sua Exaltação.

É de recordar que o Candidato na Câmara de Reflexão está cercado dos mesmos símbolos mortuários; a morte deve estar sempre presente e isso decorre do fato de se valorizar a vida; há a máxima latina: "Vive tanquam moriturus", ou seja, "vive como se fosse próximo de morte".

Com isso, são relembrados a vaidade das coisas, os erros, as trevas e a fragilidade humana.

Ao orgulhoso, enfatuado de si mesmo, desprezador dos demais homens como se tivesse sido criado como ser especial, o esqueleto lhe lembrará que é igual a todos e sua grandiosidade é vã.

Ao avarento que acumula riquezas, desprezando os semelhantes, o ataúde lhe ensinará que os seus tesouros de nada lhe servirão.

Ao ambicioso sedento de honrarias, a morte lembrará que um sepulcro, cedo ou tarde "engolirá" todos os seus títulos e honrarias e que a verdadeira dignidade humana consiste na prática da Virtude.

O pensamento da morte sugere os melhores meios de bem viver e de bem morrer com resignação e esperança.

A Lenda de Hiram

As provas na Exaltação ao Grau 3 consistem na representação alegórica da Lenda de Hiram Abiff e na subida dos dois últimos degraus.

O Recipiendário é introduzido no Templo através da marcha "retrógrada" e deve-se sentar frente ao féretro com as costas voltadas ao Dehbir.

O Venerável diz:

Hiram, provecto arquiteto enviado a Salomão por Hirão de Tiro, dirigia os trabalhos no Templo de Jerusalém quando três Companheiros decidiram forçá-lo a revelar as Palavras, os Sinais e os Toques de Mestre.

Para esse propósito, esconderam-se cada um junto a uma das três portas do Templo. O primeiro, desejando ferir o Mestre com um golpe de Régua na cabeça, atingiu seu pescoço; o segundo, tentando golpeá-lo na cabeça com uma Alavanca, feriu-o na nuca, e o terceiro, o atingiu com um Malho na testa, matando-o.

Os três assassinos não obtiveram o que desejavam e arrastaram o corpo do Mestre fora da cidade e o sepultaram.

Os Mestres, desolados pelo desaparecimento de seu chefe, entregaram-se à busca e, finalmente, encontraram seu corpo e sua mística Joia, na qual estava gravado o nome do Grande Arquiteto do Universo.

Tal narrativa não passa de uma alegoria; ao final do capítulo traremos a lenda com mais detalhes.

A lenda nos oferece duplo aspecto: astronômico e humanitário.

No aspecto astronômico, Hiram representa o Sol junto ao solstício do inverno (para a América, no solstício de verão), quando parece morrer, extinguindo o calor e a luz.

Segundo Jean Marie Ragon, Hiram, palavra que significa "elevado", simbolizaria o Sol; Hiram, herói da legenda com o título de "Arquiteto", seria Osíris (o Sol); Ísis, sua Viúva, e a Loja, emblema da Terra (em sânscrito *Loga* = o mundo) e Hórus, filho de Osíris (ou da Luz) e filho da Viúva é o Maçom, ou seja, o iniciado que habita a Loja Terrestre; daí a definição: Filho da Viúva e da Luz.

A dor dos Mestres lembra a dor de Ísis pela morte de Osíris, aquela de Cibelis pela morte de Atis e aquela de Vênus pela morte de Adônis.

Isso representa a tristeza dos primeiros homens quando do solstício de inverno, quando as trevas faziam temer pela extinção do mundo pela ausência do Sol.

O reencontro da Joia de Hiram onde estava inserido o nome do Grande Arquiteto do Universo anunciava o renascimento e a ressurreição do Sol que manifesta o potencial divino.

No sentido intelectual, Hiram representa o espírito humano; os três autores de sua morte são: o Erro, a Negligência e o Orgulho que degradam a inteligência.

Nesse sentido, a desolação dos Mestres representa a dor de todos os homens inteligentes, testemunhas de tal degradação, enquanto a Joia encontrada indica a imortalidade do espírito que sobrevive com as suas obras e que deve completar no além o conhecimento que apenas aflora nos seres viventes.

No sentido moral, Hiram representa a alma humana; os três Assassinos são a Ignorância, a Hipocrisia e a Ambição que pervertem as mais nobres virtudes e que paralisam cada sentimento íntimo de Justiça.

A desolação dos Mestres representa a dor de todos os homens virtuosos por aquela degradação moral e a Joia encontrada simboliza a imortalidade da alma que triunfa sobre a morte.

Os degraus do Templo

Dos sete degraus existentes no Templo, o Companheiro percorre cinco e assim os dois restantes devem ser vencidos pelo Recipiendário ao Grau de Mestre; esses dois degraus apresentam um tríplice significado: no sentido físico, o sexto degrau é a enfermidade que humilha os poderosos, enfraquece os fortes e impele todos, igualmente, à morte.

No sentido intelectual, é a música ou harmonia dos sons que exercita sobre os espíritos uma maravilhosa influência, adoça os caracteres ainda que mais endurecidos e os dispõe para o bem.

No sentido moral, a tolerância maçônica que faz com que se respeitem todas as convenções, inclusive as erradas, e faz com que esses erros sejam restaurados com o manto de indulgência.

No sentido físico, o sétimo degrau é a morte que destrói todas as partes do corpo humano, porém, as preserva com novas formas.

No sentido intelectual é a Astronomia, que elevando o homem além do mundo terrestre, parece colocá-lo em contato mais íntimo com o Soberano Regulador dos Céus.

No sentido moral, o sétimo degrau representa a conciliação maçônica, verdadeiro triunfo da Ordem que apaga entre os exaltados qualquer dissensão que possa nascer pela diferença de país, de nascimento, de condição social, classe, opinião política ou religiosa, conseguindo unir todos os maçons num amplexo de amizade fraterna.

Consagração

A Consagração ao 3º Grau faz-se igualmente como nos Graus precedentes, ou seja, ao Grande Arquiteto do Universo e em nome do Governo da Ordem.

O Venerabilíssimo Mestre recebe do Recipiendário a promessa de depor todo e qualquer sentimento de ódio e de vingança como indigno de um Maçom que odeia somente o vício e vinga-se elevando-se sobre todos os ataques injustos.

O Venerabilíssimo Mestre diz ao Recipiendário: "Que o Grande Arquiteto do Universo seja de ajuda, que os teus votos sejam puros e que os teus juramentos sejam sagrados".

Conferindo o último Grau da Maçonaria Simbólica, a Maçonaria clama o auxílio do Ser Supremo, sem a assistência do qual nenhuma obra humana pode ser conduzida a termo.

Espera-se que os votos do Recipiendário sejam puros e seus juramentos sagrados, ou seja, que ele, como Hiram Abiff, persista, mesmo com o perigo de sua vida, no cumprimento dos seus deveres.

Instruções do Grau

A instrução do Mestre é complemento das instruções dos Graus precedentes.

– A Maçonaria é denominada de "Arte Real" porque prima em oferecer aos seus adeptos o domínio sobre si próprios, o poder de dominar as próprias paixões e seguir com perseverança o caminho da Virtude.

– Os maçons são, também, denominados "Filhos da Viúva"; devem merecer esse título pelo seu ardente amor à Verdade e ao esforço constante de fazer triunfar essa Virtude no mundo, porque é na Verdade que consiste a Verdadeira Luz.

Na joia de Hiram estava inserida a inscrição: "HAGG-SEIN-AGG", que traduzida significa. "Eu sou o filho da Verdade".

– Os Maçons se denominam "Filhos de Hiram" porque esforçam-se em imitar o modelo do homem virtuoso que a personagem simbólica representa.

– Cada Mestre maçom se denomina de "Gabaon"; tal palavra indica o lugar onde repousara a Arca da Aliança que representava o Templo do Eterno; isso lembra que o coração de cada Maçom deve estar sempre aberto, como o era a Arca da Aliança, à união, à concórdia e à conciliação. Gabaon é também uma das palavras simbólicas cuja inicial possui a letra "G".

– Os Mestres trabalham sobre a Prancheta; essa tábua que constitui uma das três Joias imóveis da Loja é construída com os bons exemplos que os Mestres devem oferecer aos Aprendizes e aos Companheiros.

– Os Mestres viajam do Oriente ao Ocidente e sobre toda a Terra, para iluminar a si mesmos e expandir a Luz da Maçonaria.

– Os Mestres trabalham e recebem o seu salário na Câmara do Meio; isso relembra que as três classes de operários trabalhavam na construção do Templo de Salomão, habitavam em uma casa de três pavimentos, na qual os Aprendizes ocupavam a parte térrea; os Mestres, o primeiro e os Companheiros, o segundo.

A Câmara dos Mestres, com sua decoração fúnebre, representa a Câmara da Morte; esta pode denominar-se de Câmara do Meio; sob a visão maçônica a morte situa-se, justamente, na metade, entre a vida terrena e a imortalidade; os Mestres trabalham nessa Câmara simbolizando a medida justa: a moderação é o tesouro do sábio.

— O Mestre, para comprovar o seu Grau, diz: "A Acácia me é conhecida"; essa declaração, significa: "Eu conheço a Maçonaria em geral e particularmente", pois a Acácia simboliza a Maçonaria e o Mestrado.

A Acácia distingue-se de outras espécies porque a sua madeira é incorruptível; a sua casca afasta os insetos nocivos e as suas folhas, reclinadas durante a noite, elevam-se perante o Sol.

— A Palavra Sagrada, cuja raiz hebraica é "Moab", significa "do Pai", indicando que todos os Mestres reconhecem-se filhos de Hiram, esforçando-se a imitá-lo como ser virtuoso.

— A Palavra de Passe é o nome de outra montanha, da qual extraíam-se as pedras para a construção do Templo de Salomão. Isso deve recordar aos maçons que devem trabalhar, sem tréguas, para edificar no coração um Templo virtuoso à glória do Grande Arquiteto do Universo e que seu crescimento espiritual consiste na perfeição desse edifício moral.

— O Sinal de Ordem reproduz um Esquadro, que é o símbolo da igualdade que deve reinar entre todos os Maçons.

— O Sinal de Horror indica o temor inconsciente que a morte inspira e que a Maçonaria preocupa-se em mitigar.

— O Sinal de Socorro é um apelo ao sentimento de fraternidade que liga todos os Maçons e que deve reinar sobre qualquer obstáculo.

— O Toque oferece a imagem mais completa da amizade fraterna que deve unir todos os filhos da grande Família Maçônica.

— O abraço e a aclamação do Grau de Mestre são iguais aos dos Graus precedentes, mantendo o mesmo significado.

— A Bateria de luto exprime a tristeza pela perda dos Irmãos que deixaram o Oriente da vida.

— A Bateria ordinária afirma a fé do Mestre na imortalidade da alma.

— A Macha indica que o Mestre está apto a superar todos os obstáculos e que passa, sem temor, desta vida ao Oriente Eterno.

— A idade do Mestre é de sete anos e mais. Isso relembra que ele recorda e conhece o valor alegórico dos números, não apenas até o número sete que é do seu Grau, mas muito além.

Assim, a unidade, símbolo de ordem e da harmonia, é representada pela única Luz que ilumina o "Hekal".

A Dualidade, emblema de união, é encontrada nas duas partes que compõem a Câmara do Meio, assim, são inseparáveis uma da outra.

A trindade do mal é representada pelos três Companheiros perjuros que feriram Hiram com três golpes nas três portas do Templo; a trindade do bem encontra-se simbolizada na tríplice aclamação do Grau; das três buscas do corpo de Hiram, encontrado em uma cova larga de três pés de largura e cinco pés de profundidade e coberta por um triângulo.

O Quaternário, emblema de ciência maçônica, recorda os quatro princípios fundamentais: silêncio, meditação, inteligência e verdade.

O Quinário, imagem da natureza e particularmente da Humanidade, é representado pelos cinco pés de profundidade da tumba de Hiram; esse número relembra que na tumba de Hiram estava escondida uma verdade profunda, ou seja, que as quatro idades da vida humana devem acrescentar uma outra, aquela da imortalidade.

O Senário indica um elo entre a Terra e o Céu; encontra-se nos autores da morte de Hiram: vapor aquoso que sai do túmulo, o ramo de Acácia e o Delta brilhante (joia).

O Setenário, ou seja, a perfeição, é representado pela marcha do Grau, mas, sobretudo, pelos sete pés de comprimento da cova de Hiram; de tumba provêm os elevados ensinamentos esotéricos maçônicos.

O Octonário encontra-se nos cinco pés de profundidade da tumba de Hiram unidos aos três lados do triângulo colocado sobre a mesma.

O Novenário, símbolo de constante reprodução e da imortalidade, é representado pela Bateria e pelas nove luzes que iluminam o Dehbir e os nove Mestres que encontraram o túmulo de Hiram.

Esses nove Mestres são, no "sentido astronômico", os meses de outono, de primavera e de verão durante os quais o Sol, já morto nos três meses de inverno, renasce, cresce e conquista toda a plenitude de sua carreira.

No "sentido humanitário", os nove Mestres são: o sentido físico, os sete preceitos de higiene, além da sobriedade e da temperança, segundo o aforismo de Hipócrates: 1º – Comer pouco no verão e, sobretudo, no outono; mais na primavera e no inverno; muito durante o crescimento, pouco na velhice. 2º – Não exceder os limites da natureza, nem o sono, nem a vigília, nem a dieta, nem a abundância alimentar em excesso. 3º – Zelar quanto à fraqueza prolongada ou breve. 4º – Para restabelecer as forças são preferíveis os alimentos líquidos; um pouco de vinho acalma a fome, 5º – Durante a dieta, evitar o trabalho, 6º – Os males advindos da fadiga reparam-se pelo repouso. 7º – Os medicamentos são nocivos aos que são sadios.

No "sentido intelectual", as sete principais ciências liberais já referidas (Gramática, Retórica, Lógica, Aritmética, Geometria, Música e Astronomia) devem ser cultuadas.

No "sentido moral", as sete principais virtudes maçônicas (fé, esperança, caridade, vigilância, devoção, tolerância e conciliação), além da moderação e sabedoria, devem ser observadas.

Examinadas as três dimensões da tumba de Hiram, que possuía três pés de largura, cinco de profundidade e sete de comprimento, veremos que essa tumba representa a Maçonaria Simbólica integralmente, ou seja, os três degraus do Aprendiz, os cinco do Companheiro e os sete do Mestre.

A frase: "Sete fazem a Loja perfeita", no "sentido literal" indica o número de Irmãos indispensáveis para constituir uma Loja, resultando essa constituída perfeita.

No "sentido simbólico", o número ,sete representa a perfeição de todas as coisas e, particularmente, a perfeição da Humanidade composta do quatro e do três, ou seja, a fusão das duas naturezas, terrestre e divina.

A Loja será perfeita se houver o necessário equilíbrio entre os seus componentes.

O Painel da Loja

Os Graus simbólicos possuem "Painéis", que são constituídos de um quadro onde são desenhados os símbolos de cada Grau.

Tempos atrás, esses Painéis eram desenhados ou pintados em tecido de pano, em forma de rolo, inspirados nos livros sagrados dos israelitas.

O Painel de Mestre contém um ataúde, simbolizando a sepultura de Hiram Abiff, que por ordem do Rei Salomão fora enterrado nas proximidades do "Sanctum Sanctorum", porque no recinto sagrado as leis israelitas não permitiam a entrada de ninguém com exceção do Sumo Sacerdote.

Dentro do Tabernáculo, posteriormente conhecido como Templo de Salomão, havia, separado por muitos véus, um recinto isolado, onde sobre um Altar encontrava-se o "Propiciatório", objeto de adorno de ouro puro, sobre o qual era derramado o sangue dos animais sacrificados no altar apropriado, na parte externa do "Sanctum Sanctorum", ou "Santo dos Santos", ou "Santíssimo".

A aspersão do sangue obedecia a um ritual determinado por Jeová, como se lê na História Sagrada, em Levítico, desde o primeiro capítulo.

O sacrifício denominava-se de "festa anual das expiações" que teve início com o primeiro sacerdote indicado e ungido por Jeová, Aarão, irmão de Moisés; posteriormente, foram consagrados os filhos de Aarão, a saber: Nadabe, Abiu, Eleazer e Itamar.

O Tabernáculo, pela primeira vez erigido, não era o Templo de Salomão; o Tabernáculo foi erigido por Moisés, recebendo de Jeová todos os detalhes de construção, como se vê em Êxodo, capítulos 25 a 40.

A figura central do Painel é um esquife, ou seja, um caixão de forma convencional, sendo, na parte superior, mais largo que a inferior e de comprimento suficiente para conter uma pessoa.

Fora do esquife, na parte posterior, está desenhado um ramo de acácia, saindo de uma "iasac" de seu tronco; o ramo possui três galhos como extremidade e, à direita, outro galho.

Essa disposição não obedece a qualquer simbologia, pois depende do artesão que o desenha.

Na tampa do esquife, na parte superior, veem-se um "cordel", um "Compasso" entreaberto e um "esquadro ritual".

São os utensílios do Mestre Maçom.

O "cordel" serve para marcar todos os ângulos do edifício, para que resultem iguais e retos; para que a estrutura seja sólida.

O "lápis" convencional ou antigo era feito apenas de grafite em forma cilíndrica, sem o revestimento de madeira; pode ser substituído pelo "Estilete" usado por Hiram Abiff em sua Prancheta.

Na parte baixa do caixão veem-se um crânio e duas tíbias cruzadas e no centro uma inscrição (em hebraico antigo) com o significado: "Excelente e Grande Arquiteto do Universo, assassinado por Oberfuth e Obbed, no ano 3.000 da Luz ou da criação do mundo".[8]

Sua serventia diz respeito aos traçados; simboliza a necessidade de planejamento antes da construção, ou seja, reflete prudência.

O Compasso semiaberto é um instrumento destinado a medir todos os aspectos da construção.

O Crânio e as Tíbias lembram a igualdade dos homens sem o invólucro externo; que a vida terrena é vaidade; que a presença da morte está em nós próprios.

Na parte central está desenhado o Pórtico, que representa a entrada para o "Santo dos Santos"; simboliza a entrada *post-mortem* no Templo Celestial. Recorda as nossas obrigações, deveres e juramentos, porque, antes de o transpor, deve o maçom passar por uma preparação.

O Pórtico tem dois aspectos simbólicos; além de representar, dentro do quadro da mortalidade, a entrada para a Vida Verdadeira de além-túmulo, simboliza, também, a entrada para o Terceiro Grau, ou seja, para a Câmara do Meio.

Assim, o Companheiro deve "merecer" o ingresso, conquistando-o, não só pelo conhecimento que adquire, mas sim, e sobretudo, pela demonstração de que porta um caráter e uma personalidade condignos para conviver com os demais Mestres.

A preparação para Exaltação é muito sutil, porque estará o Companheiro ingressando na última etapa da Maçonaria Simbólica; se não for verdadeiramente "Livre e de Bons Costumes" resultará em fracasso. Dentro do Pórtico, encontra-se uma lâmpada mística que o ilumina e que simboliza a presença Divina.

O Pavimento Mosaico é o local por onde caminha o Sumo Sacerdote; simboliza a diversidade da personalidade, pois, o Sumo Sacerdote diante do Propiciatório expiava as faltas do povo, espargindo o sangue dos animais sacrificados.

Para o Pavimento Mosaico há interpretações múltiplas, desde a diversidade das raças, dos sentimentos, das religiões, enfim, a comparação entre duas coisas; o dualismo que sempre existe em todas as circunstâncias.

Represente, outrossim, a ausência das cores, com o negro, e a polarização por meio da luz solar, com o branco.

O Universo, antes da criação; a Luz, após a criação do Mundo de Deus.

---

8. *O Mestre Maçom*, pág. 115.

As Colunas do Pórtico, a Abóbada, o Altar com sua Escada de sete degraus e, o Trono simbolizam e representam o Templo Maçônico com as características já conhecidas e amplamente esclarecidas. Porém, o seu aspecto mais importante é a representação do próprio Maçom, diante de morte alheia e a compreensão de própria morte. O caminho para a Imortalidade; para a Ressurreição.

Demonstra que há santidade, liturgia, mística, na contemplação da Verdade, que é, ao mesmo tempo, realidade, a quem ninguém poderá escapar.

O "arrebatamento" descrito várias vezes no Livro Sagrado, como sucedeu a Elias que foi trasladado em um carro de fogo para os céus; a ascensão de Jesus, o Cristo, após a sua ressurreição; a promessa contida nos Evangelhos de um transporte para a Vida Eterna sem a passagem pela morte são eventos ainda não suficientemente comprovados a ponto de serem aceitos face uma comprovação realística, palpável e *a posteriori*.

A Maçonaria crê, e é um dos princípios básicos de sua filosofia, em uma Vida Futura, além-túmulo, porém faz da morte uma passagem obrigatória face a uma imperiosa lei da Natureza e não se detém em dogmas que prometem fáceis transições sem dor, sem sacrifício.

O sacrifício é o caminho natural e místico que conduz à morte, porque deixar de viver não é vantagem alguma, apenas o cumprimento de uma lei natural, porém o morrer por sacrifício, como aconteceu a inúmeros homens, desde os tempos mais remotos até os nossos dias, desde Abel, Hiram Abiff, Jesus Cristo, Jacques De Molay, Gandhi, Martin Luther King e milhares de outros; anônimos cristãos nas mãos de Nero; anônimos santos em todas as épocas; mortos por ideal religioso, patriótico, ou de outros princípios, constitui um caminho precursor para os demais.

O valor de Hiram Abiff não foi o de ter ornamentado o Templo de Salomão, nem a perfeita organização que imprimiu para os milhares de operários, artífices e mestres, mas sim a sua sacrificada morte em defesa de um juramento. Jurara, diante do rei de Tiro e do rei Salomão, jamais revelar as "Palavras de Passe" que haviam escolhido para garantir a ordem na construção do que foi, em sua época, o evento mais brilhante.

Aos pés do Esquife, encontramos entrelaçados os instrumentos de trabalho: Maço, Nível e Prumo.

Abaixo, no local correspondente aos pés do cadáver, está o Esquadro com o vértice para cima, comprovando que a última posição, como o fora a primeira, é a da Esquadria.

O "Maço" é o símbolo do trabalho organizador, preparador da Pedra Bruta, que atua longe da construção para que o rumor que produz não perturbe a delicadeza da edificação e a santidade do local.

É com o Maço o primeiro trabalho que enceta o Aprendiz; tosco, pesado, grande, suas batidas são desordenadas, violentas e destrutivas.

Sublimado, após a devida educação dos movimentos, transforma-se no Malhete que o Respeitabilíssimo Mestre e Vigilantes usam.

O "Nível" já é instrumento estático que equilibra a horizontalidade, amplia os conhecimentos e os delimita no plano da Natureza; é uma finitude dirigida com equilíbrio e sabedoria.

O "Prumo" é instrumento de precisão; dá à verticalidade o equilíbrio, o bom senso e a segurança, para que suba ao Infinito; sobre a base sólida, ergue a parede firme; é a resolução de um temperamento e de uma personalidade já delineada, de base sólida pela horizontalidade perfeita.

Esta é a lição dada e proveniente do Painel do 3º Grau, que em uma síntese poderíamos dizer, parodiando o poeta: "O Fim é o princípio de tudo", pois o homem profano recebe a morte como ponto final, fugindo dela com desespero e tentando dilatar o tempo, para que nunca chegue, enganando-se com o emprego de mil subterfúgios para banir a sua efígie, pois ignora que esse ponto final constitui a oportunidade da construção de uma nova fase; é o Princípio de tudo, ou seja, do que realmente existe de glorioso.

A Lenda de Hiram Abiff

Eliphas Levi[9] nos apresenta a Lenda de Hiram Abiff, minuciosamente elaborada:

"Salomão, o mais sábio entre os reis de seu tempo, desejando erigir um Templo ao Eterno, fez reunir em Jerusalém o número necessário de obreiros para construí-lo.

Publicou um edital em seu reino e o difundiu entre as nações, comunicando que quem quisesse ir a Jerusalém para trabalhar na construção do Templo seria bem acolhido e recomendado com a condição de ser virtuoso, zeloso e de valor, livre de vícios.

Acorreu de imediato uma multidão de homens para candidatarem-se ao trabalho.

Salomão, contando com tão grande número de obreiros, assinou tratados com os reis vizinhos, em particular com o rei de Tiro, para que pudesse escolher do Monte Líbano os cedros e as madeiras que lhe convinham, bem como uma variedade de outros materiais.

Já haviam sido iniciadas as obras, quando Salomão se lembrou de um homem, Hiram, que na sua época era considerado o mais esperto em arquitetura, sábio e virtuoso, a quem o rei de Tiro dispensava singular estima devido às suas grandes qualidades; dera-se conta, também, de que o grande número de obreiros exigia uma organização ímpar, eis que já começavam a surgir contínuas discussões entre eles e os que os administravam.

Salomão resolveu dar-lhes um chefe para manter a ordem e elegeu Hiram Abiff, tírio de nascimento.

Enviou ao rei de Tiro mensageiros com valiosos presentes, a fim de rogar-lhe que lhe cedesse aquele famoso arquiteto.

---

9. *O Livro dos Esplendores.*

O rei de Tiro, satisfeito pelo alto conceito que Salomão tinha de si, fez a concessão e lhe enviou Hiram, retribuindo os presentes, expressando sua amizade sincera a Salomão, acrescentando que, além do tratado acertado, concedia-lhe uma aliança ilimitada, podendo dispor de quanto de útil seu reino poderia oferecer.

Os mensageiros retornaram a Jerusalém no dia 15 de julho... um formoso dia de verão.

Entraram no palácio de Salomão, que recebeu Hiram com toda pompa de sua magnificência em consideração às suas elevadas qualidades. Houve uma grande festa para os obreiros para comemorar a sua chegada.

No dia seguinte, Salomão reuniu a Câmara do Conselho para resolver os assuntos da construção; Hiram foi admitido à reunião, recebendo os projetos dos concorrentes. Salomão lhe disse, na presença de todos: "Hiram, eu vos escolho por chefe e arquiteto maior do Templo, assim como de todos os obreiros;transmito-vos meu poder sobre eles sem que haja necessidade de outra opinião, senão a vossa; assim, que vos tenha como um amigo a quem confiarei o maior dos meus segredos".

Em seguida, saíram de Câmara do Conselho e dirigiram-se às obras, onde o próprio Salomão, pessoalmente, disse aos obreiros em voz alta e inteligível, mostrando a Hiram:

"Eis aqui o que escolhi para ser vosso chefe para vos guiar: o obedecereis como se fosse a mim mesmo; concedo-lhe amplo poder sobre vós e sobre as obras, sob pena de que os desobedientes recebam o castigo que ele mesmo bem entender de aplicar".

Em seguida, inspecionaram o trabalho; tudo foi submetido às ordens de Hiram, que prometeu cumprir sua missão com êxito. No dia seguinte, Hiram reuniu a todos os obreiros e lhes disse: "Meus amigos, o rei nosso senhor me confiou o cuidado de dirigir-vos e normalizar os trabalhos do Templo. Não tenho dúvidas que não faltará a nenhum de vós o zelo para executar as suas ordens e as minhas. Entre vós, existe quem deve merecer salário mais elevado; cada um poderá alcançá-lo mediante provas sucessivas de seu trabalho. Para tranquilidade e prêmio de vosso zelo, formarei três classes de operários: a primeira compor-se-á de Aprendizes, a segunda de Oficiais e a terceira, de Mestres.

"A primeira será paga como tal e receberá o seu salário à porta do Templo, na Coluna "J".

A segunda será paga como tal e receberá seu salário à Porta do Templo na Coluna "B".

E a terceira, no "Santuário do Templo".

Foram aumentados os salários segundo os Graus e cada obreiro considerou-se feliz por se encontrar sob o comando de tão digno chefe; a paz, a amizade e a concórdia passaram a reinar entre eles.

O respeitável Hiram, desejando que tudo transcorresse na mais perfeita ordem e para evitar qualquer confusão entre os obreiros aplicou, a cada um dos Graus, Palavras e Toques para o reconhecimento, com a proibição de darem comunicados entre si, sem a permissão expressa do Rei Salomão e de seu chefe, de modo que cada um receberia o seu salário de acordo com o seu sinal, de sorte que os Mestres seriam pagos como Mestres, assim como os Oficiais e os Aprendizes,

Acertada essa perfeita regra, tudo transcorria em paz e as obras continuavam segundo o desejo de Salomão.

Porém, tão idealística organização poderia persistir?

Com efeito, não; três Oficiais, impulsionados pela avareza e o desejo de perceber o pagamento atribuído aos Mestres, resolveram descobrir a Palavra e como não podiam obtê-la senão do próprio Mestre Hiram, conceberam dele extorqui-la, por bem ou à força.

Como o respeitável Mestre Hiram ia diariamente ao Santuário do Templo para oferecer orações ao Eterno, pelas cinco horas da tarde, combinaram esperá-lo na saída, para perguntar-lhe pela Palavra dos Mestres; o Templo dispunha de três portas, uma ao Oriente, outra ao Ocidente e a terceira, ao Meio-dia; esperaram armados, um com uma Régua, outro com um esquadro e o terceiro com um Maço.

Finda a oração, Hiram dirigiu-se à saída da primeira Porta, na qual encontrou um dos traidores armado com a Régua, que o deteve, perguntando-lhe pela Palavra de Mestre.

Assombrado, Hiram lhe manifestou que não era daquele modo que a poderia conseguir e que preferia morrer a revelá-la.

O traidor, furioso face à negativa, golpeou-o com a Régua.

Hiram, aturdido pelo golpe, retrocedeu, dirigindo-se à porta ocidental, na qual encontrou o segundo traidor, que lhe fez a mesma solicitação; Hiram recusou, de idêntico modo, o que também contrariou o segundo traidor, que o golpeou com a Alavanca. Cambaleando, Hiram procurou retirar-se pela porta do Meio-dia, que acreditava ser um caminho seguro para fugir.

Porém, o terceiro traidor que o esperava ali, lhe dirigiu a mesma exigência que os anteriores; Hiram respondeu-lhe que antes preferiria morrer a revelar um segredo que o traidor, ainda, não merecia; indignado pela negativa, o traidor aplicou-lhe terrível golpe com o Maço, que o prostrou morto.

Sendo ainda claro, os traidores juntaram o corpo de Hiram e o ocultaram sob um monte de escombros ao norte do Templo, para aguardarem a noite, a fim de transportá-lo para mais longe.

Efetivamente, quando se fez noite, levaram-no para longe da cidade numa elevada montanha, onde o enterraram, provisoriamente, pois decidiram conduzi-lo mais longe, ainda; plantaram sobre a cova um ramo de acácia para marcar o local, regressando os três para Jerusalém.

O respeitável Mestre Hiram, diariamente, ao se levantar, procurava Salomão para pô-lo a par das obras e receber ordens; Salomão, vendo no dia seguinte que Hiram não o procurara, mandou um dos seus oficiais chamá-lo;

regressando este, informou a Salomão que não havia encontrado Hiram apesar de tê-lo procurado por toda parte; tal resposta afligiu Salomão, que foi pessoalmente ao Templo para tentar encontrá-lo e determinou uma busca minuciosa em toda a cidade.

No terceiro dia, ao sair Salomão do Santuário, onde fazia as suas orações, ele o fez pela parte do Oriente, causando-lhe surpresa notar manchas de sangue no solo.

Seguiu-as até o monte de escombros ao Norte; mandou escavar, sem nada encontrar.

Estremeceu de horror, convencendo-se de que Hiram havia sido assassinado.

Retornou ao Santuário do Templo para chorar a perda de tão grande homem; em seguida, retornou ao Átrio do Templo, determinando que todos os Mestre se reunissem e lhes disse: "Meus Irmãos, a perda de vosso chefe é certa".

Ante a essas palavras, cada Mestre recolheu-se em profunda dor, ocasionando um silêncio prolongado interrompido por Salomão, dizendo que era preciso que nove deles resolvessem partir em busca do corpo de Hiram e conduzi-lo para o Templo.

Assim que Salomão acabou de falar, todos os Mestres quiseram partir, até os mais velhos, sem refletir sobre as dificuldades do caminho. Vendo seu zelo, Salomão lhes disse que só partissem nove eleitos, por escrutínio.

Os agraciados alegraram-se, despojaram-se de seus calçados, para maior agilidade e partiram.

Três empreenderam a rota do Meio-dia; três a do Ocidente e três a do Oriente, prometendo reunir-se após o nono dia de buscas.

Um deles, encontrando-se extenuado de fadiga, quis descansar, e ao querer sentar-se acostou-se a um pé de acácia que encontrou perto para apoiar-se.

Porém, aquele ramo colocado ali acidentalmente ficou em sua mão, fato que o surpreendeu; vendo, então, que fora colocado sobre um espaço de terra removida, presumiu que Hiram pudesse ter sido enterrado naquele local. Reanimado, recuperou novas forças e foi em busca dos outros Mestres, já totalmente reunidos como haviam combinado.

Conduziu-os ao local de onde viera, referiu-lhes o que sabia, e animados todos do mesmo zelo, puseram-se a remover aquele amontoado de terra.

Efetivamente, ali estava enterrado o Respeitável Mestre Hiram e quando descobriram o corpo, horrorizaram-se, retrocedendo e estremecendo.

A dor embargou os seus corações, permanecendo um longo tempo em êxtase; porém, recuperando o ânimo, um deles penetrou na cova, tomou a Hiram pelo índice da mão direita para levantá-lo. Hiram, cuja carne já corrompida se desagregava, cheirava mal, o que fez o Mestre retroceder, dizendo: "Eclingue", que significa: "Cheira mal".

Outro Mestre segurou o dedo anular acontecendo o mesmo e exclamou: "Jaquin".

Os Mestres consultaram-se. Como ignoravam que, ao morrer, Hiram havia conservado o segredo dos Mestres, resolveram retirá-lo; a primeira palavra que proferiram ao retirar o corpo passaria a ser a secreta.

Em seguida, o mais velho deles entrou na cova, colheu o Respeitável Hiram e, agarrando-lhe a mão direita, apoiou o peito contra o seu, assim como o joelho e o pé do mesmo lado e, com a mão esquerda, o segurou pelos ombros, erguendo-o e retirando-o da cova.

Seu corpo produziu um ruído que os assustou, porém, o Mestre, sempre sereno, exclamou: "Macbenah", que quer dizer: "A carne abandona os ossos".

Em seguida, repetiram-se, uns aos outros, os respectivos nomes e colhendo-o pelo braço tomaram o corpo do Respeitável Hiram e o conduziram a Jerusalém.

Chegaram à noite, com a Lua cheia e entraram no Templo, onde depositaram o corpo.

Informado Salomão de sua chegada, acudiu ao Templo, acompanhado de todos os Mestres, usando luvas brancas e Avental, rendendo ao Respeitável Mestre as últimas honras.

Salomão mandou inumá-lo no Santuário e fez colocar sobre seu túmulo uma placa de ouro de forma triangular, na qual estava gravado, em hebreu, o nome do Eterno; depois, recompensou aos Mestres com um Compasso de ouro que colocaram na lapela de seus trajes, pendentes de uma fita azul, e comunicaram-se as novas palavras, Sinais e Toques.

As mesmas cerimônias são executadas ao se retirar o Candidato do ataúde, durante a recepção.

A Palavra convencional foi: "Gibline", o nome do lugar em cujos arredores estava enterrado o corpo de Hiram.

*
* *

Após Salomão ter mandado inumar Hiram no Santuário do Templo, com a mesma magnificência devida à sua posição congregou a todos os Mestres dizendo-lhes:

"Meus Irmãos: os traidores que cometeram este assassinato não podem ficar impunes; pode-se descobri-los, pelo que vos declaro que as investigações devem ser levadas a cabo com todo o ardor e circunspecção possível e, no caso de serem descobertos, que não se lhes faça dano algum, trazendo-os vivos para reservar-me a satisfação da Justiça.

Para tanto, ordeno que 27 de vós partais para levar a cabo esta investigação, pondo cuidado especial na execução de minhas ordens".

Todos queriam partir para vingar a morte de seu Respeitável Mestre, porém, Salomão, sempre respeitando as suas próprias decisões, repetiu que era necessário formar um grupo de 27, tomando nove o rumo do Oriente, nove o do Meio-dia e nove para o Ocidente e que fossem armados com Maços, para defenderem-se dos perigos que pudessem ocorrer.

Em seguida os escolheu por escrutínio verbal, e os eleitos partiram com a promessa de seguir fielmente as ordens de Salomão.

Os três traidores assassinos de Hiram, que haviam retornado aos trabalhos do Templo após o seu crime, vendo que o corpo de Hiram havia sido encontrado, imaginaram, prontamente, que Salomão mandaria investigar para saber quem o havia assassinado.

Como chegou ao seu conhecimento por meio de outros oficiais o que havia determinado Salomão, saíram de Jerusalém ao anoitecer e separaram-se, para que, não sendo vistos juntos, fosse menos suspeito.

Cada um empreendeu a fuga afastando-se de Jerusalém para ocultarem-se em terras estranhas.

Já expirava o quarto dia de marcha, quando nove dos Mestres, extenuados de fadiga, encontraram-se no meio das rochas, em um vale, aos pés do Monte Líbano.

Descansaram ali e, como começava a anoitecer, um deles ficou vigiando para não serem surpreendidos por algum animal.

O vigia afastou-se um tanto de seus companheiros e, ao longe, divisou uma pequena luz através de uma fenda de rocha; estremeceu, surpreso; tranquilizando-se, aproximou-se do local resolvido a verificar do que se tratava. Já perto, seu corpo foi invadido de um frio suor, notando a entrada de uma caverna, de onde saía a luz. Recuperado, com novo ânimo, resolveu penetrar. A entrada era estreita e baixa, de modo que penetrou com o corpo encurvado e a mão direita à frente para evitar as saliências das pedras, avançando, pé sobre pé, evitando produzir qualquer ruído.

Chegado ao fim, no fundo da caverna, viu um homem recostado e adormecido sobre suas mãos.

Reconheceu-o de imediato como sendo um obreiro do Templo de Jerusalém, da classe dos Oficiais, e não duvidando de que se tratava de um dos assassinos, o seu desejo de vingar a morte de Hiram lhe fez esquecer as ordens de Salomão e armando-se de um punhal que encontrou aos pés do traidor, cravou-o várias vezes em seu corpo, cortando-lhe, em seguida, a cabeça.

Terminada a ação, sentiu-se atacado por uma sede devoradora, quando verificou a existência de um arroio em cujas águas aplacou a sua sede.

Saiu da Caverna com o punhal em uma das mãos e, na outra, a cabeça do traidor, segura pelos cabelos.

Desse modo, foi em busca dos companheiros que, ao vê-lo, estremeceram de horror. Contou-lhes o que acontecera na Caverna e de que modo havia encontrado o traidor que se havia refugiado nela.

Porém, seus camaradas lhe disseram que seu zelo exagerado os colocava numa posição melindrosa por faltar às ordens de Salomão.

Reconhecendo a sua falta, permaneceu coibido, porém seus camaradas, que confiavam na bondade do rei, lhe prometeram obter junto a Salomão, graça.

Em seguida, retomaram o caminho de Jerusalém, acompanhados do que ainda continuava com a cabeça do traidor em uma das mãos e o punhal na outra, chegando ao nono dia de sua partida.

Entraram no momento em que Salomão estava encerrado no Santuário do Templo com os Mestres, como era seu hábito fazer, todos os dias, na conclusão da jornada, para recordar, com dor, o seu digno e Respeitável Arquiteto Hiram.

Penetraram os nove, ou melhor, oito, reunidos ao nono que levava sempre o punhal em uma das mãos e a cabeça na outra, gritando por três vezes: "Comigo chega a vingança!", e a cada vez faziam uma genuflexão. Porém, Salomão, estremecendo ante aquele espetáculo, disse: "Desgraçado! Que fizeste? Não te havia dito que me reservasses o prazer de vingança?".

Então, todos os Mestres, ajoelhados, gritaram: "Graça para ele", afirmando que seu excessivo zelo lhe havia feito esquecer suas ordens. Salomão, cheio de bondade, perdoou-o e ordenou que a cabeça do traidor fosse exposta no extremo de uma vara guarnecida de ferro, em uma das portas do Templo, à vista de todos os obreiros, o que foi executado de imediato, esperando descobrir os demais traidores.

*
* *

Vendo Salomão que os traidores haviam se dividido, acreditou ser difícil descobrir os demais e resolveu mandar publicar um edito em todo o seu reino, proibindo dar hospitalidade a todo desconhecido que não possuísse passaporte; prometeu grandes recompensas aos que pudessem lhe trazer os traidores a Jerusalém ou dar-lhe notícias deles.

Um obreiro, que trabalhava na estrada de Tiro, sabia de um homem estrangeiro que se havia refugiado em uma Caverna próxima à estrada e que lhe havia confiado seu segredo e lhe fez prometer que lhe arrancaria a própria língua antes que o revelasse.

Como aquele homem vinha à cidade vizinha buscar diariamente víveres para o traidor que estava na Caverna e se encontrava, justamente, na cidade quando publicaram o edito de Salomão, deu-se conta da elevada recompensa existente, prometida a quem descobrisse os assassinos de Hiram.

O interesse foi mais forte que a fidelidade à promessa que havia feito. Saiu e tomou o caminho de Jerusalém, encontrando aos nove Mestres encarregados de buscarem os culpados, que, ao verem o nervosismo do obreiro, a ponto de empalidecer, perguntaram-lhe de onde vinha e para onde ia.

O desconhecido, fazendo menção de se arrancar a língua, caiu-de-joelhos, beijando a mão do que o interrogava, respondendo: "Como acredito que sejais os enviados do Rei Salomão para buscar os traidores que assassinaram o Arquiteto do Templo, digo-vos que, apesar de ter prometido guardar segredo, não posso agir de outro modo a não ser obedecendo as ordens do rei, indicadas no edito que acabou de mandar publicar. Um dos traidores que buscais está a um dia de caminho daqui, refugiado em uma caverna, entre as rochas, nas cercanias da estrada de Tiro, próximo a um grande sarçal. Um cão está sempre à porta da caverna, que o previne quando alguém se aproxima".

Escutando esse relato, os Mestres lhe disseram que os seguisse e os guiasse, até as proximidades daquela caverna.

Este obedeceu e conduziu os Mestres à estrada de Tiro, de onde lhes indicou o local onde se encontrava o traidor.

Era o décimo quarto dia de sua caminhada, quando o descobriram.

Ao anoitecer, vislumbraram o sarçal; o tempo estava chuvoso; de repente, despontou o arco-íris. Detendo-se o grupo para apreciar o fenômeno, descobriram a caverna. Nem mal se haviam aproximado, viram o cão adormecido e para burlar a sua vigilância, tiraram os sapatos.

Uma parte adentrou a caverna, onde surpreendeu o traidor adormecido.

Eles o ataram, sujeitaram-no e o levaram para Jerusalém junto com o desconhecido que os havia informado.

Chegaram ao décimo oitavo dia de sua partida, pela tarde, no momento em que terminavam os trabalhos. Salomão e todos os Mestres, como de costume, estavam no Santuário do Templo, para recordar, com pena, a Hiram.

Penetraram no Templo e apresentaram o traidor a Salomão, que o interrogou e o fez confessar o crime.

Condenou-o a que lhe fosse aberto o corpo, arrancado o coração, cortada a cabeça e colocada no extremo de uma segunda vara, guarnecida de ferro, em uma das portas do Templo, o mesmo que ao primeiro, à vista de todos os obreiros, e seu corpo fosse arrojado fora dos muros para servir de pasto aos animais.

Salomão recompensou o desconhecido e o remeteu, satisfeito, ao seu país na espera de descobrir o terceiro traidor.

*
* *

Os nove últimos Mestres já estavam desiludidosde encontrar o terceiro traidor, quando no vigésimo segundo dia de sua marcha encontraram-se perdidos em uma selva do Líbano e, obrigados a transpor vários lugares perigosos, viram-se forçados a passar ali a noite, escolhendo lugares cômodos e seguros face à presença de animais selvagens.

No dia seguinte, ao amanhecer, um deles foi cientificar-se do local onde se encontravam.

Divisou, ao longe, um homem armado com um machado que descansava aos pés de um penhasco. Era o traidor a quem buscavam, que, informado do destino de seus dois companheiros, fugira para o deserto para ocultar-se, e vendo que um dos Mestres dirigia-se em sua direção, reconheceu-o por tê-lo visto no Templo.

Levantou-se e saiu ao seu encontro, acreditando que nada deveria temer, pois enfrentaria um só homem.

Porém, o desconhecido, observando que ao longe se encontravam outros Mestres que se aproximavam rapidamente, fugiu precipitadamente, o que traiu sua culpa, convencendo aos Mestres que poderia ser o traidor, decidindo assim todos a persegui-lo.

Ao final, o traidor, fatigado pelos obstáculos do caminho, decidiu enfrentá-los, resolvido a defender-se, preferindo a morte à captura.

Como estava armado com o machado, ameaçava agredir a quem se aproximasse.

Despreocupados com sua temeridade, os Mestres, armados com os seus Malhetes, aproximaram-se, convidando-o a render-se.

Porém, obstinado em se defender, lutou e atacou com furor durante longa luta, sem, contudo, ferir a ninguém.

Os Mestres limitavam-se a aparar os golpes porque não queriam fazer-lhe dano antes de conduzi-lo a Jerusalém e apresentá-lo vivo a Salomão.

Metade deles descansava enquanto os outros combatiam.

Iniciara a noite, quando os Mestres, temendo que as trevas facilitassem a fuga do traidor, o atacaram todos juntos e apoderaram-se dele no momento em que o assassino procurava precipitar-se do alto da rocha. Desarmaram-no, ataram-no e o conduziram a Jerusalém, onde chegaram ao vigésimo sétimo dia de sua partida, ao final dos trabalhos quotidianos, no momento em que Salomão e os Mestres estavam no Santuário para elevar as suas preces ao Eterno e recordar com pena a Hiram.

Os Mestres entraram e apresentaram o traidor a Salomão, que o interrogou; e como não podia justificar-se, foi condenado a que se lhe abrisse o ventre, arrancassem as entranhas, cortassem a cabeça e que fosse o resto do corpo arrojado ao fogo para ser reduzido a cinzas, lançadas essas aos quatro pontos cardeais.

Sua cabeça foi exposta, como a dos dois outros, ao extremo de uma vara com a ponta de ferro. Seus nomes estavam escritos sob cada vara, com os símbolos semelhantes aos instrumentos que haviam usado para o crime.

Os três eram da tribo de Judá; o mais velho chamava-se Sebal, o segundo Oterlut e o terceiro, Stokin. As três cabeças permaneceram durante três dias à vista de todos os obreiros do Templo.

Ao terceiro dia, Salomão mandou erguer uma grande fogueira ante a entrada principal e arrojar nela as três cabeças, os utensílios e os nomes, sendo tudo queimado até a consumição completa.

As cinzas foram, igualmente, lançadas aos quatro pontos cardeais.

Terminado, Salomão dirigiu os trabalhos do Templo com a assistência dos Mestres e tudo prosseguiu em paz.

*
* *

Loja de Perfeição
– 4º Grau

A Loja de Perfeição é o corpo subordinado que rege o governo dos Graus 4 ao 14.

O nome "Loja" é derivado do sânscrito *Loka*, que significa "Mundo"; maçonicamente, porém, o significado é amplo e múltiplo.

Comumente, Loja significa Oficina de trabalho; fisicamente, o local onde os Maçons se reúnem para todas as suas atividades.

Como, porém e sempre, há uma dualidade de ação, a "Oficina" destina-se não só ao desenvolvimento dos trabalhos comuns, mas também aos trabalhos espirituais: uma Oficina Mística, um Templo Espiritual.

A raiz do vocábulo, então, seria *Logus*, representando a Parcela Divina, o Universo.

Contudo, pela amplitude interpretativa, uma Loja poderia ter as suas raízes na célula; a célula é uma Loja, mormente na denominação anatômica, tanto do organismo humano como vegetal; temos as células de um favo dentro da colmeia que, por sua vez, apresenta significado simbólico estreito com a Maçonaria.

Loja de Perfeição, ou melhor, Loja de Aperfeiçoamento, tem o significado histórico do local onde se reuniam os artífices sob o comando de Adoniram para concluir ou aperfeiçoar a ornamentação do Grande Templo.

A Loja de Perfeição também pode ser denominada Loja Inefável.

O adjetivo "Inefável" apresenta dupla interpretação: encantador, ou seja, uma obra ou uma ação encantadora; e indizível, que não se pode exprimir por meio de palavras.

Loja Inefável passará a ser o receptáculo místico de ações que não podem ser expressas por palavras, mas a "linguagem do silêncio" serve perfeitamente de comunicação.

"Linguagem do Silêncio" pareceria um contrassenso, pois toda linguagem se exprime por meio de sons; há, contudo, sons que existem, mas não se ouvem.

Como exemplo prático, aludiríamos ao ouvido dos cães e de muitos outros animais, que percebem vibrações mais elevadas que as captadas pelo ouvido humano.

A linguagem espiritual é inefável por natureza, contudo ela se comunica com a Divindade.

A força de um pensamento emana sons peculiares que o vulgo não percebe, mas cujas vibrações atingem a quem são destinadas.

A Loja de Perfeição é um Corpo Subordinado, porque não pode ser independente, tratando-se de um trabalho profundamente místico. A Subordinação não é só administrativa, pois esta pode alternar o seu sistema de conformidade com os Estatutos e Regulamentos. Não se concebe um trabalho espiritualístico autônomo. É um conjunto subordinado a regras rígidas que dependem de um todo.

Para exercitar essa subordinação espiritual, faz-se de todo necessário a subordinação administrativa.

A Maçonaria é um governo hierárquico; a Maçonaria Azul apresenta forma democrática, porém a Maçonaria Vermelha é aristocrática, no sentido de uma unidade em torno de um Chefe que abarca o aspecto material-administrativo e direção espiritual. O Soberano Grande Comendador do Rito é o Chefe Espiritual Absoluto.

No Brasil, apesar de um Supremo Conselho sesquicentenário, nesse tempo todo, a preocupação primeira sempre foi administrativa, a de fortalecer e unir os Membros dos Corpos, dando-lhes uma estrutura com a finalidade de, após considerar o aperfeiçoamento filosófico, proporcionar por meio de recursos financeiros a construção de Templos apropriados onde os Graus poderão encontrar cenário propício para o seu desenvolvimento e, assim, meios para o seu aperfeiçoamento, com a exata compreensão do que contêm os Rituais.

Do Supremo Conselho, ainda não emanaram obras pedagógicas, de orientação quanto ao desenvolvimento e interpretação dos Rituais. Nesse sentido, a lacuna é muito grande; os Corpos trabalham como autodidatas.

Dele se originam os Rituais dos Graus 4 ao 33, deixando para o Simbolismo a liberdade de confeccionar os Rituais dos três primeiros Graus, embora essa liberdade tenha resultado, no decorrer de tantos anos, em graves prejuízos, se considerarmos que cada Grande Loja ou cada Grande Oriente editam Rituais diferentes e que periodicamente são alterados, revisados e recompilados; ainda não foi feita uma coleta de todos os Rituais impressos desde a fundação do Supremo Conselho, tarefa importantíssima que certamente algum dia será executada. A Biblioteca do Supremo Conselho tem por escopo, também, reunir essa variedade de Rituais, para, oportunamente, num trabalho conjunto, terem as Grandes Lojas e os Grandes Orientes, Rituais uniformes e inalteráveis.

Apesar do conceito moderno de que um Ritual não é uma "camisa de força" mas que possui elasticidade e de que há necessidade de alterarem-se linguagem, acentuação gráfica e modernização de vocábulos, as alterações não podem ser unilaterais. Como existe uma Confederação ou várias, a elas competiriam essas revisões periódicas com a assistência do Supremo Conselho (ou Supremos Conselhos).

Essa separação dos Rituais, em absoluto não significa "autonomia"; o *leitmotiv* é a questão econômica da venda dos Rituais; deve-se ressaltar, porém, que nos últimos anos, a Maçonaria não tem distribuído entre os seus filiados os Rituais, o que dificulta sobretudo o pleno conhecimento maçônico. Temos a aberração de exaltado um membro a Mestre, adquirindo assim a plenitude maçônico-simbólica, não conhecer o Ritual. O Mestre mais diligente procura obter, junto aos seus Irmãos mais antigos, edições raras para, pelo menos, ter a oportunidade de estudar o que é sumamente importante no Rito.

Parece-nos que, a argumentação de que a retenção dos Rituais obedece à prudência de preservá-los, para que não caiam nas mãos de profanos, é falha. Rituais são encontrados transcritos em livros nacionais e estrangeiros.

Os Rituais fornecidos pelos Supremos Conselhos são autenticados, o que equivale dizer, oficializados; a sua reprodução é proibida.

Aqui surge o aspecto jurídico, relevante, pois dentro da atual organização não há impedimento para a sua reprodução, pois os Rituais não são registrados de acordo com o que preceitua a legislação pátria.

Sendo os Rituais internacionais, os "donos" serão os Supremos Conselhos, que, por sua vez, os receberam de Frederico II, Imperador da Prússia.

Ninguém poderá impedir a sua reprodução, comentários e transcrição.

Indubitavelmente, é chegada a hora de os Supremos Conselhos tomarem as providências cabíveis para preservar o que na realidade é deles.

Uma Loja de Perfeição tem o tratamento de Excelente. Contudo, não há uma disposição oficial, pois algumas Lojas adotam a expressão "Excelsa".

Ambos os tratamentos são corretos, pois são sinônimos; excelso e excelente significam o que excede, o que vai além, o que é superior. Os onze Graus que compõem a Loja de Perfeição constituem os ensinamentos e as práticas do que excede aos três primeiros Graus do Rito, evidentemente, Escocês Antigo e Aceito.

Alguns Corpos usam a expressão "Inefável", o que também não deixa de ser correto; contudo, o uso de "Inefável" não é muito comum.

O Presidente que representa o Rei Salomão é denominado Três Vezes Poderoso Mestre, tratamento usado entre nós, pois, na maioria de outros países, o Presidente é apenas chamado de Poderoso ou Poderosíssimo.

O tratamento tríplice evoca o Presidente, não o Rei Salomão, como o rei de Tiro e Hiram Abiff, cujas se personalidades fundem misticamente.

O rei de Tiro e Hiram Abiff participaram da construção do Grande Templo, mas nele não cultuaram Jeová.

Espiritual e misticamente, a direção de todos os trabalhos maçônicos, nos três Graus é presidida por Salomão, presença que traduz não só sabedoria, como a própria Divindade em um dos seus aspectos operativos.

Os Vigilantes têm o título de Inspetores; originariamente, havia um só Vigilante que representava a Adoniram; no Ritual atual adotado por nós, o 2º Vigilante não tem raízes e não representa qualquer personalidade bíblica.

Adoniram, Inspetor dos trabalhos, conforme nos revela 1Reis e Crônicas, foi uma personalidade misteriosa, pois, ainda hoje, é confundida com o próprio Hiram Abiff.

Refere 1Reis, capítulos 4 a 6, que Adoniram seria filho de Abda e teria se casado com a irmã de Hiram Abiff; há, porém, quem afirme que seria também estrangeiro, pois nenhum israelita tomara parte na construção do Grande Templo.

Segundo o relato bíblico, Adoniram era príncipe da casa de Israel (1 Rei,4-2) e sua função era a de inspecionar os tributos. O poder político e religioso era assim distribuído: Sacerdotes, Secretários, Chanceleres, Exército, Provedores, Oficial-mor, Mordomos e Tributos.

No entanto, a função de Adoniram era bem diversa: a de inspecionar os portadores de madeira no Líbano, dirigindo 30 mil trabalhadores.

Talvez, tenham existido dois Adonirans; como a pesquisa ainda não dirimiu todas as dúvidas, estas persistem.

Os Vigilantes têm o tratamento de Veneráveis Irmãos. Os Obreiros, o de Mestres Secretos.

A Loja de Perfeição representa, no Grau 4, o Templo do Rei Salomão, portanto, o Grande Templo; a representação é simbólica e muito singela.

A Câmara é dividida em duas partes: o Oriente e o Ocidente, separados por uma balaustrada.

As paredes são decoradas ou atapetadas em negro, com lágrimas em prata; circundam o Templo 16 Colunas, quatro em cada lado.

Sobre o Dossel do Trono, há um Triângulo inscrito em um círculo; dentro do Triângulo, uma Estrela de cinco pontas e, em seu centro, a letra "Iod" ou a letra "Z".

À frente ou à direita do Trono, uma mesa triangular coberta com um pano negro, com lágrimas em prata, e sobre ela, um Malhete com um laço de crepe negro; ao lado, uma coroa composta com folhas de louro e oliveira.

Sobre cada Altar, um Candelabro de nove braços cada um, com nove luzes, sendo ao todo, 27 luzes.

Originariamente, os Candelabros eram nove, com nove braços e nove luzes, respectivamente, tendo ao todo 81 luzes.

Também, podem reduzir-se as luzes para três candelabros com três luzes cada um e ao todo nove luzes.O importante é que as luzes sejam, sempre, um múltiplo de nove.

À direita do Oriente, na inserção do ângulo formado pelas paredes, está depositada a Arca da Aliança; à sua frente, um candelabro de sete braços com sete luzes.

O Candelabro do Templo de Salomão era alimentado com azeite de oliva; os copos contendo o azeite eram colocados em uma mesma altura, sendo um no centro e, simetricamente, três de cada lado.

Seu nome é Menorá e é privativo dos Templos ou Sinagogas; aparecem em figuras antigas, às vezes com oito copos, destinando-se o oitavo, que é menor, apenas para alimentar os demais, conservando-se este sempre aceso. Nas Sinagogas, são usados candelabros de três, cinco e nove braços.

No de nove braços, os copos são colocados na mesma linha horizontal, destacando-se o nono, central, que sobressai dos oito restantes; o nome desse candelabro é "Hanukah", que significa: "restauração", comemorando a vitória dos macabeus.

Em Êxodo 25: 21-40, temos a descrição detalhada do candelabro de sete braços: "E também farás um candelabro de ouro puro; de ouro batido se fará este candelabro; o seu pedestal, a sua haste, os seus cálices, as suas maçanetas, as suas flores, formarão com ele uma só peça.[10]

Seis hastes sairão dos seus lados; três de um lado, três do outro.

Numa haste haverá três cálices com formato de amêndoas, uma maçaneta e uma flor; e três cálices com formato de amêndoas na outra haste, uma maçaneta e uma flor; assim serão as seis hastes que saem do candelabro.

Mas no mesmo candelabro haverá quatro cálices com formato de amêndoas, com suas maçanetas e com suas flores.

Haverá uma maçaneta sob uma haste que sai dele; e ainda, uma maçaneta sob duas outras hastes que saem dele, assim se fará com as seis hastes que saem do candelabro.

As suas maçanetas e as suas hastes serão do mesmo. Tudo será de uma só peça.

Também lhes fará sete lâmpadas, as quais se acenderão para alumiar defronte dele.

As suas espevitadeiras e os seus apagadores serão de ouro puro. De um talento de ouro puro se fará o candelabro com todos esses utensílios.

Vê, pois, que tudo faças segundo o modelo que te foi mostrado no monte".

A luz provinha de um pavio composto de fios de algodão retorcidos; ao se queimar o pavio, pendia a ponta carbonizada, o que fazia com que a chama se avolumasse e formasse fumaça; para retirar essa parte, usavam-se os espevitadores; para apagarem-se as chamas, ao final das cerimônias, usavam-se os apagadores.

Jeová mostrara a Moisés por meio de uma visão a imagem não só do candelabro, mas de todos os utensílios para o Tabernáculo.

---

10. Maçaneta, ou maçã.

A descrição feita anteriormente, como dizem as primeiras palavras do relato, teve o dom de "avivar a memória de Moisés": "Então falou o Senhor a Moisés dizendo: Servirão para avivar sua memória".

Até hoje, nas sinagogas, são usados os candelabros referidos nas Sagradas Escrituras e confeccionados em ouro; obviamente, em plaquê, por causa do alto custo do metal.

A Maçonaria brasileira, pela sua pobreza, não possui nenhum utensílio em metal precioso.

Pretendem os antigos historiadores, entre eles Josephus*, Filon e mesmo Clemente, bispo de Alexandria, que o Menorá represente os sete planetas; o copo do meio representaria o Sol.

Não podemos atribuir a Jeová tamanha ignorância, pois seria inconcebível que Deus "ignorasse" a existência dos demais planetas.

A argumentação de que o "Hanukah", o candelabro de nove braços, representasse justamente os nove planetas atualmente conhecidos, também não merece credibilidade.

Ignora-se, portanto, no relato bíblico, o significado do Menorá e o porquê do uso de candelabros com braços e copos em números ímpares: 3, 5, 7 e 9.

Precisamos estudar a Cabala e ingressarmos em águas mais profundas, o que não constitui o objetivo do presente trabalho.

O cristianismo primitivo fez do Menorá um dos símbolos do Cristo, a "Luz do Mundo", na simbologia judaico-cristã.

Tanto nos Evangelhos como nos Atos dos Apóstolos e nas Epístolas, não há estudo maior a respeito da numerologia religiosa, com exceção do Apocalipse, livro, ainda, de difícil decifração.

Em Graus Superiores descreveremos o significado dos "Eloin", ou seja, dos "Anjos". Os braços do Menorá seriam alusivos aos sete Eloins que ocupariam os sete planetas.

Com o aumento do número dos planetas, obviamente, aumentaria o número desses "Eloins".

Por outro lado, os antigos consideravam o Sol e a Lua como planetas e esses "adornam" os Templos Maçônicos.

Sabemos que o Sol é uma estrela com luz própria e a Lua um satélite da Terra; retirando-se essas duas figuras celestes os planetas de antiguidade ficariam reduzidos a cinco; com o acréscimo de Urano e Plutão**, teríamos na realidade o número de sete. A argumentação seria válida se não houvesse a possibilidade da descoberta de outros planetas. Não se pode, em matéria

---

*N.E.: Sugerimos a leitura de *As Seleções de Flavius Josephus*, Madras Editora.
**N.E.: Lembramos que, em 2006, Plutão foi rebaixado pelos cientistas para a categoria de "planeta anão."

científica, aventurar afirmações superficiais, de modo que as interpretações deverão ser feita cuidadosamente para não incorrermos em erros primários e ridículos.

A Arca da Aliança: No ângulo à direita do Oriente está depositada a reprodução de uma Arca, como vem descrito em Êxodo 25:10: "Também farás uma Arca de madeira de Acácia; de dois côvados e meio fará o seu comprimento, de um côvado e meio a largura e de um côvado e meio a altura.

De ouro puro a cobrirás; por dentro e por fora a cobrirás, e farás sobre ela uma borda de ouro ao redor.

Fundirás para ela quatro argolas de ouro e as porás nos quatro cantos da Arca; duas argolas num lado dela e duas argolas noutro lado.

Farás, também, varais de madeira de acácia e os cobrirás de ouro; meterás os varais nas argolas dos lados da Arca, para se levar por meio deles a Arca.

Os varais ficarão nas argolas da Arca, não se retirarão dela. E porás na Arca o Testemunho que Eu te darei".

Essa Arca, denominada de Arca do Testemunho ou Arca de Aliança, seria uma reprodução da Arca de Noé, que foi o primeiro Testemunho, quando Jeová fez a primeira Aliança com os homens, prometendo que não haveria um segundo Dilúvio.

A Loja Maçônica também seria uma reprodução da Arca da Aliança, pelo seu formato e medidas, embora também reproduzia a parte interna do Templo de Salomão, ou melhor, do "Sanctum Sanctorum". O material com que foi confeccionada a Arca da Aliança, conhecida por todos, foi madeira de acácia e ouro.

A acácia é árvore de dimensões relativamente pequenas e, certamente, não se prestaria para construir a Arca de Noé.

Essa arca tinha as suas medidas ditadas por Jeová: "Faze uma arca de tábuas de cipreste; nela farás compartimentos, e a calafetarás com betume por dentro e por fora. Deste modo a farás: de trezentos côvados será o comprimento, de cinquenta a largura e a altura de trinta..." (Gênesis 6:14-15).

Portanto, o material usado na construção da Arca de Noé foi a madeira do cipreste, árvore robusta, alta, que poderia suportar, facilmente, as dimensões da construção.

Trezentos côvados seriam 198 metros; qual seria a proporção entre 300 côvados da Arca de Noé com os 2,5 côvados da Arca da Aliança? Ainda não surgiram esses estudos; pelo menos em nossa língua não temos obra alguma que mencione o estudo ou o significado dessas proporções.

O povo hebreu não tinha pendores para a construção naval, pois, além de pescadores, não se dedicavam ao transporte marítimo como o eram os fenícios e os romanos com as suas galeras militares.

A construção da Arca, obviamente, tdemorou muito tempo, pois, apenas Noé e seus filhos acreditaram no que Jeová dissera. As Sagradas Escrituras não esclarecem sobre quanto tempo Noé levou para completar a sua obra; a Arca fora, consoante determinação de Jeová, "calafetada" por dentro e por fora com betume, isto é, as frestas entre uma tábua e outra deviam ser perfeitamente preenchidas de modo que a água não penetrasse durante os dias em que permanecesse dentro da água.

A Arca era uma construção provisória, pois o período de chuvas fora de 40 dias; acreditamos que os dias referidos no Gênesis eram períodos de 24 horas.

A Arca da Aliança fora revestida por dentro e por fora com lâminas de ouro; portando, o seu peso era relativamente grande.

A acácia da região deveria ser imputrescível; as nossas acácias não o são.

Quando Nabucodonosor destruiu o Grande Templo de Salomão e levou tudo o que era precioso, indubitavelmente, teria levado, também, a Arca da Aliança, embora nenhuma referência a isso seja feita nas Sagradas Escrituras.

Quando Zorobabel trouxe de volta os objetos sagrados da Babilônia para Jerusalém não mencionou que entre esses houvesse a Arca; pela sua relevância, o texto bíblico não poderia ter silenciado.

Diz a lenda que a Arca da Aliança fora conduzida aos Céus.

Esse fato constitui certo mistério, porque Jeová não poderia deixar de prever a ação de Nabucodonosor; existe um hiato na história sagrada sobre o povo judeu.

A Arca de Noé, quando flutuou pelo crescimento das águas, continha, além da espécie humana, a espécie animal, como vem descrito em Gênesis 6:18-22:

"Contigo, porém, estabelecerei a minha aliança; entrarás na arca, tu e teus filhos, e tua mulher, e as mulheres de teus filhos. De tudo o que vive, de toda carne, dois de cada espécie, macho e fêmea, farás entrar na arca para os conservares vivos contigo; das aves, segundo as espécies, de todo réptil da Terra segundo as suas espécies, dois de cada espécie virão a ti, para os conservares em vida. Leva contigo de tudo o que se come, ajunta-o contigo, ser-te-á para alimento, a ti e a eles".

Como em outras situações, a narração bíblica não convence, talvez por erro de tradução ou por distorção de tradição, mas em um barco com menos de 200 metros de comprimento e 50 de largura, Noé não poderia juntar toda espécie animal da Terra e, ao mesmo tempo, o seu alimento.

As espécies, obviamente, seriam apenas as existentes naquele reduto; também não sintoniza a destruição dos homens gentios, ou seja, aqueles que não pertenciam à família de Noé.

Embora os filhos de Noé tivessem casado com as filhas da Terra, que eram formosas, não houve destruição total das espécies humana e animal.

Há sempre, para justificar essas dúvidas, a escapatória de que, também, a Arca de Noé constituiu-se em símbolo; a análise das falhas e omissões talvez constitua um motivo de menos importância e que não desperta interesse na polêmica ou na pesquisa.

Portanto, a similitude entre a Arca de Noé e a Arca da Aliança diz respeito, apenas, ao fato de a Arca de Noé constituir um "Testemunho".

Logo, a construção da Arca da Aliança com o formato da Arca de Noé recordava, somente, o evento do Dilúvio e a providência de Jeová em preservar a continuidade do povo hebreu.

As medidas da Arca da Aliança nos levam a saber que o objeto tinha a forma de um quadrilátero. Há dúvidas quanto ao conteúdo da Arca da Aliança; diz o texto: "E porás na Arca o Testemunho que Eu te darei".

Esse "Testemunho" era, no momento em que Jeová ditava a Moisés o formato da arca, a sua Lei.

Quando Moisés recebeu a Lei, ele a gravou em duas tábuas de pedra, dadas por Jeová no Monte Sinai. Diz o texto (Gênesis 24:12): "Então disse o Senhor a Moisés: "Sobe a Mim no monte, e fica lá; dar-te-ei tábuas de pedra e a Lei o os Mandamentos que escrevi, para os ensinares".

Devemos analisar esse evento: Jeová deu a Moisés, já escritas nas tábuas, as Leis; não se sabe se apenas os Dez Mandamentos, ou todas as Leis; não há referências, a não ser a respeito das dimensões e formato das pedras que Moisés denominou de tábuas.

Em Êxodo 31:18, lemos:

"E, tendo Jeová acabado de falar com ele (Moisés) no Monte Sinai deu a Moisés as duas tábuas do Testamento, tábuas de pedra, escritas pelo dedo de Deus".

E mais adiante: (Êxodo 32:15-16)

"E, voltando, desceu Moisés do Monte com as duas Tábuas do Testamento na mão; tábuas escritas de ambas as bandas; de uma e de outra banda estavam escritas; as Tábuas eram obra de Deus; também a escritura era a mesma escritura de Deus, esculpida nas Tábuas".

Que língua teria Jeová empregado para condensar em duas Tábuas, toda a sua Lei? Teria sido o hebraico?

Moisés permaneceu longo tempo no Monte Sinai, talvez longos meses, ou mesmo anos, a ponto de o povo ter perdido a esperança de seu retorno.

Assim, sem o guia espiritual, sem o seu chefe e condutor, o povo rogou a Aarão que lhes fizesse um deus para ser adorado; Aarão recolheu as joias de ouro do povo e fundiu um bezerro, determinando que o povo o adorasse.

Jeová, então, advertiu Moisés do que o povo estava fazendo e da idolatria em que tinha submergido, demonstrando a sua ira a ponto de destruir os idólatras.

Moisés intercedeu junto a Jeová, que permitiu nova oportunidade para o povo desobediente, determinando que Moisés descesse do Monte e reconduzisse o povo à fé antiga.

Assim fez Moisés, porém, ao chegar aos pés do Monte, vendo que o povo adorava o bezerro prestando-lhe culto, e divertindo-se com danças, perturbou-se e quebrou as tábuas que trazia nas mãos; queimou o bezerro, espalhando o seu pó nas águas.

Irado, chamou a si os que eram do Senhor, vindo a seus pés todos os filhos de Levi; a esses determinou que matassem aos idólatras, que somaram três mil homens. Com essa providência, o povo arrependeu-se e seguiu novamente a orientação de Moisés.

Com a destruição das Tábuas da Lei, Moisés não dispunha mais do que Jeová escrevera; rogando ao Senhor que lhe desse, novamente, a Lei, Jeová determinou que Moisés lavrasse novas Tábuas de pedra no formato das primeiras.

No dia seguinte, Moisés subiu novamente ao Monte e recebeu do Senhor a Lei e uma nova Aliança, simbolizando as Tábuas, mais aquele Testemunho.

Porém, em Deuteronômio 10:1-5, temos notícia mais detalhada: "Naquele tempo me disse o Senhor: Lavra duas tábuas de pedra, como as primeiras, e sobe a Mim ao Monte, e faze uma arca de madeira.

Escreverei nas duas Tábuas as palavras que estavam nas primeiras que quebrastes e as porás na arca.

Assim, fiz uma arca de madeira de acácia, lavrei duas Tábuas de pedra, como as primeiras, e subi ao Monte com as duas Tábuas nas mãos.

Então, escreveu o Senhor nas Tábuas, segundo a primeira escritura, os Dez Mandamentos que Ele vos falara no dia da congregação, no Monte, no meio do fogo; e o Senhor mas deu a mim.

Virei-me, desci do Monte e pus as Tábuas na arca que eu fizera; e ali estão, como o Senhor me ordenou".

Temos, portanto, uma nova versão para estudar; ou nessas segundas Tábuas o Senhor limitou-se a escrever apenas os Dez Mandamentos ou toda a Lei que fora escrita passara a denominar-se Dez Mandamentos.

A determinação do Senhor para que Moisés construísse uma arca, talvez o fosse para preservar as novas tábuas para que não fossem, novamente, quebradas, frágeis que deveriam ser, o que faz supor constituírem-se de lascas de pedra, talvez de mármore.

Na Arca da Aliança, além das duas Tábuas da Lei, outros "testemunhos" foram guardados, sendo um deles o Pote de Maná.

"Partiram de Elim, e toda a congregação dos filhos de Israel veio para o deserto de Sin, que está entre Elim e o Sinai, aos quinze dias do segundo mês, depois que saíram do Egito.

Toda a congregação dos filhos de Israel murmurou contra Moisés e Aarão no deserto; disseram-lhe os filhos de Israel: 'Quem nos dera tivéssemos morrido pela mão do Senhor na terra do Egito, quando estávamos sentados junto às panelas de carne, e comíamos pão a fartar! Pois nos trouxestes a este deserto para matardes de fome a toda esta multidão'.

Então disse o Senhor a Moisés: Eis que vos farei chover do céu, pão, e o povo sairá e colherá diariamente a porção para cada dia, para que eu ponha à prova se anda na minha Lei, ou não.

Dar-se-á que, no sexto dia, prepararão o que colherem e será dois tantos do que colhem cada dia.

Então disse Moisés a Aarão e a todos os filhos de Israel: à tarde sabereis que foi o Senhor quem vos tirou da terra do Egito, e pela manhã, vereis a glória do Senhor, porque não ouviu as vossas murmurações; pois, quem somos nós para que murmureis contra nós?

Prosseguiu Moisés: será isso quando o Senhor, à tarde, vos der carne para comer, e, pela manhã, pão que vos farte, porquanto o Senhor ouviu as vossas murmurações; as vossas murmurações não são contra nós, e sim contra o Senhor.

Disse Moisés a Aarão: dize a toda congregação dos filhos de Israel: chegai-vos à presença do Senhor, pois ouviu as vossas murmurações.

Quando Aarão falava a toda a congregação, olharam para o deserto, e eis que a glória do Senhor apareceu na nuvem.

E o Senhor disse a Moisés: Tenho ouvido as murmurações dos filhos de Israel; dize-lhes: ao crepúsculo da tarde comereis carne e pela manhã vos fartareis de pão: e sabereis que Eu Sou o Senhor, vosso Deus.

À tarde subiram codornizes e cobriram o arraial; pela manhã, jazia o orvalho ao redor do arraial. E quando se evaporou o orvalho que caíra na superfície do deserto, estava uma coisa fina e semelhante a escama, fina como a geada sobre a terra.

Vendo-a, os filhos de Israel disseram uns aos outros: Que é isto? Pois não sabiam o que era. Disse-lhes Moisés: "Isto é o pão que o Senhor vos dá para o vosso alimento" (Êxodo 16:1-15).

As codornizes não foram objeto de muita admiração, pois poderia haver explicação de seu aparecimento: embora a codorniz não seja ave migratória, poderiam ter arribado ao deserto arrastadas por fortes ventos.

Nenhuma codorniz foi conservada para ser colocada dentro da Arca da Aliança; apenas o Maná, símbolo do pão, alimento sagrado dentre todos os povos ao correr da história.

Para o "milagre", o homem sempre busca uma resposta racional; nas regiões do Sinai, surgem frequentemente como uma espécie de chuva, líquens transportados pelos ventos que constituem um alimento saboroso; também poderia emanar das tamareiras que segregam um líquido que, solidificado, também é alimento.

Porém, se encontrarmos para cada feito inexplicável, ocorrido desde o plano da saída dos israelitas do Egito até a fixação em Canaã, destruiríamos não só a fé, como a potência de Deus.

Também em Maçonaria existem dogmas; crendo na narrativa bíblica, cremos no poder de Deus, em seu interesse de preservar a sua criação.

No relato acima, verificamos que o Senhor atendeu às reclamações do povo israelita, já exausto da infindável peregrinação no deserto, que durara 40 anos.

Porém, o Senhor sempre encontrava pretexto para impor a sua Vontade e experimentar a obediência de seu povo, para que guardasse a sua Lei especialmente em dois pontos básicos: a exclusiva adoração e a guarda do sábado.

No versículo 33 do capítulo 16 de Êxodo, encontramos: "Disse, também, Moisés a Aarão: toma um vaso e mete nele um gômer cheio de Maná, coloca-o diante do Senhor, para guardar-se às vossas gerações".

O gômer era uma medida antiga e pode ser calculado em meio quilo. Segundo o relato, o Sol derreteria o Maná e este não poderia ser conservado de um dia para outro, sob pena de apodrecer e de exalar mau cheiro.

Como poderia, então, ser guardado para a posteridade? O pote era de dimensões pequenas e perfeitamente cabível dentro da Arca.

Finalmente, na Arca fora guardada a "Vara de Aarão", vara que, evidentemente não ultrapassava a medida de 1,5 metro a 1,65 metro o comprimento da arca; desconhece-se a espessura das tábuas e do ouro que a revestiam.

Em Números 17: 16-28, lemos: "Disse o Senhor a Moisés: Fala aos filhos de Israel, e recebe deles varas, uma pela casa de cada pai de todos os seus príncipes segundo as casas de seus pais, isto é, doze varas; escreve o nome de cada um sobre a sua vara. Porém, o nome de Aarão escreverás sobre a vara de Levi; porque cada cabeça da casa de seus pais terá uma vara.

E as porás na Tenda do Testemunho, perante o testemunho onde Eu vos encontrarei.

A vara do homem que eu escolher, essa florescerá; assim farei cessar de sobre mim as murmurações que os filhos de Israel proferem contra vós".

Falou, pois, Moisés, aos filhos de Israel, e todos os seus príncipes lhe deram varas, cada um lhe deu uma, segundo as casas de seus pais; doze varas; e entre elas a de Aarão.

Moisés pôs essas varas perante o Senhor na Tenda do Testemunho.

No dia seguinte, Moisés entrou na Tenda do Testemunho e eis que a vara de Aarão, pela casa de Levi, brotara e, tendo inchado os gomos, produzira flores e dava amêndoas.

Então Moisés trouxe todas as varas diante do Senhor a todos os filhos de Israel; e eles o viram e tomaram cada um a sua vara.

Disse o Senhor a Moisés: "Torna a pôr a vara de Aarão perante o testemunho, para que se guarde por sinal para os filhos rebeldes; assim farás acabar as suas murmurações contra mim, para que não morram".

E Moisés, como lhe ordenara o Senhor, assim fez. Então falaram os filhos de Israel a Moisés, dizendo: "Eis que expiramos, perecemos todos. Todo aquele que se aproximar do Tabernáculo do Senhor morrerá; acaso expiraremos todos?".

O "milagre" pode, contudo, ser um fenômeno científico se nos detivermos às experiências realizadas, principalmente na Índia, quando pela força da mente um iogue pode fazer florescer, crescer e dar frutos a uma planta.

Em Hebreus 9:4, lemos: "Ao qual pertencia um Altar de ouro para o incenso, e a Arca de Aliança, totalmente coberta de ouro, na qual estava uma urna de ouro contendo o maná, a vara de Aarão, e que floresceu, e as Tábuas da Aliança".

Para São Paulo, dentro da Arca se encontrava uma "urna" e dentro dela, os três Testemunhos.

Essa urna podia ser aberta, evidentemente, no início, somente por Moisés, pois a colocação dos três Testemunhos não foi feita de uma única vez, mas sim em épocas diferentes de acordo com os eventos descritos em Êxodo.

A Arca não tinha fecho, tanto que os homens de "Betsames", após olharem para dentro da mesma, morreram feridos pelo Senhor:

"Feriu o Senhor os homens de "Betsames", porque olharam para dentro da Arca do Senhor, sim, deles feriu setenta homens entre cinquenta mil; então o povo chorou, porquanto o Senhor fizera tão grande morticínio entre eles". (Isaías 6:19).

A Arca fora roubada pelos filisteus, que a mantiveram durante sete meses e, como compreenderam que não poderiam retê-la face aos castigos que o Senhor lhes impunha, a devolveram, recebendo-a Eleazar, que a guardou.

Uma das pragas que o Senhor enviara aos filisteus fora a dos "tumores" que, infeccionando o povo, o dizimavam.

Quando a Arca passou às mãos do rei Davi, já não guardava os três Testemunhos: "Nada havia na Arca, senão só as duas Tábuas de Pedra, que Moisés ali pusera junto a Horeb, quando o Senhor fez aliança com os filhos de Israel, ao saírem da terra do Egito" (1 Reis 8:9).

Segundo o relato em I Crônicas, 13:5-10, na interpretação discutida por Von Danicken, em seu livro *Eram os deuses astronautas?*, a Arca da Aliança não passaria de uma "pilha atômica" que, se tocada, poderia fulminar o imprudente.

"Reuniu, pois, Davi a todo Israel desde Sior do Egito até a entrada de Hemat, para trazer a Arca de Deus de Caristiarim.

Então Davi com todo o Israel subiu a Baala e dali, a Caríatiarim, que está em Judá para fazer subir dali a Arca de Deus, diante do qual é invocado o nome do Senhor, que se assenta acima dos Querubins.

Puseram a Arca de Deus em um carro novo e a levaram da casa de Abinadab; o oza e sio guiavam o carro.

Davi e todo Israel alegravam-se perante Deus com todo o seu empenho; em cânticos com harpas, com alaúdes, com tambores, com címbalos e com trombetas.

Quando chegaram à eira de Quidom, estendeu Oza a mão à Arca para a segurar, porque os bois tropeçavam.

Então, a ira do Senhor se acendeu contra Oza, e o feriu por ter estendido a mão à Arca; e morreu ali, perante Deus.

O evento entristeceu e atemorizou Davi que, logo depois, tomou providências para que não mais houvesse acidentes iguais.

Lemos, adiante, no capítulo 15, versículo 2: "Então disse Davi: ninguém pode levar a Arca de Deus, senão os Levitas; porque o Senhor os elegeu para levar a Arca de Deus, e o servirem para sempre".

Oza não pertencia à tribo dos Levitas por isso lhe era mortal tocar na Arca. Davi conclamou os sacerdotes e colocou a Arca, definitivamente, em sua cidade: Sião.

"O filhos dos Levitas trouxeram a Arca de Deus aos ombros pelas varas que nela estavam, como Moisés tinha ordenado, segundo a palavra do Senhor".

Após a morte de Davi e ter Salomão construído o Grande Templo, a Arca da Aliança foi, pela última vez, trasladada para o seu lugar de honra".

Puseram os sacerdotes (Levitas) a Arca da Aliança do Senhor no seu lugar, no Santuário mais interior do Templo, no Santo dos Santos, debaixo das asas dos Querubins".(II Crônicas 5:7).

Morto Josias, invadida Jerusalém pelo rei do Egito, instituído esse como Rei, a Joaquim, rapaz de 25 anos de idade, surgiu Nabucodonosor que o prendeu: e levou para a Babilônia. Lemos em II Crônicas 36:7:

"Também, alguns dos utensílios de Casa do Senhor levou Nabucodonosor para a Babilônia, onde os pôs em seu Templo".

Posteriormente, o rei dos caldeus invadiu Jerusalém, matou os jovens á espada e:

"Todos os utensílios de Casa de Deus, grandes e pequenos, os tesouros da casa do Senhor, e os tesouros do rei e dos seus príncipes, tudo levou ele para a Babilônia" (II Crônicas 36:17).

A Arca simbolizava a Aliança que Deus fizera com o povo de Israel desde a saída do Egito. Essa Aliança, porém, passados 845 anos, foi violada: Jeremias 11,1-10.

Palavra que veio a Jeremias, da parte do Senhor, dizendo: "Ouve a palavra desta Aliança, e fala aos homens de Judá, e aos habitantes de Jerusalém; dize-lhes: Assim diz o Senhor, o Deus de Israel: Maldito o homem que não atentar para as palavras desta Aliança que ordenei a vossos pais no dia em que os tirei da terra do Egito, da fornalha de ferro, dizendo: dai ouvidos a minha voz e fazei tudo segundo o que vos mando – assim vos serei a vós outros por Deus; para que continue o juramento que fiz a vossos pais de lhes dar uma terra que manasse leite e mel como se vê neste dia. Então eu respondi e disse: Amém, ó Senhor!

Tornou-me o Senhor: Apregoa todas estas palavras nas cidades de Judá e nas ruas de Jerusalém, dizendo: Ouvi as palavras desta Aliança e cumpri-as.

Porque deveras adverti a vossos pais no dia em que os tirei da terra do Egito, até o dia de hoje, testemunhando desde cedo, cada dia, dizendo: dai ouvidos à minha voz, Mas não atenderam e nem inclinaram os seus ouvidos, antes andaram, cada um segundo a dureza do seu coração maligno; pelo que fiz cair sobre eles todas as ameaças desta Aliança, a qual lhes ordenei que cumprissem, mas não cumpriram.

Disse-me, ainda, o Senhor: uma conspiração se achou entre os homens de Judá, entre os habitantes de Jerusalém, Tornaram às maldades de seus primeiros pais que recusaram ouvir as minhas palavras; andaram eles após outros deuses para os servir; a casa de Israel e a casa de Judá violaram a minha Aliança que Eu fizera com seus pais".

A "violação" da Aliança, cujo testemunho se encontrava dentro da Arca de Deus, resultou na "destruição" do Testamento!

Essa foi a razão do desaparecimento da Arca da Aliança.

A prova da necessidade de uma nova Aliança, a encontramos no mesmo livro de Jeremias, capítulo 31,31-40: "Eis aí vem dias, diz o Senhor, e firmarei nova Aliança com a casa de Israel e com a casa de Judá".

A nova Aliança seria, indubitavelmente, o envio à terra do Salvador Jesus, o Cristo.

"Porque isto é o meu sangue, o sangue da Nova Aliança derramado em favor de muitos, para remissão de pecados" (Mateus 26:28).

A presença de uma "Arca de Aliança" no Santo dos Santos do Grau 4 evoca todos os eventos acima descritos, que devem ser analisados e meditados para que o Maçom do "Filosofismo" atinja a "mensagem do Grande Arquiteto do Universo".

A Arca simboliza o Ovo Cósmico ou a Matriz Universal.

Temos concepções as mais diversas originárias da Índia, como a lenda do Ovo de Brahma, criado pelo pensamento divino, do qual nasceu o primeiro homem.

A anos atrás, a imprensa noticiou que um cientista norte-americano extraiu uma célula de uma pessoa e a evoluiu in vitro, dando surgimento a um ser (clone) que na época da notícia já estaria com 14 meses de idade, sendo uma cópia carbono do homem de quem fora retirada a célula.

Surgiram muitas criticas e ceticismo, alegando os cientistas que essa notícia não passava de uma ficção.

No entanto, a notícia era séria e pouco se ficou sabendo a respeito, dado o sigilo que cercara o evento.

Os antigos pensavam que o primeiro homem teria surgido de um ovo, e daí o símbolo do zero, e mais tarde do zero com um ponto no centro.

Há relevância no símbolo zero, pois não se pode pretender que o zero seja um número igual aos nove primeiros; a série iniciando com o número um finda em zero; portanto, o zero é o décimo número e não o primeiro; nove números da série são denominados de números significativos; o zero é chamado de número não significativo; portanto, ele só adquirirá significação quando vier colocado à direita de qualquer dos nove precedentes.

A colocação tem significado filosófico, pois lemos em muitos trechos das Sagradas Escrituras que a colocação à direita é premiação e valorização; à esquerda é castigo e diminuição.

O zero isolado não representa um número; ele só terá significado quando acompanhado.

Outro aspecto a considerar é a valorização do zero para o próprio zero; se precedido por um número significativo, imediatamente o transforma em ordem superior; se apenas com um zero será dezena; porém acrescentando outros zeros, a valorização será progressiva: 10, 100, 1.000, etc. Por conseguinte, o zero é um fermento que cresce infinitamente, em que os demais números não atingem; é a expressão divina da numeração.

*
* *

EMBLEMA: O Emblema do Grau é formado por um Triângulo inscrito em um Círculo; no interior do Triângulo, uma Estrela de cinco pontas, tendo no centro a letra hebraica "Iod".

O Emblema colocado sobre o Dossel do Trono e também em cima do cabo do Malhete, que no Grau não tem o formato de martelo; o Malhete será o Emblema em miniatura em dinâmica porque é manejado pelo Presidente, como Cetro; o emblema propriamente dito é estático porque é fixo sobre o dossel.

Há diversidade quanto à inscrição no centro da Estrela, da palavra "Iod", pois alguns autores inserem a letra "Z" que estaria colocada no centro da extremidade da Chave de Marfim.

A letra "Z" é a inicial da Palavra de Passe, que tem sua origem no hebraico "Ziz" e que significa Esplendor, sendo também o nome de Jonatam.

O Triângulo do Emblema, além do significado comum de um Triângulo como figura geométrica, bem como o círculo que o abrange, no Grau 4 representa "uma eternidade" para "um Universo" perfeito.

O termo "Eternidade" pode ser empregado genericamente, como um período de tempo infinito, porém no sentido filosófico não há, propriamente, "uma Eternidade", mas "Eternidades subsequentes"; no texto bíblico encontramos a expressão: "De Eternidade em Eternidade".

Uma Eternidade perfeita para um Universo Perfeito também comprova a existência de vários Universos; o Emblema do Mestre Secreto abrange um período fixo que se refere a uma harmonização com o Grande Arquiteto do Universo, aquele que habita a Eternidade (Isaías 57:15).

O Círculo representa a Perfeição, ou seja, o Universo Eterno Perfeito, por ser a mais perfeita das figuras geométricas.

A Estrela de Cinco Pontas dentro do Triângulo é denominada de Estrela Flamígera, ou Flamejante, a qual expele chamas ou flamas.

É o mesmo Pentagrama dos Graus do Simbolismo; astronomicamente, é a Grande Maçonaria ou Sírius; porém, seu simbolismo extravasa a posição astronômica; todas as estrelas são astros, embora a sua grandeza ou luminosidade seja variável; não há preocupação maior em situar exatamente a Estrela Flamígera na Carta Celeste, porque o seu símbolo não pode ser analisado isoladamente do Emblema. Este tem a Estrela inserida de cinco pontas, mas sem as chamas; é denominada de Estrela Flamígera porque possui cinco chamas.

No centro de Estrela, a letra "Z" e não o "Iod", porque, com esse último, transformar-se-ia no símbolo do Grau 2, ou seja, do Companheiro.

É evidente que, para o Emblema ser entendido, tornou-se necessário conhecer o significado isolado de cada símbolo, mas na caridade o conjunto é que constitui o Emblema.

Uma letra isolada do alfabeto tem o seu significado primário, porém, com as letras podem-se organizar palavras e estas apresentam um significado isolado e peculiar.

De outro lado, sabe-se que cada Grau, dentro do Rito Escocês Antigo Aceito, é a soma dos Graus precedentes que adquirem significado mais esotérico e profundo.

O "Filosofismo" não pode ser estudado e analisado sem o conhecimento pleno e seguro dos Graus Simbólicos, daí a necessidade de serem iniciados os Mestres do Grau 3 e verificado qual o seu Grau de conhecimento a respeito da trilogia simbólica; se o exame não for satisfatório, cumpre, antes de ministrar as lições do Grau 4, recapitular as anteriores, porque, obviamente, também os três primeiros Graus pertencem ao mesmo Rito, que é o Escocês Antigo e Aceito.

A CHAVE DE MARFIM : O marfim tem sido desde os mais antigos povos, já civilizados, um material precioso de adorno e provém dos dentes dos elefantes, embora, também, algumas presas dos hipopótamos, e das morsas forneçam material idêntico. Trata-se de uma matéria óssea, muito branca e que se presta à escultura e a ser cortada em lâminas tão finas que podem apresentar-se transparentes; servia o marfim, como serve ainda hoje, para confeccionar joias, painéis e diversas outras utilidades; hoje, a extração do marfim é vedada, pois é escasso e a espécie dos elefantes está em via de extinção. O marfim simboliza a pureza. O elefante, a inteligência.

A Chave não tem origem conhecida; ela é encontrada nas ruínas das civilizações as mais antigas; o seu simbolismo sempre foi o do "Sigilo" e "Segredo".

Na linguagem bíblica simboliza "abertura" e, como exemplo, transcrevemos: "Porei sobre seu ombro a Chave da Casa de Davi; ele abrirá, e ninguém fechará; fechará, e ninguém abrirá" (Isaías 22: 22).

"Dar-te-ei as chaves do Reino dos Céus; o que ligares na terra, terá ligado nos Céus; e o que desligares na terra, será desligado nos Céus" (Mateus 16:19).

"Ai de vós intérpretes da Lei! Porque tomastes a Chave da Ciência; contudo, vós mesmos não entrastes e impedistes os que estavam entrando" (Lucas 11:52).

"Quando o vi, caí aos seus pés como morto. Porém ele pôs sobre mim a sua mão direita, dizendo: Não temas, Eu sou o Primeiro e o Último, e aquele que vive pelos séculos dos séculos, e tenho as Chaves da morte e e da região mortos". (Apocalipse 1:17-18).

"O quinto Anjo tocou a trombeta, e vi uma estrela caída do Céu na Terra. E foi-lhe dada a Chave do abismo. Ele abriu o poço do abismo..." (Apocalipse 9:1-2).

Na própria Chave de Marfim, em sua extremidade, está inscrita a letra "Z", inicial da Palavra de Passe, o que significa que a Palavra de Passe é a Chave para a entrada.

A Chave de Marfim, isoladamente, simboliza a Prudência e o Sigilo.

Prudência, porque o Sigilo deve ser "guardado" a "sete chaves", como diria o vulgo; e porque deve permanecer em lugar "seguro"; o que é fechado a chave, supõe-se em segurança, porque é guardado, preservado e oculto.

Porém, em alguns Rituais, encontramos que a Chave de Marfim apresenta-se "quebrada".

Ele tem significado esotérico ligado à Arca da Aliança, que deveria ser fechada à chave, e com a perda da Arca, já a chave nada significava e daí o ter sido quebrada; simboliza, outrossim, a "quebra" da Aliança entre o povo de Israel e o Senhor, pela desobediência aos Dez Mandamentos e à Lei, entregando-se o povo à idolatria e à desobediência em trabalhar no sábado, dia santificado. As Sagradas Escrituras não referem a existência de uma "fechadura".

No desenvolvimento do Ritual do Grau 4, verificaremos como é realçada a proibição à idolatria.

O possuidor da Chave de Marfim recebeu o poder de abrir todos os demais Graus do Rito, com Prudência e Sigilo.

O Sigilo ou Segredo adjetiva o Mestre que atingiu o Grau 4, pois passará a ser denominado "Mestre Secreto"; portanto, a Chave de Marfim é símbolo do Mestre Secreto.

*
* *

O COLAR: O Presidente usa um Colar confeccionado com uma fita na cor azul, em tecido de seda chamalotada em cuja ponta está a Joia; esta é constituída de um Triângulo em ouro, tendo inserido de um lado, a letra "Iod" e do outro, a palavra "Ivah"; "Iod", já o referimos, significa Deus.

O "Iod" ou "Yod" representa a dezena; pela sua forma física, simboliza um espermatozoide, o próprio falo; o Cetro ou Malhete e a Espada, de conformidade com a oportunidade de sua aplicação; ao empunhar-se a Espada, estar-se-á empunhando todos os demais símbolos e, em resumo, o "Iod".

É, também, o Ponto do Centro do Ovo, ou seja, o órgão masculino no feminino; representa o Olho Divino, como sendo a Pupila no centro do globo ocular.

"Iod" é vertical porque é a Divindade.

Em Maçonaria, temos os múltiplos aspectos do conhecimento; assim como há uma Maçonaria filosófica, uma Maçonaria Mística, uma Maçonaria Judaica, uma Maçonaria "maçônica", uma Maçonaria cristã, e assim por diante, temos também a sexologia maçônica; obviamente, o conhecimento é genérico e não devemos, como fazem muitos, nos "apaixonar" por uma determinada inclinação e exagerarmos nas interpretações; na Maçonaria há sexo, mas nem tudo é sexo.

O equilíbrio para o conhecimento é necessário, porque a razão deve separar as paixões geradas, frequentemente, pelo entusiasmo da novidade.

Em outros Rituais, o Colar é usado a tiracolo e confeccionado, simplesmente, em branco, simbolizando a candura.

Os Vigilantes também usam Colares, de pano azul, orlados em negro, tendo na ponta, como Joia, a Chave de Marfim.

O AVENTAL: O Avental é branco, confeccionado com pele de cordeiro, substituído, hoje, por material plástico, orlado de negro com cordões da mesma tonalidade.

Na Abeta, encontra-se um olho radiante, negro; no centro do Avental, dois ramos, um de louro e outro de oliveira, entrelaçados pelo caule e no centro, a letra "Z".

O louro simboliza o dever do triunfo sobre as próprias paixões; por ter o loureiro as folhas sempre verdes, simboliza a imortalidade da Natureza; é o símbolo da glória e da consagração.

A Oliveira será, sempre, o símbolo da Paz.

"Esperou Noé, ainda, outros sete dias, e de novo soltou a pomba fora da Arca. À tarde, ela voltou a ele; trazia no bico uma folha nova de oliveira; assim entendeu Noé que as águas tinham minguado sobre a terra" (Gênesis 9:10-11).

Portanto, o triunfo sobre as próprias paixões conduz à Paz interior, que é a Chave (de Marfim) do êxito e o resultado da Iniciação do Grau 4.

*
* *

MESTRE SECRETO: Mestre, em latim *magister*, é aquele que comanda, dirige e ensina. Como exemplo, para o completo entendimento do que significa ser Mestre, temos em latim:

Magister Equitum – Comandante da Cavalaria
Magister Sacrorum – Chefe dos Sacrifícios
Magister Societatis – Diretor da Sociedade
Magister Navis – Comandante do navio
Magister Convivi – Rei do festim
Magister Morum – O Censor

Secreto é o que não é visível; o que conserva para si; pacto secreto entre dois; o que é conservado em mistério; o significado esotérico de um culto espiritual.

Logo, Mestre Secreto é aquele que comanda o invisível.

Entende-se como o dirigente de assuntos privados, místicos, esotéricos e maçônicos.

Mestre Secreto não significa Mestre dos Segredos, mas sim Chefe Espiritual do Grupo, que cultiva dentro de si um culto à divindade.

É a parte "misteriosa" da Maçonaria, reservada aos Iniciados.

O Mestre Secreto não é o dirigente do grupo ou o Presidente; cada membro do Grau 4 é constituído Mestre Secreto, porque passa a ser dirigente de si próprio, iluminado pelos conhecimentos que adquire.

É evidente que em cada Grupo deva existir um dirigente máximo, um Chefe, ao redor do qual será possível a construção do mundo interior, do Templo interno.

MESTRE PERFEITO
– 5º GRAU

O Templo apresenta decoração diversa; o recinto dos trabalhos é chamado de Câmara; é a Loja do Mestre Perfeito.

As paredes são na cor verde e em cada um dos quatro ângulos apresenta-se uma Coluna branca; em cada um desses ângulos é colocado um Candelabro de quatro braços.

Não sendo um Grau iniciático, mas por comunicação, inexistem Templos específicos; são adaptados com cortinados nas paredes.

O Dirigente representa Adoniram, com o título de Três vezes Potentíssimo e Respeitável Mestre.

Adoniram foi um dos principais recebedores de tributos do Rei Salomão e o chefe de 30 mil operários que foram ao Líbano para o corte dos cedros; seu nome significa "O meu Senhor é excelso".

Diz a lenda que ele se casou com a irmã de Hiram Abiff.

Na Loja existe apenas um Vigilante com o nome de Zabud, que foi ministro do Rei Salomão, sendo filho de Natan.

Os Irmãos tomam o nome de "Veneráveis Mestres Perfeitos" e seu traje é o comum (em preto), com luvas brancas; usam um Colar verde com uma joia que representa um Compasso aberto a 60 graus aposto sobre um semicírculo graduado.

Avental branco com abeta verde; no centro, sete círculos concêntricos e no meio, uma pedra cúbica com a letra "J", inicial da Palavra Sagrada.

Quanto a esse Avental, existem variações; uma delas substitui os círculos, por duas Colunas cruzadas.

Existem palavra de Ordem, de Reconhecimento e o Toque, específicos e sigilosos. A marcha é formar um quadrado por meio de quatro passos.

A idade é a de um ano para a abertura dos trabalhos e sete para concluí-los; a hora para a abertura do trabalho é a primeira hora do dia; o encerramento é na quinta hora.

A Lenda do Grau é a trasladação do corpo de Hiram para a tumba final e a decisão da vingança.

*
* *

O Grau 5 é Grau intermediário e é transmitido por comunicação, ou seja, dispensando a Iniciação; o Candidato é convidado para assistir à sessão do Grau, em Loja devidamente preparada, e lhe são ministrados os conhecimentos do Grau, cingindo-o com o Avental próprio e o Colar, instruindo-o quanto às Palavras de Passe e Sagrada, bem como Toque e a parte da Lenda correspondente.

Trata-se de um Grau que complementa o procedente.

É um Grau de origem israelita-salomônica e sua lenda diz respeito ao terceiro sepultamento de Hiram (o primeiro, sob os escombros dentro do Templo; o segundo, fora de Jerusalém, Em uma cova provisória, e o terceiro, dentro do Templo, com toda pompa).

Sua filosofia prende-se ao conhecimento humano por meio da inteligência; são os conhecimentos genéricos que todos devem possuir para a própria subsistência intelectual e material e o conhecimento esotérico que nem todos alcançam, seja por falta de preparo, seja por falta de oportunidade.

O Grau 4, do Mestre Secreto, inicia uma jornada dentro de um mundo desconhecidos na busca do centro do interesse; encontrado esse centro, deverá surgir o aperfeiçoamento; é, justamente, para esses poucos que surge o Grau 5.

A trasladação do corpo de Hiram caracteriza-se por uma cerimônia de "pompa fúnebre"; os funerais como ordenara Adoniram, deveriam ser executados com grande pompa.

É a fase inicial das honrarias póstumas, quando se cerca o homenageado de todo esplendor, numa demonstração de reconhecimento pela passagem na vida com brilhantismo.

Nos funerais, todos os Obreiros da construção do Templo deveriam comparecer e participar, com cânticos, choro, lágrimas, atapetando o percurso com palmas e flores, perfumando o ambiente com essências preciosas. Simboliza o trabalho exterior, o ensolaramento sobre o luto negrume da morte. É a iluminação de quem fora "apagado" injusta e prematuramente. O reconhecimento público, por meio de ondas sonoras vibráteis, em homenagem ao corpo e ao que executara trabalho relevante.

Os funerais iniciam-se com uma procissão; retirado o corpo putrefato de seu segundo e provisório túmulo, limpo da terra que o envolveu, lavado com essências oleosas, vestido com ricos panos e finos paramentos, colocado em seu peito o Triângulo de ouro onde estava inserida a sua "porção" da Palavra Sagrada, perdida com sua morte, foi colocado em um ataúde e conduzido sobre os ombros de nove Mestres até o Grande Templo.

*
* *

A decoração do Templo para os trabalhos do Grau 5 reproduz, palidamente, o recinto onde se encontra o mausoléu.

Eis a descrição contida no Ritual: "O Templo é forrado de verde, tendo 16 Colunas (há Rituais em que as Colunas são apenas quatro); quatro em cada ângulo, dispostas de modo a dar à Câmara o formato de um círculo.

No centro do Templo, fica o mausoléu, em forma de pirâmide triangular, tendo numa face a letra "M", na outra, a "H" e na última, "C".

No solo, em frente a cada face, está uma pedra tosca e irregular, por fora da qual haverá uma cercadura baixa em forma de círculo. Esse círculo simboliza Deus, o Grande Arquiteto do Universo, que não tem começo nem fim; as pedras representam a ignorância, isto é, material imprestável à construção.

No Trono coberto por um pano verde, com franjas de ouro, ficarão: a Carta Constitutiva da Loja, os Estatutos do Supremo Conselho, um Malhete e uma Espada. Por sobre o Dossel do Trono, ver-se-á a Joia do Grau.

Em cada ângulo, há um candeeiro de quatro braços. O Presidente representa Adoniram com o título de Três Vezes Poderosos ou simplesmente: "Douto Mestre".

Não há registro quanto ao tempo dessas exéquias, a partir da morte de Hiram; contudo, "a carne desprendia-se dos ossos", o que atesta um estado de putrefação adiantado.

Não seria o caso de embalsamamento, tanto porque não era costume hebreu, como pelo estado do cadáver.

Por outro lado, a construção do mausoléu demandaria algum tempo; o fator "tempo", aqui, não é aspecto relevante, trata-se de uma lenda, embora envolvesse um personagem que existira, realmente, a trasladação constituía a parte final de uma obra. Hiram, dentro do Templo, passava a ser mais um ornamento.

O ponto central da lenda é a trasladação do corpo de Hiram e a vingança pela sua morte.

É de estranhar a decisão de vingança que, indubitavelmente, tratar-se-ia de um ato de justiça e jamais de vingança.

A morte dos três assassinos obedecia à tradição da época e o clamor do povo; a pena de morte era comum, daí não pensar-se em vingança, mas sim, em Justiça.

O Mausoléu foi erigido em forma de pirâmide triangular, o que é um tanto contraditório pois a própria marcha do Grau, que são quatro passos fechando um quadrado, demarcaria a base do mausoléu e, se essa é quaternária, sem dúvida, a Pirâmide possuía quatro faces.

A Pirâmide é originária do Egito e talvez, na oportunidade, houvesse a influência mística egípcia.

O sepulcro sempre foi símbolo da última etapa da vida; no entanto, para o maçom, é o símbolo da oportunidade de enclausurar-se, como faz a larva em seu casulo, para ressurgir como ser alado, capacitado a elevar-se aos páramos celestes.

A Pirâmide com sua base quaternária, ou seja, terrena e material, possui os seus lados em forma de triângulo, cujos lados se alongam até encontrar o ponto, comum às oito linhas; a soma dos três lados de cada triângulo resultará no número 12, que encontra na simbologia do Zodíaco o caminho Místico de Natureza.

A Loja em si constitui o próprio sepulcro em forma circular; sepulcro externo, pois, em seu centro, fica o Mausoléu.

Todo maçom aprende que ele é o Templo do Deus vivo, transformando-se em Ser Sagrado e com isso se obriga a um comportamento moral exemplar, para não conspurcar o Templo de Deus.

Não basta, porém, essa finalidade moral dentro do Templo que é o ser humano, surge o *Sanctum Sanctorum*, que é o local do sentimento da razão, e no caso místico, o cérebro.

Dizer que o coração representa o *Sanctum Sanctorum*, não é correto; o coração representa o túmulo.

Para o maçom, obviamente, o túmulo de Hiram; para o cristão, o Túmulo de Jesus, o Cristo.

A História nos apresenta a lenda da ressurreição; portanto, o túmulo cristão, dentro de nós, está vazio, mas jamais deixará de ser túmulo.

Trata-se de uma concepção religiosa, enquanto o túmulo de Hiram, ou seja, nosso coração maçônico contém sempre a presença de Hiram, a lenda não o deu como ressuscitado.

A cor verde simboliza a Esperança; o branco, a Paz; Esperança e Paz. A cor verde é composta da azul e da amarela; o azul simboliza o infinito; o amarelo, o ouro; ou seja, a preciosidade do infinito.

O 5º Grau é outorgado por comunicação, ou seja, os fatos lendários são revelados ao Mestre Secreto.

Durante a instrução ritualística, as exéquias "pomposas" são revividas e o Candidato participa colhendo as suas lições que o conduzirão ao recebimento de outro título: Mestre Perfeito.

Hiram Abiff passou à história hebraica pelo seu exemplo e conduta somados a uma alta especialização de artífice, ou seja, quem recebeu o encargo de "embelezar" o Grande Templo.

A História Sagrada nos revela que esse Grande Templo foi festivamente inaugurado e consagrado, o que vem comprovar que Hiram Abiff concluiu a sua obra.

Para nós, os maçons, isso é exemplo do cumprimento do dever e da colaboração.

O prêmio que Hiram recebeu foi o de seu corpo ser sepultado dentro do Templo e sua obra descrita na Palavra Divina, vencendo o tempo e permanecendo como Grande Artífice da Casa de Deus.

Secretário Íntimo – 6º Grau

O Grau 6 é dado por comunicação, ou seja, dispensa a Iniciação.

A Câmara do Grau 6 denomina-se Loja dos Secretários Íntimos. O Presidente representa o Rei Salomão; o 1º Vigilante, o rei de Tiro, e o 2º Vigilante, o Capitão das Guardas. O Recipiendário representa Joabem, o Secretário Íntimo.

A Câmara é revestida em negro e salpicada de lágrimas brancas; três candelabros a iluminam; cada candelabro possui nove braços.

O Presidente toma o título de Ilustríssimo; os presentes possuem o título de Guardas de Salomão.

O traje é negro, com luvas brancas; avental branco, forrado em vermelho; na abeta, vem bordado um triângulo. Colar carmesim com Joia representando três triângulos entrelaçados.

Os trabalhos abrem na terceira hora do dia; não há marcha; Bateria de nove pancadas; Palavra Sagrada: um derivado de Jeová; Palavra de Passe: palavra que significa "Filho da Divindade"; hora de encerramento dos trabalhos: a 6ª hora do dia.

Durante o toque de reconhecimento, pronunciam-se três palavras, uma das quais significa, em hebraico, "um nó", porque os hebreus, como testemunho de uma aliança, faziam um nó em alguma parte da vestimenta, costume esse que é mantido até hoje.

O Trolhamento é muito significativo sob o ponto de vista filosófico:

É perguntado ao Visitante: Sois vós Secretário Íntimo?
R. O meu zelo foi tomado como curiosidade.
P. O que vos aconteceu?
R. A minha vida correu grande perigo.

P. Onde fostes recebido?
R. Na presença e a pedido do rei de Tiro
P. O que aprendestes?
R. A ser zeloso, fiel, desinteressado e bondoso.
P. De onde vindes?
R. De qualquer parte.
P. Onde ides?
R. A qualquer parte.

O conceito de zelo e curiosidade confundem-se; temos uma curiosidade que não é nociva, mas sim virtuosa, pois não se pode avaliar até que ponto vai o zelo e onde estanca a curiosidade.

O perigo sempre acompanha o maçom; a vida do maçom é sempre perigosa e por isso ele é homem de fé, porque necessita do amparo constante de Deus.

Zelo, Fidelidade, Desinteresse e Bondade, quatro atributos do Secretário Íntimo, envolvem a situação do curioso que assim age, impelido pelo desejo de proteger ao seu amo, ou seja, aquele a quem serve; o maçom serve ao seu Irmão e à Humanidade.

O desinteresse não deve ser tomado isoladamente, pois jamais haverá desinteresse na ação do maçom; o desinteresse aqui referido é sinônimo de Virtude, é o da curiosidade do Vigilante, daquele que, pela prudência, antevê uma situação que poderia tornar-se perigosa e, para proteger, é que atua; portanto, será uma atitude que não visa a interesse de especulação, de violação de segredo.

O comportamento do maçom, a cada Grau que surge, amplia-se no sentido de aperfeiçoamento.

O maçom consciente troca a sua aparente grosseria pela Bondade; a sua ignorância, pelo empenho de aperfeiçoamento, dedicando-se ao estudo, já que se lhe coloca nas mãos a crescente oportunidade.

A origem do Grau 6, temo-la na descrição que se encontra no livro I Reis, 5: 1-12:

"E enviou Hirão de Tiro os seus servos a Salomão porque ouvira que ungiram a Salomão rei, em lugar de seu pai Davi, porquanto Hirão sempre tinha amado a Davi.

Então Salomão enviou a Hirão (é dado ao rei de Tiro o nome de Hirão para não ser confundido com Hiram Abiff) dizendo: Bem sabes tu que Davi, meu pai, não pôde edificar uma casa ao nome do Senhor seu Deus, por causa da guerra com que o cercaram, até que o Senhor os pôs debaixo das plantas dos pés.

Porém, agora, o Senhor meu Deus tem-me dado descanso de todos os lados; adversário não há, nem algum mau encontro.

E eis que eu intento edificar uma casa ao nome do Senhor, meu Deus, como falou o Senhor a Davi, meu pai, dizendo: Teu filho, que porei em teu lugar no teu trono, ele edificará uma casa ao meu nome.

De ordem, pois, agora, que do Líbano me cortem cedros e os meus servos estarão com os teus servos, e eu te darei a soldada dos teus servos, conforme tudo o que disseres; porque bem sabes tu que entre nós, ninguém há que saiba cortar a madeira como os sidônios.

E aconteceu que, ouvindo Hirão ao palavras de Salomão, muito se alegrou e disse: bendito seja hoje o Senhor, que deu a Davi um filho sábio sobre este tão grande povo.

E enviou Hirão a Salomão, dizendo: Eu farei toda a tua vontade acerca dos cedros e acerca das faias.

Os meus servos os levarão desde o Líbano até ao mar, e eu os farei conduzir em jangadas pelo mar até o lugar que me designares, e ali os desamarrarei e tu os tomarás; tu também farás a minha vontade, dando sustento à minha Casa.

Assim deu Hirão a Salomão a madeira de cedros e madeira de faias, conforme toda a sua vontade.

E Salomão deu a Hirão vinte mil coros de trigo, para o sustento da sua casa e vinte coros de azeite batido; isto dava Salomão a Hirão, de ano em ano.

Deu, pois, o Senhor a Salomão sabedoria, como lhe tinha dito: e houve paz entre Hirão e Salomão e ambos fizeram aliança".

E em 1Reis, 9:10-13:

"E sucedeu, ao fim de vinte anos, que Salomão edificara as duas casas; a Casa do Senhor e a Casa do Rei.

Então deu o Rei Salomão a Hirão vinte cidades na terra de Galileia.

E saiu Hirão de Tiro a ver as cidades que Salomão lhe dera, porém não foram boas aos seus olhos.

Pelo que disse: Que cidades são estas que me deste, Irmão meu? E chamaram-nas: Terra de Cabul (terra de areia seca)".

*
* *

Desse relato bíblico, surge a lenda de que, convidado o rei de Tiro para os funerais de Hiram Abiff, retirando-se após a visita, visitou as 20 cidades recebidas como parte do pagamento do fornecimento dos materiais e da mão de obra para a edificação do Templo.

O relato, feito no próprio Ritual, é o seguinte: "Logo após os funerais e antes de regressar aos seus domínios, o rei de Tiro visitou, incógnito as regiões da Galileia, verificando ser o território estéril, habitado por populações grosseiras e ignorantes.

Julgando-se enganado, dirigiu-se ao palácio de Salomão e, levado pelo ímpeto de uma indignação passou, precipitadamente, por entre os guardas e foi diretamente à Câmara Real.

Joabem, um dos mais dedicados favoritos de Salomão, observando o arrebatamento do rei de Tiro, seguiu-o até a porta de Câmara, onde, oculto, velaria por Salomão.

Descoberto pelo rei de Tiro, este, furioso, exigiu a prisão de Joabem, pois atribuiu ao fiel servidor propósitos de desrespeito à sua pessoa; Salomão, porém, fez-lhe ver que Joabem, digno entre os mais dignos de seus servidores, assim procedera sem intuito de ofender seu ilustre hóspede mas, simplesmente, levado pelo afeto sincero que sempre manifestara ao seu rei.

Acalmado, o rei de Tiro aceitou as explicações e, compreendendo o gesto do servidor, propôs a Salomão ser ele escolhido para secretário do tratado de aliança que deveriam assinar".

Por causa desse episódio, foi criado o Grau 6 e dado o nome de Secretário Íntimo.

As vinte cidades estéreis, a Cabul desértica, cujos habitantes eram grosseiros e ignorantes, significam que, aos olhos do ambicioso, somente as partes negativas aparecem.

Não temos elementos e não seria tão importante especificar o nome dessas vinte cidades, de importância insignificante, que com certeza nem figurariam em mapa.

A Galileia era uma antiga província da Palestina, palco das prédicas de Jesus; bastaria esse aspecto para valorizá-la.

O juízo apressado decorrente de um simples contato superficial não poderia, jamais, constituir uma apreciação justa.

O versículo 14 do capítulo 9 de 1Reis, concluindo o relato acima transcrito, é bem significativo:

"E enviara Hirão ao rei (Salomão) cento e vinte talentos de ouro".

Isso quer dizer que o rei de Tiro, convencido do real valor das vinte cidades, agradecido, retribuía o presente com os 3.360 quilos de ouro.

A grosseria e a ignorância surgem quando não se conhecem na intimidade as pessoas; às vezes, a simplicidade é confundida com grosseria; e a modéstia com a ignorância.

Se recebermos as pessoas desavisadas, sem penetrarmos nos seus elementos íntimos, com todo amor fraterno, pronto a tolerar as ausências, muitas vezes, involuntárias, estaremos fazendo juízos precipitados e desprezando os valores ocultos.

Basta, porém, o esclarecimento, para que, aquilo que parecia desprezível, possa se tornar aceitável e precioso.

Quantos Cabuis desérticos encontramos em nossas vidas e quantas vezes perdemos a oportunidade de ver que nossos olhos e os demais sentidos nos enganaram!

O rei de Tiro não se dera conta de que o seu auxílio naqueles vinte anos propiciara a construção de uma Casa para o Senhor e que, aquela oportunidade que lhe fora dada, seria premiação suficiente, mas agira como agem todos os homens na espera de uma recompensa; recebida, não se satisfez porque julgava merecer muito mais.

A harmonia geral da Humanidade é a recompensa suficiente que o maçom deve esperar.

Preboste e Juiz
– 7º Grau

Prosseguindo a Lenda de Hiram Abiff, a parte do sétimo Grau informa que após a morte de Hiram, o rei Salomão tomou os 3.600 Inspetores (2 Crônicas 2:2) e instituiu um Tribunal, dirigido por sete Prebostes e Juízes, chefiados por Tito que era o depositário da Urna onde estavam guardadas as atas das reclamações.

A finalidade do Tribunal era a de que a Justiça continuasse a ser distribuída aos Obreiros, uma vez que cessara o trabalho da grande construção.

A Justiça deveria ser igual para todos, e Salomão dera eloquente exemplo disso, como se lê no livro I Reis 9:16-23 quando julgou a causa de duas mulheres.

O desejo de conhecer e de saber revelado no Grau 6 transforma-se, no Grau 7, no empenho de espargir Justiça entre os Irmãos.

É a consagração de um direito natural, o respeito à Lei o julgamento daqueles que a desrespeitam; são atitudes tão homogêneas que o fazer Justiça torna-se como uma segunda natureza, tão importante como a original.

Há uma distinção a fazer entre os vocábulos "Preboste" e "Juiz", sendo que o primeiro diz respeito a uma Justiça Militar e o segundo, a uma Justiça Civil.

Dentre os 3.600 Inspetores, parte constituía exército, porque a manutenção da disciplina, considerando serem 150 mil os trabalhadores, era tarefa que exigia o poder da força.

Inspetores eram os que orientavam, administrativamente, e os que zelavam pelo disciplina.

O conceito de Justiça é amplo.

O Antigo brocardo latino é expressivo: "*Justitia est constantes perpetua voluntas jus suum cuique tribuendi*" (A Justiça é a vontade constante e perpétua de dar a cada um o que é seu). Ou o segundo: "*Justitia porro eta virtus est quae sua cuique tributi*" (Pois a Justiça é aquela virtude que dá a cada um o que é seu).

O rei Salomão, inicialmente, tomara como modelo jurídico toda a legislação deixada por Moisés, ampliando-a caso a caso, de acordo com o seu conceito pessoal, já que era, mercê à graça divina, um homem pleno de sabedoria.

O Grau 7, indubitavelmente, inspirou-se na primitiva organização do Tribunal composto de Prebostes e Juízes, que além de aplicarem o Direito, legislavam.

Resta lermos o livro dos Juízes para termos uma ideia do conceito salomônico de Justiça.

Porém, o Grau 7 nos dá uma informação mais segura quando diz que o Tribunal estudava as sentenças prolatadas pelos Tribunais inferiores, de onde se conclui que Salomão ocupou os 3.600 Inspetores para organizar um complexo judiciário a ponto de distribuir, equitativamente, a Justiça, tanto aos hebreus como aos fenícios.

No entanto, o conceito moderno de Justiça das diversas nações não se iguala ao conceito antigo de Justiça; se nos detivermos a ler as Sagradas Escrituras, tanto o Velho como o Novo Testamento, encontraremos decisões totalmente distantes do conceito moderno.

Lemos no Salmo 11: "Porque o Senhor é Justo e ama a Justiça; o seu rosto está voltado para os retos".

O conceito de Justiça hebreu é um conceito religioso, sendo o alicerce da Justiça, que é o Direito, a própria "pessoa" de Jeová.

O conceito cristão do juízo é bem diverso, segundo o que lemos em Mateus 7:1-5:

"Não julgueis, para que não sejais julgados, e com a medida com que tiverdes medido vos hão de medir a vós.

E por que reparas tu no argueiro que está nos olhos de teu irmão, e não vês a trave que está no teu olho?

Ou como dirás a teu irmão: deixa-me tirar o argueiro do teu olho, estando uma trave no teu?

Hipócrita, tira primeiro a trave do teu olho, e então, cuidarás em tirar o argueiro do olho do teu irmão".

O conceito de Justiça, para o maçom, também difere do conceito comum.

Fazer Justiça não será, apenas, dar a cada um o que é seu; a Justiça maçônica "excede a Justiça profana, porque será dado a cada um, não tão somente o que já lhe pertence, mas sim, de sobejo, para que, enriquecido, possa ele por sua vez dividir em igual medida.

Os Códigos maçônicos pecam por transcreverem os conceitos da Justiça profana; nossas leis provêm do passado e muitas, ainda, são leis salomônicas.

O maçom que bate à porta de Justiça maçônica é um Irmão e deverá ser assim considerado; não haverá mérito algum, para o julgador, apenas "fazer justiça mecânica", aplicar Regulamentos e dispositivos formalizados em assembleias ou elaborados caprichosamente por um grupo.

O direito de defesa, de apelo, de consideração e, sobretudo, de perdão, constituem linhas mestras que jamais poderão ser desprezadas.

Os propagados Direitos Humanos, tão defendidos pela carta assinada pelas Nações Unidas, têm origem muito antiga; Salomão, justamente para valorizá-los, preocupara-se em formar o Tribunal composto de Prebostes e Juízes com a finalidade de distribuir equitativamente Justiça tanto para os hebreus como para os fenícios e demais povos que com ele conviviam.

Não basta enumerar esses Direitos Humanos, porque a sua multiplicidade não comporta uma seleção.

Há muito de sutil nisso tudo, porque não será apenas a violação da mente e do corpo que virá ferir o indivíduo.

Presenciamos dentro das Lojas maçônicas as mais variadas violações dos Direitos Humanos, dentro de nosso conceito de "fraternidade".

O direito de expectativa, por sua vez, pode ser violado; não basta o direito da posse, da liberdade, do alimento ou da educação; existem direitos dentro das profissões, como os possuíam os Aprendizes que aspiravam passar a Companheiros e, sucessivamente, a Mestres.

Os três assassinos, os Jubelos, não tinham o direito de se apossar das Palavras de Passe e Sagrada, para auferir maior remuneração e posição, porém tinham o direito de aspirar a posições superiores. O caminho que seguira para aquela conquista, contudo, foi inadequado e pagaram com a própria vida.

Hoje, temos, embora palidamente, casos semelhantes quando, por capricho de poucos, muitos são impedidos de evoluírem no conhecimento e alcançarem Graus mais elevados.

O direito à evolução em todo o campo é negado hoje no mundo profano; poucos privilegiados encontram os meios para ascenderem a uma vida sonhada de plena realização.

Maçonicamente, a atitude dos que detêm um poder é semelhante; obstaculizam aqueles que buscam o seu direito de ascensão.

Infelizmente, não temos um Tribunal a que possam os maçons recorrer para a conquista dos seus direitos.

Apesar da antiguidade e da sabedoria de nossa Instituição, falta esse detalhe: a distribuição total de Justiça. (É a sugestão para a criação de um Tribunal de Justiça Maçônica do Supremo Conselho.)

Assim, a moral do Grau 7 é a "Justiça igual para todos".

*
* *

A Câmara do Grau 7 denomina-se Loja de Preboste e Juiz; as paredes são vermelhas; a iluminação é feita por quatro luzes, uma em cada canto e a quinta, no centro.

O Presidente representa Tito, príncipe dos capitães dos canteiros e é chamado de "Ilustríssimo"; dois são os Vigilantes, que representam os escribas Ahoreph e Ahoiah; os Irmãos tomam o título de Prebostes e Juízes.

O traje é de passeio, em negro, com luvas brancas; colar carmesim com joia, representando uma chave de ouro; o colar é branco, bordado em vermelho; no centro, no bolso inserida uma roseta branca e uma vermelha; na abeta, há uma chave bordada em vermelho.

A Idade é de 14 anos; a Bateria, quatro golpes mais um.

O questionário é simples:

"P. Sois vós Proboste ou Juiz?

R. Distribuo Justiça a todos os operários sem prevenção ou parcialidade.

P. Para que trabalhais?

R. Para aperfeiçoar o túmulo de Hiram

P. Quando trabalhais?

R. Sempre.

P. Por quê?

R. Porque devo estar sempre pronto para distribuir Justiça.

P. Onde está vosso Mestre?

R. Onde houver necessidade de fazer Justiça"

Sob o Dossel do Trono há um quadro representando uma Urna de Ébano, símbolo da que continha as atas do Tribunal de Prebostes e Juízes.

A cor vermelha sempre foi símbolo do Direito e da Justiça; o triângulo equilátero representa a igualdade; as espadas cruzadas, a presença dos Prebostes, e as chaves douradas, os Juízes comuns; os Iniciados serão os futuros Juízes; serão Prebostes quando receberem cargos de mando.

O Presidente representa Tito, príncipe dos Herodins, um dos 12 chefes da tribo nomeado por Salomão para superintenderem os trabalhos de construção do Templo; os Vigilantes têm o título de Inspetores; o Orador, o de Procurador Fiscal; o Secretário, o de Escrivão; o Guarda da Torre, o de Guarda do Tribunal e o Mestre de Cerimônias, o de Capitão das Guardas.

Embora o cerimonial não o afirme, o Tribunal também exerce a supervisão do processo contra os assassinos de Hiram Abiff.

No trolhamento, há uma pergunta curiosa sobre as tarefas do Preboste e Juiz, cuja resposta é: "Aperfeiçoar o túmulo de Hiram". Portanto, também nesse trabalho há a oportunidade de aplicar a Justiça sob o aspecto tão importante de que em todos nós há, paralelamente, um Templo e um Túmulo.

O Grau 7 também é meramente de comunicação.

Henry C. Clausen, em seu *Comentários sobre Moral e Dogma* (pág. 39/40), assim pontifica:

"Por esse Grau, aprendemos que a Justiça imparcial protege as pessoas, propriedades, felicidade e reputação. Envolve punição e a possibilidade também de retribuição e arrependimento pelo mal cometido e pelas perversidades.

Todo criminoso, todos que proferem palavras fúteis, e todos que praticam más ações se apresentam destituídos de tudo, apenas com sua culpa, perante Deus.

Existe a Justiça Divina, assim como a Justiça do homem. O que foi feito ou omitido nunca poderá ser apagado. É uma verdade inegável que a maldade e a injustiça, uma vez cometidas ou omitidas, não podem ser desfeitas.

As consequências são eternas. A maldade contém a sua própria penalidade retroativa.

Reparação ou remorso poderão resultar em perdão, porém o ato ou a omissão jamais são apagados.

Não devemos olhar com desprezo para quem causa desgraça e ofende, mas sim, deve haver preocupação de nossa parte como ele poderá se recuperar.

Lembre-se de que você, também, algum dia, poderá aparecer diante da Justiça, se já não tiver aparecido; ou talvez você tenha escapado à apreensão! Aqueles investidos com o poder de julgar, quer como Juiz ou júri, devem agir com paciência, corretamente e com imparcialidade, isentos de preconceitos, prejuízos e considerações pessoais, e analisar com cuidado os fatos e argumentos antes de tomarem uma decisão. Nossa grande meta é encontrar os meios mais eficazes de impedir e lidar com o mal e a injustiça, e de reforçar as leis de Deus e dos homens".

Intendente dos Edifícios – 8º Grau

A Câmara do 8º Grau denomina-se "Loja do Intendente dos Edifícios", possui as paredes vermelhas e são iluminadas por 27 Luzes, assim distribuídas: 5 colocadas defronte ao Primeiro Vigilante; 7 defronte ao Segundo Vigilante e 15 defronte ao Trono.

O 1º Vigilante representa o Intendente Tito, príncipe dos construtores; o 2º Vigilante é Adoniram; ambos têm o título de "Ilustríssimos Inspetores"; o Presidente representa Salomão; os Irmãos são chamados de "Ilustres Intendentes"; o Presidente de "sapientíssimo mestre".

O traje é de passeio, em negro, com luvas brancas; faixa vermelha que desce do ombro direito até o flanco esquerdo; a Joia mostra um triângulo sobre o qual estão escritas as palavras MIROHCNEB, RAKAH e IANIKAJ. No verso e no anverso vemos as palavras ADUJ e HAJ; o nome Mirohcneb significa: "Filhos da Liberdade; Aduj, nome de uma tribo hebraica, e Haj, "Senhor".

Esse triângulo é de "ouro".

As palavras estão escritas em hebraico.

O Avental é branco, orlado com fita verde. No centro da Abeta, está a reprodução da Joia; no centro, uma Estrela com nove pontas e sobre ela uma Balança, bordados em ouro; o Avental é forrado em vermelho; a fita do Colar é carmesim.

A hora da abertura dos trabalhos: no apontar do dia; a hora de encerramento: duodécima hora do dia.

A Lenda do Grau: a nomeação dos cinco alunos de Hiram para substituí-lo.

Questionário:
P. Sois vós Intendente dos Edifícios?
R. Com outros quatro alunos, fui juiz digno de ocupar o lugar de Hiram.
P. Como conseguistes o cargo?
R. Subindo os sete degraus da exatidão.
P. Como fostes recebido?
R. Reconhecendo a minha ignorância.
P. O que aprendestes?
R. A Benevolência, a Caridade e a Simpatia fraterna que são devidos aos subordinados.

*
* *

Concluídas as grandes construções, como o Grande Templo e o Palácio de Salomão, os artífices foram dispensados, pois eram todos estrangeiros; porém, como durante os 27 anos de trabalho constituíram famílias, muitos se fixaram em Jerusalém.

Salomão, notando a necessidade de criar uma Escola de Arquitetura, reuniu os mais experimentados a fim de dirigirem o ensino.

O povo hebreu não era dado à arquitetura, mas sim, à agricultura e à pecuária; todo varão necessitava, desde a infância, aprender um ofício; temos como exemplo Jesus, que se dedicara à carpintaria, e Paulo de Tarso à fabricação de tendas.

Com a notável experiência e com os resultados magníficos dos artesãos estrangeiros, pois os 150 mil operários foram recrutados fora de Israel, Salomão quis prosseguir nas construções, mas, de imediato, necessitava formar entre seu povo os artesãos, para abrir mão dos favores dos estrangeiros que alteraram, em muito, não só os costumes, mas também o conceito religioso, por causa da vigilante e severa fiscalização quanto aos preceitos da Lei Mosaica.

Evidentemente, o Grau 8 tem aplicação mais profunda, pois o interesse principal é o da construção dos Edifícios da Moral, da Sociedade Humana, da Sociedade Maçônica, etc.

A Maçonaria, sendo escola de moral, abrange uma sociedade *sui generis*, que surgiu do relacionamento entre os Obreiros interessando suas famílias.

Os operários da Inteligência Humana possuem tarefas muito mais difíceis de executar que os operários de Arquitetura.

E a base desses verdadeiros Mestres, no sentido do ensino, é a Justiça.

Em consequência disso, Salomão retirou os principais dirigentes dos Prebostes e Juízes, já capacitados não só ao julgamento do comportamento humano, mas ao do aperfeiçoamento do Direito.

A sociedade humana apoia-se em dois alicerces: a Propriedade e o Trabalho.

O trabalho, base da existência social do homem, não existe sem a liberdade; a propriedade, direito ao produto do próprio trabalho, não existe sem esse mesmo trabalho.

Diz nosso Ritual:

"A dedução moral dos ensinamentos deste Grau é o estudo das verdadeiras bases em que se deve assentar o Edifício da Sociedade Humana, precisando-se, rigorosamente, os direitos de propriedade e o dever do Trabalho, a fim de que se identifique a Fraternidade entre os homens.

Os Intendentes dos Edifícios devem, pois, realizar trabalhos especiais, oriundos da interpretação filosófica de seus símbolos e alegorias, contribuindo, ao mesmo tempo, para a educação do povo para o qual deve haver uma legislação moral do trabalho e combatendo sempre a ignorância, a hipocrisia e a ambição, procurando o justo equilíbrio entre Propriedade, Capital e Trabalho como fontes de toda prosperidade.

O Edifício Social é, pois, a preocupação precípua deste Grau. Cabe, portanto, aos bons Obreiros o dever de procurar os meios de construir a Sociedade em bases sólidas e permanentes. Para esse fim, não tolerarão a indiferença, inimiga terrível de todos os bons sentimentos humanos.

Sem preocupações individuais serão invulneráveis ao desalento e ao desespero, pois o tema será: "Um por todos e todos por um", consagrando-se com zelo à constância de todos os trabalhos que possam dar mais solidez ao Edifício Social".

*
* *

Quando nossa Ordem era Operativa, o Grau 8 era observado com mais interesse, pois o Edifício Social recém-nascia, com as teorias da dignidade do Trabalho.

Com a evolução social formando toda uma legislação internacional protecionista ao trabalhador, seja de que nível for, a preocupação da Maçonaria, já dedicada à especulação, à construção, passou a ser a do Edifício Espiritual compreendendo-se na gema espiritual, a Moral, a Inteligência e o Culto à Divindade.

Não devemos jamais nos afastar do entendimento de que há muita diferença entre sociedade profana e sociedade maçônica. Porque não é tarefa (na atualidade) do maçom buscar o aperfeiçoamento social no mundo profano. Esse aperfeiçoamento é dado dentro dos Templos, considerando-se Templo, a mente humana.

Por mais que a Maçonaria possa buscar constituir uma universidade; abrir escolas; transformar conceitos sociais; combater os vícios da sociedade, jamais alcançará resultados, seja pela pobreza de seus recursos financeiros, seja pela pobreza de seus recursos intelectuais.

A *liberdade* de trabalho, protegida pelas Constituições de todas as nações, ou seja, a faculdade de cada homem escolher a profissão e o trabalho que melhor lhe convenha, deve ser compreendida dentro da Maçonaria como a livre escolha do trabalho espírito-intelectual, dirigindo-se o Obreiro ao estudo para conscientizar-se do que está fazendo dentro do Templo.

O direito à Propriedade, às Leis que emanam de todo Poder Público e dos Códigos encontra-se sobejamente protegido; o que falta proteger pelo direito de conquistar a "Propriedade" do conhecimento; aquilo que o Obreiro descobre como resultado de seu trabalho e esforço, no campo que não é o material.

O interesse primeiro de Salomão foi consolidar a soma de conhecimentos obtidos pelos artesãos estrangeiros dirigidos pelo magnífico Hiram Abiff.

Urgia iniciar uma outra construção, ligada ao túmulo do mesmo Hiram Abiff.

Temos insistido nesse aspecto, o de cada maçom ter a possibilidade de construir o seu próprio túmulo como construção sagrada de importância relevante e necessidade urgente.

Indubitavelmente, Salomão, em sua sabedoria, tinha plena consciência de que o homem de sua e de todas as épocas necessitava de uma preparação especial e cuidadosa para valorizar-se.

Era um direito natural e sagrado do homem, sem explodir e externar os valores íntimos, secretos e espirituais; a parcela divina que jazia oculta e que, revelada, tornava-se um poder ilimitado.

Primeiramente, a necessidade de um Templo; depois, não menos importantes, a de um Túmulo para a plena ressurreição.

Este Grau é dado por comunicação.

Cavaleiro Eleito dos Nove – 9º Grau

Os Graus precedentes, 8, 7, 6 e 5 são outorgados por comunicação, reencetando-se a Iniciação com o Grau 9 e suspendendo-a nos Graus seguintes, 10, 11, 12 e 13 para concluir o "feixe" dos Inefáveis, com o Grau 14.

Trata-se de um Grau complexo, pois envolve o aspecto místico-israelítico-salomônico-hiramítico aliado à mitologia, com a análoga lenda de Osíris, além de aspectos astrológicos, cabalísticos, sociais, morais, religiosos, enfim, a gama quase infinita de interesses intelectuais que só podem interessar ao maçom estudioso, aquele inclinado a ascender a verdadeira Escada de Jacó.

A Loja denomina-se "Capítulo", tratando-se de um Grau Capitular Vermelho.

As máximas do Grau são: "Sê corajoso contra as tuas próprias fraquezas"; "Sê corajoso para defender a Verdade".

A Loja apresenta-se forrada com panos negros, semeados com lágrimas prateadas e representa uma das Câmaras do Templo de Salomão.

Na parte central, situa-se o Altar dos Juramentos, coberto com um pano negro, também com lágrimas onde estão o Pentateuco (nome dos cinco primeiros livros da Bíblia), os Estatutos, as Constituições, duas Espadas cruzadas e um Punhal.

Nove grandes luzes, das quais oito formarão um octógono (polígono formado com oito lados) em torno do Altar dos Juramentos, e a nona, feita com cera amarela (cera pura de abelhas), ficará entre esse Altar e a entrada do Oriente.

Essa Câmara é considerada "secreta", onde Salomão reunia o Soberano Tribunal; na época da lenda, encontrava-se presente Hirão, rei de Tiro.

O Capítulo é formado, no mínimo, de nove Mestres Eleitos; há, apenas, o Segundo Vigilante que toma o nome de Stolkin e recebe o título de Inspetor. O Orador ou Cavaleiro da Eloquência é Zabud, filho do profeta Natan, que foi o Primeiro-Ministro do rei Salomão; o Hospitaleiro é Ahishar; o Secretário, o sacerdote Zadcco, que em hebraico significa "O Justo"; o Tesoureiro é Joabem (foi um dos eleitos que matou a um dos assassinos de Hiram Abiff).

O Grau possui uma Bandeira confeccionada em veludo negro, tendo, no seu centro, um braço erguido que segura um punhal; sobre o braço, as letras V.A.M. *(Vincere aut Mori)* e abaixo, o nome do Conselho do Oriente e do Vale. Na parte superior, as letras: A.: U.: T.: O.: S.: A.: G.: *(Ad Universam Terrarum Orbis Summum Architecti Gloriam)*; na parte inferior a inscrição: "Supremo Conselho para a República Federativa do Brasil".

A "Faixa" é larga e negra; na parte inferior, veem-se nove rosetas vermelhas distribuídas, quatro de cada lado e uma na extremidade, onde pende a Joia que consiste em um Punhal de prata com o cabo de ouro. No centro da Faixa, há um crânio sobre duas tíbias cruzadas, um Punhal e as letras V.: A.: M.: *(Vincere aut Mori)*.

Todos os bordados são confeccionados com fios de prata.

O Avental é de pele branca, forrado em vermelho e bordado em negro; na Abeta é bordado um braço que segura um Punhal; no quadrado, um crânio com as tíbias cruzadas, circundado de três lágrimas, tudo confeccionado em negro.

O Muito Poderoso Mestre representa o Rei Salomão; o Trono é sob um Dossel confeccionado com panos vermelhos e forrado com arminho (pelo de um mustelídeo, alvo, macio e precioso). Na parte central, é desenhado o "Olho" tradicional.

O Trono do Primeiro Vigilante está vago e coberto com um pano negro.

O Muito Poderoso Mestre empunha uma Espada.

*
* *

Na Lenda, Salomão estava presidindo, junto com Hirão, rei de Tiro, a assembleia dos Mestres, quando o rei de Tiro, com veemência, exigia providências no sentido de ser apurada a morte do Artífice.

O rei de Tiro exigia a localização e a prisão dos assassinos para que fossem submetidos a julgamento.

Na expectativa da discussão, eis que penetra, inopinada e indevidamente, no recinto, um desconhecido que, misteriosamente, revela conhecer o local onde os assassinos estavam escondidos.

O desconhecido é preso, algemado, porém Salomão resolve ouvi-lo. A Assembleia seleciona nove Mestres para que encontrem os assassinos, sendo nomeado como chefe Stolkin; Joabem e Zerbal também fazem parte da comitiva.

Na manhã seguinte, ao nascer do sol, o Grupo põe-se a caminho e, perto da cidade de Jopa, encontram a caverna.

Na entrada da caverna, veem um homem adormecido tendo a seus pés um punhal; Joabem, emocionado, toma o punhal e o crava no peito do desconhecido, matando-o; depois, corta-lhe a cabeça e a conduz à presença de Salomão.

Apesar de a cabeça ter sido reconhecida como pertencente a um dos Companheiros assassinos, Salomão é tomado de indignação e censura Joabem, determinando que o mesmo fosse submetido a julgamento porque só a ele pertencia o direito de julgar e justiçar os assassinos. Salomão reprova o sentimento de vingança que em nenhuma circunstância seria admitida.

Os companheiros do Grupo intercedem a favor de Joabem, a quem apresentam como impulsivo e cioso de seus deveres, e Salomão acaba por perdoá-lo, premiando a todos e nomeando-os com o título e as honrarias de Mestres Eleitos dos Nove.

O assassino justiçado por Joabem é denominado no Ritual com o nome de Abiram, título que significa "assassino por excelência", mas é sempre o mesmo dos Jubelos do Grau Três.

Abiram representa a ignorância, a Liberdade oprimida, a corrupção e o crime.

Quando os Mestres Eleitos atingiram a caverna, o Sol estava no ocaso; no firmamento, apenas uma estrela iluminava o local, palidamente.

A dificuldade de penetrar na caverna, seja pela escuridão, seja porque estava coberta de espinhos, representa os riscos e o trabalho que temos todos nós de penetrar em nós mesmos, para descobrir os sentimentos negativos que devem ser extirpados, retirados do local, submetendo-os ao "julgamento", ou seja, esclarecer como devem desaparecer para que nos sintamos livres e purificados.

As terras más onde, lançadas as sementes, não podem vicejar, ficando sufocadas e perecendo, como muito bem explanou Jesus na parábola do Semeador.

Hiram representa a inteligência que percebe a Verdade; a Liberdade sem a qual a inteligência é impotente, ou seja, a compreensão da Verdade por meio da Razão.

Qual era o dever de Stolkin? Procurar e vencer os assassinos de Hiram.

Stolkin será cada um de nós, no momento em que nos dispusermos à Grande Busca; a busca de uma finalidade gloriosa: encontrar e vencer os assassinos que estão em nós, aqueles que "matam" as Virtudes e nos fazem homens inúteis e nocivos.

A Caverna representa a consciência humana, a parte que é invólucro; a abóbada, sempre escura, representa o nosso íntimo, consciência ou inconsciência. Para vencer os assassinos devemos sobrepujar as dificuldades representadas pelos espinhos e penetrar em nós mesmos. Do lado de fora nada podemos realizar.

É preciso que a Luz penetre na Caverna para que se ilumine, pois, além de se encontrar o assassino, descobre-se a fonte de água cristalina.

O desconhecido, o anônimo, o misterioso que guiou os Mestres Eleitos significa o trabalho realizado pelos outros, do qual devemos estar atentos para retirarmos as lições que nos serão úteis.

O caminho até a Caverna fora difícil e cheio de perigos; o trabalho pertinaz também deve vencer todas as dificuldades.

A descrição de como Joabem matou Abiram nos desvenda que, apesar de serem abatidas a ignorância, a liberdade cerceada, a corrupção e o crime, esses renascem incessantemente; a execução da sentença de morte visa a libertação do homem, apesar de a ignorância ser pertinaz; um dia, a vitória sorrirá a todos, pelo banimento da ignorância do mundo.

Quando os Eleitos dos Nove principiam os seus trabalhos?

Evidentemente, na primeira hora da noite, hora em que se abriu o germe da Inteligência humana, começando, então, a luta contra a ignorância.

Quando nada mais houver que fazer dentro da caverna, o trabalho dos Eleitos dos Nove cessa, ou seja, a eterna luta contra a ignorância, pela causa de todos os que estão mergulhados nas trevas; pela causa da civilização contra a barbárie. Nossas espadas, então, devem permanecer desembainhadas.

Feito esse preâmbulo, ordena o Muito Poderoso Mestre: "Estão abertos os nossos trabalhos; embainhai vossas espadas".

*
* *

Diz a Lenda que a conversação com o desconhecido durou pouco.

De fato, a Razão não necessita de longos diálogos, pois lhe basta dar a informação para que o resto do organismo obedeça.

O desconhecido oferecia-se para servir de guia. Não bastavam a notícia e a descrição; a Razão toma a si o encargo de dirigir.

Quando o homem render-se-á à Razão, deixando os preconceitos múltiplos, materiais e corriqueiros, para segui-la e alcançar o objetivo de sua vida?

O homem teima em confiar em sua Inteligência, quando esta, apenas, cria os problemas; teima em não saber que é a Razão quem soluciona os problemas criados pela Inteligência!

Todos os presentes, continua a Lenda, ofereceram-se para igual empenho, ou seja, para ir em busca dos assassinos.

Isso é muito comum; quando alguém se apresenta na condição de líder, todos querem desfrutar da mesma condição.

Todos seguimos, como primeiro impulso, a liderança.

O desconhecido ou nosso "EU" passa a adquirir, instantaneamente opositores, pois todos pretendem superá-lo e sonhar com o êxito do seu trabalho; são os nossos múltiplos sentimentos representados pelos 90 ou mais Mestres, que se põem a campo para diminuir e desvalorizar o trabalho da Razão ou do nosso "Eu".

Salomão, porém, lança a sorte e dos 90, escolhe apenas nove.

Evidentemente, temos aqui um problema numérico; saber por que Salomão fixou o número nove.

Não cabe aqui o estudo sobre o número nove, já tantas vezes referido neste trabalho; nove Mestres mais o desconhecido somariam DEZ, o número perfeito, símbolo de Deus.

Sempre devemos somar as nossas possibilidades com mais "um", que é a presença obrigatória, que é o "desconhecido", que é a Razão, o nosso "Eu", enfim, o Grande Arquiteto do Universo, Deus.

Com a alegórica representação da Lenda, a Maçonaria dá uma lição aos Neófitos de como pode um verdadeiro maçom colher a oportunidade que lhe é apresentada, de possuir a coragem de "matar" um assassino, mas não como ser humano, e sim como semelhante; será um assassino encontrado na "caverna" de nossa própria consciência; a supressão do defeito, do erro e da ignorância.

Os "golpes de punhal" que a Maçonaria pede aos seus adeptos são endereçados a pequenas coisas triviais: uma pequena parte do tempo, a supressão de alguns prazeres, um óbolo para a causa geral. São essas pequenas perdas em benefício do todo.

A Maçonaria faz poucas exigências; dentro do torvelinho em que as grandes cidades estão imersas, a Maçonaria não tem vigilância sobre o comportamento social de seus membros; o que deseja é apenas algumas horas de convívio semanal, pequenas contribuições em dinheiro e dádiva de pequeno esforço na execução do trabalho.

Pouco exige, mas dá muito em troca.

*
* *

Os Candidatos deverão prestar o juramento do Grau, como é prestado nos demais Graus, uma constante convencional, imutável, mantendo a tradição, tanto que a fórmula ainda contém a linguagem curiosa medieval:

"Juro cumprir fielmente todas as obrigações deste Grau e sacrificar aos "manes" de Hiram toda e qualquer infidelidade, infração e transgressão. Se eu tiver a desgraça de faltar ao meu juramento, consinto em ser imolado. Que meus olhos, vazados por ferro em brasa, sejam privados da luz; que meu corpo seja entregue aos abutres, que minha memória seja execrada por meus Irmãos. Assim seja".

Esse juramento, como outros, motivou cruel crítica por parte, principalmente, da Igreja; palavras tomadas no sentido real quando, evidentemente, não passam de simbólicas.

Os "manes" de Hiram significam a sua "alma"; a sua presença e memória.

A infidelidade, a infração e a transgressão não serão, propriamente, a personalidade de Hiram Abiff, mas o que ele significa dentro da estrutura arquitetônica espiritual e social da Maçonaria, tendo como causa final a conclusão da construção do Grande Templo que somos nós mesmos.

Ser imolado é ser banido da Instituição; expulso de uma Ordem maçônica, desligado, enfim, deixado de ser considerado elo da mesma corrente.

Para que isso possa acontecer, far-se-á necessário subtrair a luz, o vazamento dos olhos por meio de um ferro incandescente; simboliza deixar de estar em contato com o perjuro, o que equivale a deixar de alimentá-lo com as instruções que constituem o elemento de progresso até alcançar a última meta.

Os "abutres" representam o vulgo profano, o "lobo do homem" que atua sem os conhecimentos, sem a compreensão, a tolerância e o amor fraterno.

A lembrança de uma ação perjura, obviamente, induz que os Irmãos repilam qualquer sentimento de perdão para com o perjuro.

No entanto, o juramento não contém a perpetuidade; pode haver reabilitação, como sucede em múltiplos casos.

Os Cavaleiros Eleitos dos Nove têm missões a cumprir; não são tarefas comuns, materiais; não são trabalhos manuais, operativos, enfim, os maçons são preparados para se oporem aos programas sociais imbuídos de filosofias materialistas.

Encontrar a Verdade será uma das principais tarefas; a Verdade simboliza, aqui, conhecer-se a si mesmo, descobrir o que, na realidade, é o homem.

Há períodos de combate em benefício da Família e da Humanidade.

Cada novo Cavaleiro Eleito dos Nove terá ampla liberdade de consciência; poderá emitir sua própria opinião, mas sempre respeitando as decisões das Autoridades Maçônicas, ou seja, obedecendo à hierarquia; as decisões de uma Loja sempre são justas e legais; no debate, a opinião particular serve para elucidar; será uma contribuição, mas a decisão final exigirá respeito e acatamento.

É por isso que a Maçonaria sobrevive e vence o tempo.

É imperioso, nos atuais tempos, que o maçom deposite sua plena confiança na Instituição; os inimigos da Maçonaria já não dispõem de prisões, armas e meios coercitivos para subjugar o maçom, mas usam, em grande escala, da corrupção.

A formação de um maçom há de torná-lo um vencedor; quando for conquistada pelo seu valor e capacidade uma posição de mando na Sociedade, ele deverá provar que possui um caráter incorruptível; assim a Maçonaria terá nele concluído o seu trabalho; a honestidade, a justiça e a firmeza de decisões, a tolerância e o amor fraterno serão sementes que a Maçonaria lançou em terra fértil. Será o prêmio que os componentes da Loja de onde emergiu aquele bom maçom receberão pelos longos trabalhos executados no decorrer de anos de sacrifício e destemor.

Investidos os Candidatos no Grau de Cavaleiros Eleitos do Nove, o Irmão Stolkin lê os deveres que os demais membros da Loja contraem para com os Neófitos:

"Prometemos a estes Irmãos, recentemente eleitos, nunca abandoná-los em qualquer trabalho empreendido de acordo com os preceitos maçônicos.

Nada lhes devemos em interesse pessoal; devemos-lhes, sim, o socorro de nossos braços, de nossa influência, de nosso trabalho e auxílio, quando agirem num interesse humanitário social. Quando um Irmão for investido em uma função pública, nós nos empenharemos em sustentá-lo, se proceder corretamente, e em adverti-lo, se se desviar do bom caminho. Quando um Irmão sofrer, no mundo profano, por causa de sua fidelidade maçônica, devemos-lhe todas as nossas forças para defendê-lo".

Essa declaração, que não é juramento, revela a disposição protecionista da Loja; os membros da Instituição jamais deixarão de sentir uma obrigação para com os seus filiados, posto, embora esta disposição de amor fraterno ainda seja utópica.

O ensino do Grau objetiva à bravura: "Sê bravo contra tuas próprias fraquezas; sê bravo para defender a Verdade".

A Maçonaria pretende orientar os seus adeptos demonstrando como devem se conduzir na vida real; é a evidência de necessidade de uma autofiscalização do comportamento social.

O homem, ao agir, embora pense estar fazendo o bem, expõe-se a praticar o mal; às vezes, o ideal abraçado é fruto do egoísmo e produz erros; é preciso distinguir o bem do mal.

O sentimentalismo maçônico é demonstrado com muita veemência, mas, dentro das Lojas; fora delas, o maçom está sujeito a agir tomando o exemplo do homem profano; se este é corrupto, o bacilo que é virulento lhe ocupa, imediatamente, a mente com resultados funestos.

A censura e a crítica são sentimentos muito comuns aos maçons; prontos a apontar e exigir, esquecem-se de si mesmos e nada produzem; a crítica deve ser sempre construtiva e, para demonstrar que é verdadeira, a ação do crítico não deve dar lugar a qualquer censura.

Aplaudir o Direito e apontar o erro tem sido o comportamento não só da Maçonaria, mas de todos.

Ninguém preconiza a injustiça, a opressão, a avareza ou a inveja! Porém, quem combate os injustos, os opressores, os avarentos e os invejosos?

Todos falam com indignação, da concupiscência e da infâmia. Quantos, entretanto, são covardes diante de um sacrifício, do menor prazer? Avarentos, se lhes pedir a menor parcela de seus bens? Dir-se-à com razão que procurem ocultar a consciência em um invólucro de palavras.

A vida íntima, os sentimentos secretos, as ações ocultas, quem as fiscalizará? Será o próprio maçom; daí o valor que se deve dar à primeira máxima dos Eleitos dos Nove: "Sê bravo contra tuas próprias fraquezas".

A Verdade é um bem que merece proteção; parecerá infantil conceber que a Verdade, ou seja, desde que a Razão começou a atuar, apresenta-se cada vez mais frágil.

A Verdade é uma Instituição complexa e a soma de múltiplas Verdades; Verdades conhecidas existentes e Verdades ainda não desvendadas, mas sempre e ansiosamente esperadas.

Todos amam a Verdade, mas poucos a defendem.

Em todo campo, individual, familiar, social, político, operacional, enfim, em toda a atividade humana procura o homem de formação mesquinha e insuficiente, sobrepor-se à Verdade e pretende ele ser a Verdade; uma Verdade por ele construída, obviamente distorcida, torpe e inapropriada.

É o fruto somado do egoísmo e do comodismo.

Essa atitude, a Maçonaria combate sem tréguas, porque aspira que a Verdade seja proclamada, sempre, em qualquer circunstância e em qualquer tempo, sem preocupação de consequências.

O poder atrai a todos os homens, há quem se submeta ao poderoso, tornando-se servil; há o que se torna poderoso e quer submeter aos seus caprichos os seus semelhantes.

Entre as várias modalidades de um poder, há o econômico; o maçom rico corre o risco de exigir reverência pelo seu poder econômico.

É uma atitude quase normal que encontramos em todos os setores e, infelizmente, brota também na Maçonaria.

Lutar contra isso exige muito desprendimento, porém o combate deve existir e o afortunado economicamente deve conscientizar-se de que os bens materiais são apenas um acréscimo às suas virtudes; ele deverá mostrar-se, portanto, mais humilde que os demais e buscar meios de amenizar o sofrimento por meio dos frutos que seus bens poderão produzir.

É trabalho muito difícil que exige bravura!

Há, finalmente, uma posição de privilégio que também pode conduzir a um comportamento errado os que são dotados de conhecimentos superiores ao nível comum.

Os que conquistam, pelo seu saber, posições de destaque; os que são admirados pela sua cultura, brilhantismo e sabedoria correm o risco de se tornarem vaidosos e petulantes; tudo lhes será fácil e tudo conquistam, porém, com o sacrifício dos demais humildes.

Eles encontram, de imediato, fortes reações; nem sempre o maçom comum recebe bem o melhor dotado pela Natureza e acontece que aquela a inveja provoca resistência na primeira oportunidade, por motivos os mínimos e destituídos de fundamentos; os mais brilhantes são ofuscados e contrariados e, desiludidos, afastam-se.

Controlar esse comportamento é tarefa ingente para um Dirigente; a tolerância e a admiração devem ser postas logo em prática para o desenvolvimento dos demais; os menos dotados é que devem aperfeiçoar-se e subirem, e não os inteligentes descerem ao nível da maioria.

Tem sido esse problema um dos mais sérios que as Lojas enfrentam, e pelo afastamento dos mais capazes, torna-se a Maçonaria, intelectualmente, de nível abaixo das suas necessidades.

Os mais capazes deveriam, sempre, ser levados aos postos de maior responsabilidade.

"A Maçonaria estimula o pensamento e o talento de cada um. Daí resulta que os homens de valor nela estão, sempre, em evidência; daí resulta que, inevitavelmente, ela pode servir de instrumento à ambição, que não será legítima se for desonesta e que será útil se for modesta. Entretanto, não se pode negar que onde começa um simples impulso de ambição pessoal, aí começa, também, a desfalecer o Espírito Maçônico.

Existe uma certa oposição por parte de maçons menos avisados, dentre os quais alguns Dirigentes influentes que alegam, equivocadamente, que a Maçonaria deve contentar-se com o estudo dos Graus Simbólicos, isto é, dos três primeiros Graus, sem, porém, compreenderem que, nos primeiros Graus, a crítica ao comportamento humano não é feita com o conhecimento haurido das grandes Lições dos Graus Superiores".

Em época de eleições maçônicas, surgem autocandidaturas, usando-se a desculpa "democrática" de que todos têm o mesmo direito de concorrerem aos cargos elevados.

A Maçonaria preconiza a Democracia, porém uma Democracia dentro de uma conceituação condizente com as necessidades do mundo atual.

A Democracia não é um instrumento "nivelador"; ela comporta, e com muita razão, a seleção; os dirigentes sempre serão os mais capazes e isso garantirá uma atuação correta e progressista.

A vaidade sempre descamba para o egoísmo e, para atingir a meta de um ideal inicialmente honesto, o Candidato procura derrotar a qualquer custo o concorrente.

Frequentemente, os escolhidos não são os mais capazes e, por isso, a nossa Instituição não apresenta um progresso condizente com o que preconiza. Houve quem escrevesse: "A Maçonaria é uma Instituição perfeita, formada por homens imperfeitos"!

Cabe a nós, os de visão mais profunda, influirmos nos demais para que valorizem aqueles que, realmente, são os mais capazes e que o conhecimento não seja apenas um item de um programa, mas uma realidade.

"Toda vida útil é curta, embora dure um século; mas a vida do homem laborioso é sempre longa.

O trabalho prova a verdadeira coragem e encerra os verdadeiros prazeres. Aquele que não cultivar a Inteligência faz de si mesmo um animal incapaz de se ocupar de outra coisa a não ser daquela em que consiste o destino dos animais.

Tende, pois, o bom senso de procurar a Felicidade onde ela está. Nisso consiste a sabedoria que Deus, o Grande Arquiteto do Universo, legou aos homens e cujas verdades ninguém poderá ouvir sem profunda admiração".

Assim, conclui a filosofia do Grau 9. Trata-se de um Grau que incentiva o Maçom a uma vivência consciente, na busca de sua integridade moral para aplicá-la à sua profissão e ao desempenho de sua "Arte Real", entre os seus Irmãos e os seus familiares.

Um cidadão do mundo, onde a Verdade se esconde, envergonhado pelo que presencia. Um mundo melhor, é aquilo a que a Maçonaria aspira.

*
* *

Encerradas as recomendações, tem lugar o fechamento da Loja. Seu encerramento é simples e rápido.

Os presentes estendem ao Muito Poderoso Mestre as suas Espadas, em sinal de respeito e obediência, em uma comprovação de que estão dispostos a lutar pela causa dos que estão mergulhados nas trevas; pela causa do ensino e de sua luta contra a ignorância.

A ordem da partida é dada com esta última advertência:

"Lembrai-vos, sempre, da Lei do Silêncio e do Dever do Trabalho".

Cavaleiro Eleito dos Quinze – 10º Grau

O Grau Dez complementa o Grau precedente, pois a Lenda de Hiram Abiff esclarece o fim dos outros dois assassinos.

Seis meses haviam transcorrido do evento que envolvera a captura e morte de Abiram.

O rei Salomão, preocupado, não conseguira pista alguma sobre o paradeiro dos demais assassinos.

Um dos intendentes de Salomão, chamado Ben Decar (ou Ben Gaber), compareceu à presença do rei e lhe comunicou ter descoberto o paradeiro dos dois Companheiros trânsfugas.

Certos Rituais informam que Ben Decar apresentara-se como estrangeiro; na realidade, ele poderia sê-lo, pois, como já referimos, a quase totalidade dos construtores do Templo havia sido recrutada dos países vizinhos.

Ben Decar teria sido filisteu e conhecedor da região de Ghet, onde reinava Maaka.

A História Sagrada nos informa a respeito das contínuas incursões de Israel na região de Ghet, submetendo e castigando os filisteus, eternos inimigos dos judeus; na época, contudo, reinava relativa paz entre os vizinhos, pois Salomão cuidara de um período longo de tranquilidade para dedicar-se por inteiro à construção do Grande Templo. Para erguer o Santuário não poderia haver má vontade entre os homens, porque se tratava de uma obra dedicada a Jeová; deveria aplicar-se com todo esforço e amor.

Salomão estava preocupado porque não se encontravam os assassinos; fizera embalsamar a cabeça de Abiram, que no Grau 10 passa a ser denominado "Akirop"; enfiou-a sobre uma haste e a colocou no recinto do Conselho;

também o esqueleto do assassino fora conservado e colocado no Oriente; o Malho usado para golpear Hiram Abiff foi envolto em um crepe negro; eram os símbolos que advertiam de que os cruéis assassinos encontravam-se soltos e, portanto, constituindo um perigo latente para todos.

Salomão deu atenção a Ben Decar encarregando-o de todas as diligências e solicitou o auxílio de Maaka, o qual, prontamente, atendeu aos desejos do poderoso e temido rei Salomão, fazendo publicar editos com as características dos assassinos.

No povoado de Ghet houve informações de que os assassinos estavam trabalhando em construções.

Salomão, logo que foi posto a par da notícia, enviou 15 Mestres de sua melhor confiança, entre os quais se encontravam os nove primeiros enviados à Caverna em Jopa. Os 15 Mestres foram escoltados, para maior segurança.

Saíram, os Cavaleiros Eleitos dos Quinze, a cavalo, no dia 15 do mês hebraico de Tamouth, que corresponde ao mês de junho de nosso calendário. Após 13 dias de jornada, chegaram ao país de Ghet.

Apresentaram-se a Maaka que, imediatamente, colocou-se à disposição do grupo, auxiliando-o na busca dos criminosos; cinco dias depois, foram encontrados, tendo sido presos e acorrentados.

De volta a Jerusalém, chegaram no dia 15 do mês seguinte, tendo Zerbal e Joabem feito pessoalmente a Salomão a entrega dos dois criminosos.

Os assassinos foram encarcerados na Torre de Achisar, onde aguardaram o julgamento.

Submetidos a julgamento, foram condenados à morte, e às 10 horas da manhã do dia fixado para a execução foram retirados da prisão, atados a dois postes, despidos e os seus braços amarrados para trás.

O verdugo lhes abriu o ventre, desde o peito até o púbis, deixando-os assim pelo período de 8 horas, a fim de que os insetos viessem torturá-los.

Às 18 horas, cortaram-lhe as cabeças e juntaram-na à de Abiram, colocando-as em hastes e expostas na porta do Oriente, jogando seus corpos sobre as muralhas para que servissem de alimento aos abutres e feras.

*
* *

A constante da filosofia maçônica tem sido o "castigo", não como resultado de uma vindita, mas sim de um julgamento; sempre, em qualquer Grau, surge esse aspecto que não pode passar sem ser comentado.

O desequilíbrio, a desobediência a falta de conhecimento conduzem fatalmente a consequências desastrosas; indubitavelmente, o "castigo" apresenta gradações; os próprios códigos especificam e justificam essas gradações etimologicamente; "castigo" é um vocábulo composto, que significa "purificar"; sua raiz é a "castidade", ou seja, a "pureza"; uma pessoa "casta", ou seja, "pura"; a língua latina é muito rica nessas expressões que, à primeira vista, apresentam um significado totalmente contrário. "Castigar" significa limpar de uma ação nociva, embora essa operação conduza à morte.

A decapitação e a dispersão do corpo para que os abutres se alimentem é a forma de que a matéria retorne à Natureza para o equilíbrio ecológico; os tibetanos não só destacam as carnes do corpo, como trituram os ossos, para que os pássaros ingiram a sua totalidade.

Somente os egípcios tinham uma concepção diversa porque acreditavam na ressurreição do corpo.

A Maçonaria faz da morte um mito e preocupa-se em apresentá-la como uma etapa que não é final, mas um passo inicial para a vida futura; aquele que cometeu falta grave e que mereça punição, simbolicamente a morte, como no caso de uma "expulsão", estará purificando-se para que, ao ingressar na vida futura, o faça como ser vitorioso, sem mácula.

Os eleitos, dentro da concepção maçônica, serão os puros em todo sentido. Os justificados, em suma, os "santos", no entendimento de "sancionados", ou seja, escolhidos.

O abutre é uma ave que habita algumas regiões europeias, africanas e asiáticas; não existe na América. É o *Vultor-monarchus*, chamado vulgarmente de "pica-ossos", pois além de comer a carne putrefata, pica os ossos e os ingere.

A espécie brasileira é o urubu, da família das "Catarditas", é comedor de carne, mas não tritura os ossos.

O aspecto curioso diz respeito à ação conjunta dos Cavaleiros, porque em Maçonaria nada é feito individual e isoladamente; mesmo a mística que supõe um comportamento exclusivo do ser necessita de companhia, pois a solidão conduz a pensamentos negativos.

O comportamento social altera-se de tal forma, que o homem isolado torna-se egocêntrico, intratável e "fechado", no sentido de não obter alargamento no campo do conhecimento.

Na Iniciação, todos nós apreendemos que iniciamos a construção do próprio Templo, armazenando as pedras dos alicerces até que, concluído o período maçônico, quando chegarmos "ao fim", encontraremo-nos dentro de um Templo, perfeitamente acabado.

De que vale, porém, nos encontrarmos dentro de um Templo vazio, sem a oportunidade de repartirmos com outros o resultado do misticismo, da comunhão e das bênçãos recebidos do Alto?

Quando um maçom se encontra isolado, não poderá exercitar o que a Instituição lhe ensina; um maçom isolado não representa a Maçonaria, daí a necessidade imperiosa de os maçons reunirem-se em Loja, pois no recinto sagrado cada um abrirá as portas de seu próprio Templo, para dar ingresso aos demais, e nos Templos desses "demais" é que serão nosso "próximo", teremos a oportunidade de também ingressar neles.

Então, a soma dos Templos constituirá um Grande Templo da Natureza que abarca os aspectos múltiplos, da espiritualidade, da mentalização, da magia e do misticismo.

*
* *

A Loja denomina-se Capítulo. O Presidente tem o título de Ilustre Mestre.

O Primeiro Vigilante representa Hirão, rei de Tiro, e é chamado de Grande Inspetor. O Segundo Vigilante representa Adoniram e toma o título de Introdutor.

Uma das peculiaridades do Grau é de que não podem assistir aos trabalhos, senão, 15 Irmãos.

O Grau 10 pode ser ministrado por comunicação ou por Iniciação.

A Loja representa a Câmara de Audiência do Rei Salomão, e a sala onde se celebram as sessões do Grau representa a Sala do Conselho.

A Loja é revestida com cortinas negras, ornadas com lágrimas roxas e brancas; em certos Rituais, essas lágrimas são vermelhas e brancas.

O recinto é iluminado por três candelabros de cinco luzes cada um, colocados sobre os Altares do Presidente e dos Vigilantes.

No Oriente, sob o sólio, um quadro, símbolo do Grau, figurando uma cidade quadrada com três portas e, em cima de cada uma delas, uma cabeça humana.

O Avental em tecido branco é orlado em negro; a Abeta, em negro; no centro, três Arcos e sobre cada um, uma cabeça ensanguentada.

A Faixa é negra; dela, pende um punhal vermelho; na face direita, três cabeças humanas.

Sobre a mesa do Presidente são colocados uma espada, um ramo de oliveira e as insígnias destinadas aos Neófitos.

Embora apenas 15 pessoas devam tomar parte nos trabalhos, há lugares destinados aos visitantes e pelos Irmãos que excederem o número.

O Painel da Loja é em formato de escudo com bordas azul-escuro, tendo em seu interior, na parte inferior, um Punhal em forma de pequeno sabre; no sentido horizontal, da esquerda para a direita, encimado por três manchas de sangue, tem por baixo outras cinco.

Na parte central, em quase toda a sua extensão, uma fortaleza em forma de triângulo, tendo sua entrada na parte da frente, em forma de duas torres, armadas na extremidade.

No outro raio do triângulo, uma porta descoberta, maior que a primeira; na parte superior, nove manchas de sangue, sendo uma por sobre a porta da fortaleza e as demais distribuídas em cada lado de cima para baixo.

Orienta o Ritual que os trabalhos do Grau 10 se resumem em:

1º: Colocar-se à frente de seus concidadãos para educá-los e orientá-los, procedendo com extraordinária atenção, dissipando as cegueiras da ignorância que envolvem as camadas inferiores da sociedade, até se conseguir que seja pronunciado com respeito e gratidão o nome daquele que se propõe a servir à coletividade com abnegação e zelo, proporcionando-lhe bem-estar e tranquilidade.

2º: Estudar a conveniência das relações internacionais, tanto maçônicas como profanas, e as condições necessárias para o bom desempenho dos cargos de Representantes e Embaixadores.

3º: Ter sempre presente que o proceder mal não esconde a impunidade, porque o Supremo Juiz, que chamamos Consciência, cedo ou tarde o castigará.

A idade do Grau é 25 anos, 5 vezes 5.

A abertura dos trabalhos é na sexta hora da noite, o encerramento, na hora do retorno dos 15 Cavaleiros a Jerusalém.

Questão de ordem:
P. Sois vós Ilustre Eleito dos Quinze?
R. Devo-o ao meu zelo e ao meu trabalho.
P. Qual é o vosso nome?
R. Emeth.
R. O que significa?
R. Homem da verdade.
P. Onde fostes recebido?
R. Na Câmara de Audiência do Rei Salomão.
P. Por que méritos?
R. Pela minha participação ativa na descoberta dos dois infames assassinos.

Procede-se à abertura da Câmara de Audiências de Salomão, na forma convencional, isto é, abrindo-se o Livro Sagrado, estando todos de pé; o Orador segura o livro já aberto no lugar apropriado, segurando-o com ambas as mãos, fazendo a leitura que se encontra no livro das Crônicas I, 22: 7-10:

"Disse Davi a Salomão: Filho meu, tive intenção de edificar uma Casa ao nome do Senhor, meu Deus. Porém, a mim me veio a Palavra do Senhor dizendo: Tu derramaste sangue em abundância e fizeste grandes guerras; não edificarás Casa ao meu nome; porquanto muito sangue tens derramado na terra, na minha presença.

Eis que te nascerá um filho que será homem sereno, porque lhe darei descanso de todos os seus inimigos em redor; portanto, Salomão será seu nome; paz e tranquilidade darei a Israel nos seus dias. Este edificará Casa ao meu nome; ele me será por filho, e Eu serei por Pai, estabelecerei para sempre o trono de seu Reino sobre Israel".

Após a leitura, o Orador colocará o Livro Sagrado em cima do Altar, repousando sobre o mesmo o Compasso aberto em 45° colocado sobre o Esquadro, na posição do Grau de Mestre Maçom.

Segurar o Livro Sagrado com ambas as mãos é sinal não só de reverência, mas de alerta, pois os dez dedos das mãos estarão a dizer do Grau 10 e que todos os sentidos estão alerta para o ato de leitura.

Sublime Cavaleiro dos Doze – 11º Grau

Este Grau poderá ser dado por comunicação ou por Iniciação.

A Loja é denominada Capítulo, não podendo haver nela mais que 12 Cavaleiros Eleitos.

O Presidente representa o rei Salomão, que é tratado com o título de Três Vezes Poderoso Mestre. A Câmara intitula-se "Grande Capítulo".

Em lugar dos Vigilantes há um Grande Inspetor e um Mestre de Cerimônias; o Grande Inspetor é Hirão, rei de Tiro; o Mestre de Cerimônias, Adoniram. Trabalham, ainda, um Guarda do Templo, um Secretário, um Tesoureiro e um Orador.

Os Irmãos denominam-se Sublimes Cavaleiros Eleitos.

O Painel tem forma de Escudo, com bordas azul-noite; abrangendo grande parte do Painel, vê-se um sabre em sentido vertical com a lâmina voltada para baixo, circundado por nove manchas de sangue; uma na parte superior e quatro de cada lado.

A Loja é decorada com tapeçaria negra, sombreada de corações inflamados. A "chama" do coração brota da parte de cima, como que saindo de um cálice.

Vinte e quatro luzes iluminam o recinto; distribuídas em oito grupos de três, em forma de triângulo equilátero, são colocadas de modo que haja duas em cada vale, duas sobre o Altar do Presidente e as outras duas no Ocidente, dos lados da porta de entrada.

No Dossel do Oriente, coloca-se o quadro emblemático do Grau representando três corações inflamados.

Nos Vales estão distribuídos 12 assentos. Existem lugares próprios destinados aos Neófitos. No Oriente podem sentar os que excedem o número de 12, incluindo os visitantes.

O traje é de passeio negro, com luvas negras.

O Avental é branco, ornado em negro; no centro há um Coração Inflamado (em certos Ritos, no lugar do coração há uma cruz vermelha).

O Colar é de tecido negro com três corações inflamados e as letras V.: A.: M.: *(vincere aut mori)* bordadas em ouro; a Joia constitui-se de um punhal de ouro com a lâmina em prata.

*
* *

A Lenda do Grau diz respeito aos eventos posteriores, ao castigo dos assassinos de Hiram Abiff. Há mais tranquilidade e Paz.

Salomão deseja premiar os seus fiéis Cavaleiros dos Quinze e para não cometer injustiças deposita em uma urna 15 cédulas com o nome dos seus abnegados auxiliares, sorteando 12.

Aos Cavaleiros dos Doze foi conferido o tratamento de Excelente Ameth.

O Rei Salomão ensinou aos seus Doze Cavaleiros os conhecimentos preciosos referentes ao Tabernáculo, onde se encontraram depositadas as Tábuas da Lei dentro da Arca da Aliança. O conhecimento abrangia toda a Legislação Maçônica, complementada após o recebimento das segundas Tábuas de Lei.

Assim preparados, os Doze Eleitos receberam, a título de condecoração, uma "cinta" larga, de tecido negro, no qual estava bordado um coração em chamas; pendente à Joia, uma espada desembainhada.

O coração inflamado ou chamejante simboliza a dedicação espiritual; posteriormente a Igreja tomou o símbolo como significado cristão, denominando-o "Sagrado Coração de Jesus"; a chama revela a emanação purificadora; o amor transformando-se em calor e luz que extravasa o ser humano transformando-o em um Ser Cósmico. O coração é um emblema das emoções e dos sentimentos, o emblema do amor.

Salomão assim exprimia a "chama do amor":

"Põe-me como selo sobre o teu coração, como selo sobre o teu braço, porque o Amor é forte como a Morte, e duro como a sepultura o ciúme; as suas brasas são brasas de fogo, são veementes labaredas.

As muitas águas não poderiam apagar o Amor, nem os rios afogá-lo; ainda que alguém desse todos os bens da sua casa pelo Amor, seria de todo desprezado" (Cântico dos Cânticos 8: 6-7).

*
* *

Abertura dos trabalhos:

O Três Vezes Poderoso Mestre inicia os trabalhos perguntando ao Grande Inspetor se ele é um Sublime Cavaleiro dos Doze. Responde o Grande Inspetor que o seu nome justifica o título.

Como referimos anteriormente, o nome de cada Cavaleiro é "Ameth", que em hebraico significa: "Homem fiel em todas as ocasiões".

A Fidelidade é uma disposição emanada do Coração e por si só expressa toda condição exigida para um Sublime Cavaleiro dos Doze; trata-se de uma fidelidade vibrante, chamejante, conforma comprova a efígie do Grau, um coração inflamado.

Os trabalhos do Capítulo são iniciados à Meia-Noite, após a verificação de encontrarem-se os Cavaleiros protegidos dos olhares e indiscrições profanos.

Anunciada a abertura do Capítulo, na Sala de Audiências de Salomão, após observadas as prescrições convencionais do Grau, é feita a Bateria.

Como já esclarecemos diversas vezes, a Bateria, deslocando o ar, provoca com a sua força a destruição das vibrações existentes que podem ser negativas, pois acompanhavam os Cavaleiros desde a parte externa até o fechamento da porta.

É aberto o Livro Sagrado em I Reis, 6: 11-14, fazendo o Orador a leitura, segurando o Livro com ambas as mãos, mantendo-se de pé, acompanhado por todos os demais Irmãos:

"Então veio a Palavra do Senhor a Salomão dizendo: Quanto a esta casa que tu edificas, se andares nos meus estatutos, e executares os meus Juízos, e guardares todos os meus Mandamentos, andando neles, cumprirei para contigo a minha Palavra, a qual falei a Davi, teu pai".

A Palavra do Senhor é eterna; basta, porém, ler nas Escrituras Sagrada para cientificar-se do desejo de Jeová; contudo, o essencial é distinguir quais os Estatutos, os Juízos, uma vez que sobre os Mandamentos lemos a relação de fácil entendimento.

Não basta "observar" a Lei; faz-se necessário "permanecer" nela: isto vem confirmar o objetivo do Grau, que se resume na palavra já definida de "Ameth".

Feita a leitura, pousado o Livro sobre o Altar, sobre ele são colocados o Esquadro e o Compasso na posição do Grau 3.

Em todos os Graus, o Compasso e o Esquadro são uma constante, comprovando, assim, a continuidade ritualística dos Graus de 1 a 33.

Feito o sinal e, pela segunda vez, a Bateria, os presentes tomam os seus lugares.

Esse sinal, também conhecido como o do Bom Pastor, é encontrado em vários Graus.

Na Iniciação, o ponto central fixa-se no conceito a respeito da Democracia. Consoante o Ritual, o Orador assim se manifesta:

"A Democracia, por significar o povo no poder, é assim um governo do povo. O que o caracteriza é o direito do povo, de escolher os seus dirigentes e de controlar os seus atos.

Resumindo: a Democracia é o governo do povo, pelo povo e para o povo.

Por outro lado, o funcionamento eficaz dos mecanismos democráticos é inseparável do respeito de direito e de fato aos direitos fundamentais da pessoa, como liberdade de pensamento, liberdade de expressão de imprensa e meios de comunicação, liberdade de associação (religião), de locomoção, etc.

O reto exercício da Democracia não é simples, nem fácil. É, muitas vezes, dificultado por uma série de interesses opostos que lhe criam obstáculos; a exploração da ignorância dos eleitores, o suborno, as fraudes eleitorais, as pressões políticas e econômicas exercidas sobre o eleitorado e os meios ilegais usados para alcançar fins escusos.

Democracia também é um processo de lento amadurecimento. O povo educa-se e aumenta a sua capacidade crítica, inclusive por meio de decepções e esperanças frustradas".

"A última Democracia Cristã objetiva a uma organização política do Estado com base para melhor assegurar a realização da concepção cristã e moral do homem e da Sociedade.

Nascida, principalmente, de uma reação aos regimes totalitários, pode vir a reencontrar as grandes correntes de fundo que canalizam, para além dos sistemas e das ideologias, as grandes e indestrutíveis aspirações da Humanidade".

"O sufrágio universal não limita o direito de eleição aos proprietários, capitalistas, sábios ou ricos industriais, porque a propriedade não é garantia de inteligência, e capital adquire-se mais pela ignorância e não prova a honradez; a técnica de indústria rendosa, em vez de diminuir, geralmente aumenta a ambição, tanto que arrasta o indivíduo para conceitos próprios desprezando os princípios de Moral, de Razão, de Justiça e de Fraternidade ditados pela Consciência Universal.

É necessário muito discernimento para escolher os melhores, de qualquer casta, de qualquer classe ou de qualquer meio, sendo certo que deverá recair a escolha naquele que seja inteligente, honesto, trabalhador e humilde, porque esses saberão bem representar e defender o povo, conhecendo suas necessidades, não se assustando com os ensinamentos modernos proporcionados pela técnica, pela ciência, pela honradez, procurando possuir cultura completa sobre todos os assuntos que representa e defende.

"Todo Direito deve ter por base a Justiça e seria injusto concedê-la aos incapazes.

Ao fraco, assim como ao ignorante, não se deve delegar responsabilidades que não aquelas que possam compreender e praticar. Por isso, não é dado aos menores, nem aos incapazes essa condição, embora sejam considerados cidadãos.

O Estado, a esses ampara e dá toda assistência que se faz necessária por meio de setores especializados.

Por outro lado, ao malfeitor, ao marginal, ao ocioso ou ao que leva vida irregular, aplica o castigo legal. Não é a cor, mas sim o Talento e a virtude que fazem um homem elevar-se sobre os demais".

Esses conceitos nos chegam de longe; os Rituais são antigos e os princípios democráticos subsistem, evidentemente. A Democracia deve aperfeiçoar-se não como um compêndio único para todas as nações, mas segundo a tradição dos povos, o exemplo e, sobretudo, os resultados.

Se a Maçonaria, mormente neste Grau, ministra ensinamentos e propicia orientação quanto à forma de governo, é de se perguntar: Por que não lança os seus próprios candidatos, uma vez que prepara os seus adeptos, tornando-os conscientes de seus Deveres e Direitos?

A resposta é simples, pois, em primeiro lugar, o lançamento de candidaturas de seus membros é impraticável pela falta de preparo político; em segundo lugar, é princípio universal e consagrado que a Maçonaria não se imiscua em política; finalmente, caso assim quisesse fazer, estaria correndo o grave risco de atrair profanos que visassem, exclusivamente, a vantagem política.

A preocupação da Maçonaria é a de orientar; neste Grau a influência política diz mais de perto da própria Organização Maçônica, pois o conceito moderno de Maçonaria é ter um governo próprio democrático.

Outro aspecto que não pode deixar de ser tocado, diz respeito à preocupação dos Corpos Superiores em orientar os seus membros para o comportamento da esfera exclusiva do Simbolismo.

Há uma coordenação perfeita sem que isso importe em ingerência entre os dois escalões. Uma colaboração contínua com o fito exclusivo de aperfeiçoamento e jamais de intromissão ou crítica.

*
* *

Finda a longa explanação, inquire o Presidente a um dos Neófitos: "Que devemos esperar dos Eleitos?"

Responde o Neófito: "Instrução, Virtude, Civismo e bom exercício da função".

Com essa resposta, demonstrou o Neófito ter captado com perfeição os ensinamentos que, na cerimônia da Iniciação, apenas vêm esboçados.

Os Doze Eleitos referidos no Ritual são os seguintes:

Ben-Hur, filho de Hur, designado para o Monte Efraim.

Abinadab, filho de Abinadab, para a região de Dor; casou-se com Tafet, filha do rei Salomão.

Ben Hesed, filho de Hesede, para a região de Aruboth e todo Hefer.

Ben Decar, filho de Decar, para Maces, Betsames.

Bana, filho de Ailud, para chefiar a região de Thena de Magedo.

Ben Gaber, filho de Gaber, para as de Ramoth, Galaad e todo o país de Argob, em Basa.

Ainadab, filho de Ado, para a região de Manaim.

Aquimaas, para Naftali; casou-se com Basemat, também filha do rei Salomão.

Baana, filho de Usi, para as regiões de Halot Aser e Beloth.

Josafá, filho de Farué, para a região de Issacar.

Semei, filho de Ela, para a região de Benjamin.

Gabar, filho de Uri, para a terra de Galaad, Seon, Reino de Amorreus e Og.

Grão-Mestre Arquiteto – 12º Grau

A Lenda diz respeito a uma crise surgida entre os Arquitetos e o povo, compreendidos neste todos os trabalhadores; a crise ainda reflete a morte de Hiram Abiff; contudo, estendeu-se ao aspecto econômico; o povo reclamava o sacrifício a que fora submetido com o agravamento dos impostos.

O Grau nada mais é que o estudo a respeito da tributação e, obviamente, não sintoniza adequadamente com os conceitos modernos, pois se restringe ao estudo da época em que forem elaborados.

O rei Salomão, ao ouvir os clamores do povo, sendo ele um rei justo, sábio e perseverante, preocupou-se em organizar os seus Arquitetos, não só para ultimarem as construções, mas também visando a minorar o sacrifício de seu povo.

Estabeleceu o Grau com o objetivo de formar uma Escola de Arquitetura.

As 19 ciências a que o Ritual se refere, constituem pálida ideia do que hoje na Universidade se estuda a respeito de Arquitetura.

O período de trabalho tem início à primeira hora no primeiro dia.

O trabalho dos Arquitetos consistia em gravar nas Colunas os conhecimentos científicos da época.

"A gravação completa das Colunas significa que os Mestres Arquitetos têm de demonstrar estarem dotados de Virtude e Sabedoria que formam a base da imperfeição e de que os que possuem este Grau devem estar em condições de desempenhar, com discernimento e dedicação, os altos postos da Ordem, contribuindo para que a Maçonaria nunca se enfraqueça; que, quando são encarregados de sua Administração, não estejam procedendo com exatidão no cumprimento dos seus Deveres, sejam eles substituídos, imediatamente, por outros mais competentes.

Os trabalhos também se propõem a dar conhecimento dos problemas humanos, espirituais e filosóficos. Os Grandes Mestres Arquitetos, dedicam-se, especialmente, ao estudo da Tributação.

Finalmente, o maçom neste Grau conhecerá a exata aplicação filosófica da arte arquitetônica ao aperfeiçoamento do Iniciado, para que esse se adorne com os ornamentos de Moral mais pura e seja um aliado constante do Amor, da Justiça e da Verdade".

*
* *

Os trabalhos realizam-se no Templo, e a Câmara denomina-se "Loja dos Grão-Mestres Arquitetos".

O Painel contém na parte superior, ao seu centro, um Esquadro com o vértice voltado para baixo; no centro, em toda a sua extensão, veem-se cinco Colunas na seguinte ordem: duas maiores nas extremidades; uma menor no centro e duas médias, uma de cada lado, entre a maior e a menor.

Na parte inferior, um Compasso aberto em 45°, por sobre um Esquadro com o vértice voltado para cima, como é usado no Grau 3. O raio direito do Compasso vem colocado por cima do Esquadro e o esquerdo, por baixo.

Na parte interna formada pelo Compasso e pelo Esquadro estão inseridas as letras "R.N".

A Loja é adornada em suas paredes com cortinados brancos, salpicados de chamas vermelhas.

No Oriente reluz a Estrela Flamígera; ao redor da Loja, são colocadas sete estrelas menores, representando a Ursa Maior.

Na mesa dos três primeiros Dignitários serão colocados um Estojo de Matemática e um Candelabro com três luzes.

O Estojo de Matemática compõe-se de um Compasso simples, um Compasso de cinco pontas, uma Régua paralela, um Tira-linhas e uma Escala.

O Presidente da Loja denomina-se Grão-Mestre Arquiteto e não representa o rei Salomão, mas sim o Chefe dos Arquitetos da Construção dos Edifícios do Grande Templo, cujo nome é ignorado.

Os dois Vigilantes são os Chefes imediatos, também de nomes desconhecidos.

O Ritual apresenta o 1º Vigilante como sendo Hirão, rei de Tiro; no entanto, em outros Rituais informam que na ocasião o rei de Tiro seria Hiram II e vem representado pelo Orador.

O tratamento do Presidente será o de Grão-Mestre e o dos Vigilantes de Excelentes Mestres; os demais Irmãos serão chamados de Mestres Arquitetos.

Apenas um Vigilante trabalha, embora que o 2º Vigilante esteja presente; o traje é negro, com luvas brancas.

O Avental é branco, ornado em azul; no centro, um bolso; a faixa é azul com a Joia representando um quadrado perfeito. São incisos à direita

quatro semicírculos defronte a sete estrelas; no verso, cinco Colunas; sobre essas um Esquadro e um Compasso.
Bateria de dez golpes.
Idade, 45 anos, cinco vezes o quadrado de 3.
Hora de início dos trabalhos: a Estrela da Manhã é visível. Hora de encerramento: o Sol está no ocaso e a Estrela da Noite ergueu-se.
O Grau é dado por comunicação; em alguns Rituais é por Iniciação.
A Lenda do Grau: substituição do Arquiteto Hiram Abiff.

*
* *

O Três Vezes Poderoso Mestre dá início aos trabalhos determinando que o Mestre de Cerimônias comunique aos Neófitos os Toques, Bateria, Palavras Sagradas e de Passe.
Lançados, após, o nome dos Neófitos na Tábua, eles são conduzidos aos vales onde tomam assento e aguardam as instruções.
Os trabalhos são abertos ritualisticamente. A preocupação do Presidente é saber se é possível trabalhar livremente.
"Livremente", aqui, significa a coberto, ou seja, com segurança sob o aspecto de todos conhecidos; em segurança quanto à indiscrição profana e em segurança quanto à interferência do desequilíbrio provocado pela falta de preparo dos Irmãos, quer intelectual, quer espiritual.
O 1º Vigilante assegura que o Capítulo se encontra bem "vigiado"; eis que se forma em torno de Loja um Círculo protetor e impenetrável.
Em resumo, ser Grão-Mestre Arquiteto é conhecer todos os instrumentos contidos no Estojo de Matemática; conhecer, obviamente, significa o preparo para manejá-los com proveito e sabedoria.
A finalidade principal do uso dos instrumentos é conhecer o meio de dividir.
A divisão, em última análise, conduz à chegada da parcela mínima da matéria; a divisão das células, dos átomos e de qualquer outra partícula conhecida, ou ainda por conhecer. Das quatro operações fundamentais da Matemática, indubitavelmente a última, a Divisão, é a que produz, realmente, o máximo de resultados e desvenda todos os mistérios.
O Orador ergue-se de seu lugar e, diante do Altar, tomando com ambas as mãos o Livro Sagrado, procede à leitura que se encontra em 1º Reis 9: 1-5.
"Sucedeu, pois, que tendo acabado Salomão de edificar a Casa do Senhor e a Casa do Rei e tudo o que tinha desejado e designara fazer, o Senhor tornou a aparecer-lhe como havia aparecido em Gabaom e lhe disse: "Ouvi a tua oração e a tua súplica que fizeste perante mim; santifiquei a Casa que edificaste a fim de pôr ali o meu nome para sempre; os meus olhos e o meu coração estarão ali todos os dias. Se andares perante mim como andou Davi teu pai, com integridade de coração e com sinceridade, para fazeres segundo

tudo o que te mandei e guardares os meus Estatutos e os meus Juízos, então confirmarei o Trono de teu reino sobre Israel, para sempre, como falei acerca de teu pai Davi, dizendo: Não te faltará sucessor sobre o Trono de Israel".

*
* *

O Presidente solicita ao 1º Vigilante que lhe dê um sinal de ser Grande Mestre Secreto, no que é atendido.

O Presidente pergunta, ainda, se é apenas esse o seu trabalho; o Vigilante responde e faz a demonstração.

A seguir, o Presidente dá a Palavra de Passe que é decifrada pelo Orador, que fornece, também, a Palavra Sagrada.

O Presidente, então, de forma convencional, encerra os trabalhos.

Se houver Iniciação, o Presidente seguirá o Ritual.

Cavaleiro do Real Arco – 13º Grau

A Loja funciona em Templo e toma o nome de Capítulo ou Loja Real.

Cinco são os Oficiais; o Presidente simboliza o rei Salomão e é denominado de Três Vezes Poderoso Mestre; tem assento ao Oriente sob um sofá ricamente ornamentado; na cabeça, ostenta uma coroa real e empunha um cetro.

O 1º Vigilante é chamado de Grande Vigilante e representa Hirão, rei de Tiro. Tem assento à esquerda de Salomão, ao Oriente; possui coroa que não coloca na cabeça; nas mãos, segura o cetro.

O 2º Vigilante chama-se Grande Inspetor; tem assento no Ocidente e representa Adoniram. Usa chapéu e uma espada desembainhada na mão direita.

O Grande Tesoureiro representa Joabem; coloca-se ao Norte e está coberto por um chapéu.

O Grande Secretário coloca-se ao Sul e representa Stolkin; também está coberto.

O Capítulo representa um subterrâneo, sem portas nem janelas e comunica-se com o exterior por uma abertura quadrangular feita na Abóbada que se atinge por meio de uma escada; a abertura é fechada por uma escotilha formada por uma pesada pedra-mármore; no centro da tampa, uma grande argola de ferro.

Os muros internos estão pintados de branco; o Pavimento, de quadrados brancos e negros.

No centro da Loja, eleva-se, sobre um pedestal quadrangular, uma Pirâmide transparente, de três faces; em cada face, em caracteres hebraicos, está inserido o nome do Grande Arquiteto do Universo, em Tetragrama.

A Pirâmide é iluminada em seu interior por um Candelabro de três braços.

A Abóbada está sustentada por nove Arcos; em cada Arco vem escrito o nome de um Arquiteto, que representa nove denominações de Deus: Jod, Jhao, Ehleah, Eliah, Jareb, Adonai, El-Hanan e Jobel.

A Loja é iluminada por nove luzes afora o Candelabro na parte interior da Pirâmide; oito luzes formam um octógono ao redor do recinto e a nona, no Altar do Presidente.

O Painel é em formato de escudo, com bordas azul-escuro; na parte superior, abrangendo a maior parte do Painel, uma Abóbada subterrânea, dividida em sete partes, com as cores do arco-íris na parte superior e um cabeçote exterior.

O Grau 13 pode ser dado por comunicação, mas recomenda-se que a cerimônia de Iniciação seja realizada.

O Cavaleiro do Real Arco recebe ensinamentos oriundos dos Graus precedentes e visa a propagar o ideal da Liberdade de Religião, com o aperfeiçoamento da instrução a todos os povos, com base na Justiça e no Progresso, destacando que a Maçonaria Harmoniza a Honra com o Dever.

O traje é negro, com luvas negras.

A idade é de 63 anos, ou seja, sete vezes o quadrado de três.

A Bateria é de cinco golpes.

O início dos trabalhos, ao nascer do Sol; o encerramento, no ocaso.

O Avental é todo vermelho; na parte central há um Triângulo irradiado, com as bordas douradas, e no centro, letras em caracteres desconhecidos que conteriam o nome de Deus.

A faixa é azul-noite e a Joia, um Triângulo vazado, em ouro.

A Lenda de Enoch

As Sagradas Escrituras assim se referem a respeito de Enoch:

"E coabitou Caim com sua mulher, ela concebeu e deu à luz a Enoch. Caim edificou uma cidade e lhe chamou Henoc, o nome de seu filho" (Gênesis 4:17).

"Jared viveu 162 anos e gerou a Henoc". (Gênesis 5:17)

"Andou Henoc com Deus, e já não era, porque Deus o tomou para si" (Gênesis 5:24).

"Pela fé Enoch foi trasladado para não ver a morte: não foi achado porque Deus o trasladara. Antes da sua trasladação, obteve testemunho de ter agradado a Deus" (Hebreus 11:5).

O nosso personagem teria sido filho de Jared e não de Caim; segundo a tradição, viveu no ano 3740 antes da Era Vulgar, e cujo nome significa, em hebraico, "O que muito viu, o que muito sabe"; também é conhecido dos muçulmanos com o nome de Adris, que significa "sábio".

As profecias e maravilhosos relatos de Enoch em que o povo acreditava cegamente, assim como seus devaneios e venturosos sonhos, estão registrados nas Sagradas Escrituras antigas, pois nas da atualidade omitem o livro que leva seu nome.

Durante um desses sonhos, conheceu o verdadeiro nome de Deus, que lhe foi proibido de pronunciar e, em outro sonho, foi-lhe mostrado o cataclisma que em breve assolaria a Humanidade, com o nome de Dilúvio.

Enoch, então, decidiu preservar da catástrofe o verdadeiro Nome de Deus, fazendo-o gravar em uma pedra triangular de ágata, em alguns caracteres místicos.

Nada se conhecia a respeito da pronúncia daquele nome, a não ser ele, Enoch, por tê-lo ouvido do próprio Deus, que o traçou em hieróglifos misteriosos.

Fez Enoch gravar em duas Colunas, sendo uma de mármore e outra de bronze, os princípios em que se baseavam as ciências e artes da época a fim de que também passassem para a posteridade.

Depois, fez Enoch construir um Templo debaixo da terra, consistindo em nove abóbadas, sustentadas por nove arcos, depositando na mais profunda, o Delta de Ágata e na entrada da primeira, duas Colunas, fechando a entrada com uma grande pedra quadrangular, provida de possante argola de metal no seu cetro para que pudesse ser removida.

Advindo o Dilúvio, todos os habitantes da Terra sucumbiram, exceto Noé e sua família, que passaram a constituir a única espécie humana.

Das Colunas gravadas por Enoch, apenas a de bronze chegou à posteridade, pois a de mármore foi destruída pelas águas.

Nenhum ser humano podia pronunciar o nome verdadeiro de Deus, antes que fosse revelado a Moisés, no Monte Sinai.

O legislador do povo hebreu mandou fazer uma grande medalha de ouro, gravada com o Nome Inefável, colocando-a na Arca da Aliança, tendo, antes, o cuidado de revelar seu significado ao seu irmão Aarão.

Em uma batalha contra o rei da Síria, em que caíram feridos os que a guardavam, perdeu-se a Arca, ficando abandonada na mata.

No entanto, ninguém podia aproximar-se dela sem que um leão que guardava sua chave o atacasse e o destroçasse.

Mas em uma oportunidade em que o Grande Sacerdote dos Levitas, acompanhado de seu povo, dirigiu-se ao local onde estava a Arca, com o propósito de reavê-la, notaram que a fera vinha ao seu encontro, mansamente, entregando-lhe a chave que trazia em sua boca, permitindo que a Arca fosse dali removida.

Esse leão, significa, para nós, o emblema do pensamento que se rebela contra a força, porém permite a entrada da Verdade.

A divisa do Grau 13: *In Ore Leonis Verbum Inveni* quer dizer: "Achei a palavra na boca do leão", o que indica que devemos proclamar a Verdade e mantê-la como principal qualidade de um povo civilizado.

Na época de Samuel, apoderaram-se da Arca os filisteus, fundiram a medalha de ouro, construindo com ela um ídolo para adoração dos pagãos.

Ficou, novamente, perdido o nome de Deus, para todos, exceto para os reis de Israel, que tradicionalmente o pronunciavam e sabiam o depósito sagrado feito por Enoch, ainda que desconhecessem o lugar onde o Delta estava oculto.

Transcorreram os anos. Davi, rei de Israel, concebeu o projeto da construção do Templo de Jerusalém e seu filho Salomão o executou.

Antes, porém, de consagrar o Templo à Glória do Grande Arquiteto do Universo, quis fazer um esforço supremo para localizar o Triângulo escondido por Enoch.

Com tal objetivo, escolheu três Mestres de sua maior confiança cujo valor e perseverança haviam demonstrado em muitas outras ocasiões, incumbindo-os de pesquisarem a respeito.

Chamavam-se esses três Mestres Eleitos: Adoniram, Stolkin e Joabem, os quais, após penosas viagens e grandes estudos, conseguiram descobrir a Abóbada em que o Sagrado Delta estava guardado.

Desde então, tornou-se a representação gráfica inscrita, representando o Nome verdadeiro do Grande Arquiteto do Universo.

Porém, não sabemos pronunciá-lo, porque as águas do Dilúvio destruíram a Coluna de Mármore em que Enoch gravara o código para decifração daquele Nome Inefável e como devia ser pronunciado por lábios humanos.

*
* *

Os trabalhos do Grau 13 findam com uma prece:
"Poderoso Soberano Grande Arquiteto do Universo.

Vós que penetrais no mais recôndito de nossos corações, acercai-vos de nós para que melhor possamos adorar-vos, cheios de vosso santo Amor. Guiando-nos pelo caminho da Virtude e afastando-nos da senda do vício e da impiedade.

Possa o selo misterioso imprimir em nossas inteligências e em nossos corações o verdadeiro conhecimento de vossa essência e poder inefável, e assim como temos conservada a recordação de vosso santo nome, conservai também em nós, o fogo sagrado de vosso santo temor, princípio de toda Sabedoria e grande profundidade de nosso Ser.

Permiti que todos os nossos pensamentos se consagrem à grande obra de nossa perfeição, como recompensa merecida de nossos trabalhos e que a União e a Caridade estejam sempre presentes em nossas Assembleias, para podermos oferecer uma perfeita semelhança com a morada de vossos escolhidos que gozam de vosso Reino para sempre.

Fortalecei-nos com vossa luz, para que possamos nos separar do mal e caminhar para o bem.

Que todos os nossos passos sejam para glória e proveito de nossa aspiração, e que um grato perfume se desprenda do Altar de nossos corações e suba até vós.

Ó Jeová, nosso Deus! Bendito sejais, Senhor. Fazei com que prospere a obra feita pelas nossas mãos, e que sendo vossa Justiça nosso guia, possamos encontrá-la ao término de nossa vida. Amém".

Perfeito e Sublime Maçom – 14º Grau

Eis a Lenda do Grau 14:

"Desde a época em que Jabulum, Joabem e Stolkin acharam o Santo Nome gravado no nono arco, debaixo da terra em que Enoch o escondera, sob o santuário do Templo que ele erguera no monte Haceldema, perto do Monte Sião e ao sul do Vale de Josafá, levaram essa notícia a Salomão.

Salomão, em recompensa, criou para eles, o Grau de Grande Eleito e Perfeito Maçom.

Desde essa época, só Candidatos dignos foram admitidos nesse Grau.

Depois da dedicação do Templo, vários dentre eles dispersaram-se pelo Mundo:

Os maçons de Graus inferiores multiplicaram-se rapidamente, devido à menor seleção entre os que se candidatavam a conhecer a Arte Real.

A falta de circunspecção desses Irmãos dos Primeiros Graus chegou a ponto de vários profanos conhecerem os Sinais, Toques e Palavras, que só deveriam ser conhecidos pelos maçons.

A Maçonaria começou a degenerar, multiplicaram-se as recepções, nenhum interstício foi observado entre os Graus, houve pessoas que receberam os três Graus Simbólicos de uma só vez.

Os prazeres e as diversões tomaram o lugar da instrução; apareceram inovações, uma nova Doutrina destruiu a antiga, que jamais deveria ser abandonada.

Houve disputas e dissensões. Só os Perfeitos Maçons escaparam a esse contágio, guardas fiéis da Palavra Sagrada que fora guardada sob a Abóbada, debaixo do *Sanctum Sanctorum*.

Começou a reinar, entre eles, essa união fraternal, união jurada e de que é o selo aquela Palavra.

Quando Salomão investiu os primeiros maçons desse Grau, fê-los prometer-lhe, solenemente, que entre eles reinariam sempre a Paz, a União e a Concórdia, que praticariam obras de Caridade e de Beneficência, que tomariam para base de suas ações a Sabedoria, a Justiça e a Equidade; que guardariam o maior silêncio sobre seus mistérios e que Só os revelariam a Irmãos que, pelo zelo, fervor e constância fossem dignos de conhecê-los, que se auxiliariam, mutuamente, em suas necessidades, punindo severamente qualquer traição, perfídia e injustiça.

Deu, então, um anel de ouro como prova da Aliança que acabavam de contrair com a Virtude e para com os Virtuosos.

Quando Jerusalém foi tomada e destruída por Nabuzardã, general de Nabucodonosor, rei de Babilônia, os Grandes Eleitos foram os últimos defensores do Templo (2 Reis 25: 8-9).

Penetraram na Abóboda Sagrada e destruíram a Palavra Misteriosa que nela se conservara por 470 anos, seis meses e dez dias desde a edificação do Templo.

A Pedra Cúbica foi quebrada, o pedestal derrubado. Tudo foi enterrado em um buraco de 27 pés de profundidade, por eles cavado. Retiraram-se, depois, decididos a confiar à memória o Grande Nome e a só transmiti-lo à posteridade por meio da tradição.

Daí vem o costume de "soletrar" letra por letra, sem pronunciar uma única sílaba. Por causa disso, perdeu-se o hábito de escrevê-lo e de pronunciá-lo.

Há incerteza das letras que o compõem. A verdadeira pronúncia só foi conhecida dos Perfeitos e Sublimes Maçons".

*
* *

O Templo é denominado de "Retorno Secreto de Perfeição" e possui as paredes vermelhas com Colunas brancas, iluminado com nove lâmpadas ao Norte, três ao Sul e cinco à esquerda, no Oriente.

Defronte ao Oriente, duas Colunas douradas, entre as quais uma Pedra Cúbica sobre um pedestal triangular.

O Presidente representa o Rei Salomão e recebe o título de "Potentíssimo Grande Mestre"; os dois Vigilantes recordam Adoniram e Moabom, este, filho de Lot, e recebem o título de Respeitável Irmão Grande Vigilante; os Irmãos são denominados "Excelentíssimos".

O traje é de passeio, em negro, com luvas brancas.

O Avental é branco, orlado em azul; o verso é na cor carmesim. Na Abeta, bordada, uma pedra quadrada com uma argola; no centro, um compasso apoiado em um semicírculo graduado; no centro, uma estrela de cinco pontas e a figura do Sol; nas bordas do anverso, circundando, ramos floridos.

Perfeito e Sublime Maçom – 14º Grau

A faixa é na cor carmesim; de um lado, uma estrela de cinco pontas e do outro, um ramo de Acácia; a Joia reproduz o bordado do centro do Avental.

A idade é a de 27 anos cumpridos.

A Bateria é de três, cinco, sete e nove golpes.

Hora da abertura dos trabalhos: entre o despontar do dia e o desaparecimento do Sol; hora do fechamento: quando aparecem as três estrelas.

A abertura do Livro Sagrado será feita em Êxodo 33: 18-23:

"Então disse Moisés ao Senhor: Rogo-te que me mostres a tua glória.

Respondeu-lhe: Farei passar toda a minha Bondade diante de ti e te proclamarei o nome do Senhor, terei misericórdia de quem eu tiver misericórdia, e me compadecerei de quem eu me compadecer.

E acrescentou: não me poderás ver a face, porquanto homem nenhum verá a minha face, e viverá.

Disse mais o Senhor: Eis aqui um lugar junto a mim; e tu estarás sobre a rocha.

Quando passar a minha Glória, eu te porei numa fenda da rocha, com mão te cobrirei, até que eu tenha passado.

Depois, em tirando eu a mão, tu me verás pelas costas; mas a minha face não se verá".

*
* *

A Iniciação do Grau 14 é longa; há no início a preocupação de recordar todos os 13 Graus precedentes inquirindo-se os Iniciandos desde as primeiras passagens do aprendizado, Grau 1 do Simbolismo, que não são necessárias ao presente estudo.

No centro do Templo, é colocada uma mesa sobre a qual se veem um machado e uma faca de proporções maiores que as comuns.

O Candidato ajoelha-se diante da mesa e inclina a cabeça, aguardando o golpe do machado, enquanto o Mestre de Cerimônias comprime com a faca o seu peito.

O Candidato dispõe-se a "imolar" as suas paixões ainda presentes, apesar de ter passado por tantas Iniciações.

Simbolicamente, é despido dessas paixões que tanto o prejudicam.

O Grau enfatiza a necessidade de "libertação", quando evoca a escravidão em que se encontrava o povo de Israel.

Nos tempos atuais, inexiste escravidão; a liberdade política já não preocupa.

O que falta, porém, é a libertação das paixões; os homens sempre são escravos de si próprios, dos vícios e do egoísmo.

Apenas para exemplificar porque é um mal generalizado, é o maléfico uso do fumo; o cigarro e assemelhados dominam o fumante a tal ponto que, não podendo resistir, polui qualquer ambiente, em uma atitude hostil de desprezo para com os demais.

Nunca se propagaram tanto os males do fumo; todos estão conscientes de seus malefícios; no entanto, vemos Maçons fumarem na Sala dos Passos Perdidos, acintosamente, em ambientes fechados, sem a mínima preocupação de que os circunstantes poderão sofrer as consequências.

Além do simbólico ato de imolação, o Candidato é conduzido junto ao Mar de Bronze, em cuja água mergulha as mãos, depois as passa sobre um incenso no Altar dos Perfumes, para que o calor do incenso as enxugue. Assim, purificado, o Presidente toma de uma Trolha com a qual colhe de um vaso, uma mistura de azeite, vinho e farinha de trigo que passa na testa do Neófito para que os seus pensamentos sejam corretos; nos lábios, para que as suas palavras sejam úteis e sobre o coração, para que os seus sentimentos sejam justos.

Todo cerimonial é feito no mais absoluto silêncio, ouvindo-se um fundo musical adequado.

A seguir, o Candidato presta seu juramento, na forma e formula convencionais.

O Presidente diz:

"O laço que liga os Maçons não é, apenas, o de uma amizade delicada; reside, também, na identidade de suas aspirações. Jurastes defender-nos dos ataques à nossa liberdade de pensar e deveis, também, prestar vosso concurso à nossa tarefa. Ide agora, e aproveitai aquilo que os homens descobriram sem vosso concurso, mas, acrescentai-lhe o produto de vossos esforços".

O Neófito é levado para fora do Templo onde é preparado recebendo a "fita" do Mestre Secreto e um Triângulo de ouro preso ao peito, inscrita nele a palavra "Jeová"; em sua cintura é passado, com duas voltas, um cordão.

O Neófito toma a iniciativa de palavra e diz ao Presidente:

"Vós me incumbistes de ir em busca de Verdade. Procurei-a sincera e constantemente; entre os homens encontrei um Nome que eles contemplam pávidos.

Responde o Presidente:

"Essa palavra representa para eles o temeroso desconhecido. Sobre o coração do Maçom está o símbolo da razão serena e perseverante. Vistes essa Palavra sob o nono Arco, centro da Luz, Verdade intangível para a qual convergem todas as nossas aspirações.

Interrogastes as crenças humanas de que o Delta é o símbolo mais elevado. Todas têm um início em um sentimento bom e justo; todas têm conduzido ao esgotamento da Razão".

O Presidente retira o cordão que envolve o Neófito, simbolizando a sua libertação.

Recebe o Neófito as insígnias do Grau e passa o Presidente a manter com o 1º Vigilante um diálogo em torno do nome de Deus e incluindo o Orador, discorrem a respeito do que seja o Infinito:

"O Infinito é esse firmamento que por todos os lados nos envolve. É um movimento perpétuo a que chamamos "tempo".

Qual o menor dos organismos? Qual o maior? A Vida é imperceptível para os nossos olhos em tudo o que é, demasiadamente, grande.

Onde é o limite da Vida? É o Infinito.

Em todo germe da Vida, encontramos o germe da Inteligência. Onde é o princípio da Inteligência? Qual seu limite? É o Infinito.

O Infinito, sempre o Infinito! O espaço, o tempo, a Vida são inconcebíveis e toda ideia de limite é absurda, porque sempre, fica de pé a pergunta: "Que haverá além desse limite?". Além de nossos olhos, nossa Razão, nossa imaginação perquirem indagam e nunca encontram um fim. A quem, em nosso foro íntimo, buscamos compreender nosso próprio movimento cerebral? Experimentamos, então, uma terrível angústia que acabaria por nos destruir a Razão se insistíssemos. Se pudéssemos, ao menos, compreender! Nada, porém! A propósito de todo raciocínio, de toda concepção, as ideias que engendramos vão esbarrar com o incompreendido, com o incognoscível! E toda ciência nada mais é que uma lamentação por nossa ignorância!

Na Pedra Cúbica, já descobrimos quais as letras que compõem o nome de Deus, que representam o Espaço Infinito, o Tempo Infinito e a Vida Infinita em suas diversas manifestações, a Inteligência Infinita, em seu desenvolvimento; o infinitamente pequeno e o infinitamente grande em que esbarramos em toda a série de fatos ou ideias.

São essas, de fato, as letras que não sabemos ajustar umas às outras e das quais nada podemos dizer para não cairmos em idolatria.

Idólatras são os profetas que tentam persuadir o povo de que eles têm comercio com Deus.

Idólatras são os sonhadores que criam Deus de acordo com os erros e fantasmas da imaginação.

Idólatras são os filósofos que, sem conhecimento do que é Espírito e do que é matéria, jogam esta partida de xadrez entre o espírito e matéria, em que, desde os primórdios da Humanidade, vence, ora uma, ora outra opinião, recomeçando, logo a seguir a partida.

Idólatras são as pessoas simples que prestam homenagem a Deus, chamando-o de Bom, Justo, Poderoso, que tudo vê e tudo ouve, afeiçoando-o à sua imagem com as Virtudes, mas, também, com todos os vícios humanos.

Idólatras são os insensatos que se constituem Deus por si mesmos, afirmando que não existe outro.

Esses dizem: "Deus não existe", quando o desconhecido e o incognoscível os domina, os envolve e aniquila.

Procedem dessa maneira como quem, encerrado em uma câmara escura e desconhecida, declara que nela nada existe.

Não acrediteis, meus Irmãos, que exprimindo-me por esta forma esteja vos expondo a Doutrina Maçônica.

É um modo de pensar que procede de concepções, talvez de preconceitos, ídolos que o futuro se encarregará de destruir."

A Doutrina Maçônica é a que vou expor:

"Debaixo da Pedra Cúbica, da Natureza e por meio da Ciência encontrastes os elementos do conhecimento de Deus.

Não soubestes ler a Palavra que vos haviam afirmado, sabereis ler quando Perfeitos Maçons.

A ideia maçônica é que cada um a leia por si próprio, sem auxílio alheio, de acordo com a própria Razão.

Lereis: CRIADOR PROVIDÊNCIA – JEOVÁ – NATUREZA.

Que vossa leitura, porém, seja atenta e refletida. Empregai as letras encontradas sob a Abóbada Sagrada, sem negligenciar nenhuma das realidades que a Ciência vos revelou.

Adotais algum dos nomes que enunciei, como explicando a ideia de Deus?

Ignorais por que os sons que se ouvem, as palavras, só exprimem uma ideia única: "Ignorar!"

A Maçonaria não admite um desses nomes como expressão de sua Doutrina.

A Doutrina Maçônica é esta: "Deus existe". Ela afirma a existência de Deus e nada mais.

Essa falta de qualquer explicação pode conduzir ao desespero, e esse constitui um horrível sofrimento.

O remédio para esse desespero será o sofrimento em comum, a procura da Paz Espiritual no trabalho e achar a serenidade no amor do Bem e na Amizade daqueles a quem amamos.

É esse o derradeiro traço do Perfeito Maçom.

Não seria possível, de fato, que fosse a Razão humana uma dor eterna.

A necessidade de compreender levar-nos-ia ao desespero do nada, se não fosse a necessidade que temos de esperar e de amar.

Um sentimento invencível impõe-nos a confiança, uma atração irresistível liga-nos ao Universo, a todos os seres, ao Infinito impenetrável.

É essa a libertação do pesadelo que nos oprime. É a Luz nas trevas de nosso cérebro.

O Perfeito Maçom procurará decifrar todas as realidades, mas a Chave de Marfim que lhe foi confiada abrir-lhe-á a Abóbada da Fraternidade: sustê-lo-á em seus desfalecimentos e o Amor retemperará sua coragem e sua confiança".

Cavaleiro do Oriente – 15º Grau

A Loja do Grau 15 funciona em Templo e denomina-se "Conselho de Cavaleiros do Oriente".

Conselho provém do latim *consilium,* com o significado de "aconselhar" ou "decidir de forma judicante", sem ser, necessariamente, um Juízo e seus membros proferirem "julgamentos".

Em Maçonaria, um "Conselho" pende mais para a decisão democrática onde todos têm voto de decisão e diz respeito mais a um "Aconselhamento" que propriamente uma sentença inapelável.

Nas Iniciações do Grau 15, o Conselho passou a se reunir, após a liberação de Zorobabel de Babilônia, em Jerusalém, e sob as ruínas do Templo.

A história não nos informa sobre esse local; não sabemos se havia uma "cripta" ou subterrâneos, pois na descrição bíblica isso é omitido.

No entanto, o sepultamento de Hiram Abiff não poderia ter sido dentro do Templo, no lugar de Consagração, no *Sanctum Sanctorum* e tudo leva a crer na existência de uma "cripta", como sucede em todos os Templos da Idade Média.

Há certa confusão sobre a constituição do Conselho, pois os autores apresentam três opiniões:

A primeira diz que a Iniciação deveria dividir-se em três partes: a recepção de Zorobabel por Ciro, ainda na Babilônia; o combate travado na ponte de Gabara e a Iniciação, propriamente dita, no Templo de Jerusalém.

A segunda diz que a Iniciação deveria ser desenvolvida em duas salas, sendo a primeira revestida com tapeçaria na cor verde-mar, representando a Sala de Audiências de Ciro. A segunda, com tapeçaria em vermelho representando o Templo de Salomão com suas Colunas quebradas e caídas ao solo.

A comunicação entre essas salas é feita através de um átrio onde se representa uma ponte evidenciando sobre ela três letras: L.D.P., e sob a ponte corre um rio, o "Starbuzanai", ou seja, o Eufrates.

A terceira reduz os trabalhos a uma só Câmara e é adotada por nós.

A ornamentação da Câmara apresenta cores variadas, como branco, azul, escarlate e púrpura, sendo a iluminação feita por 70 luzes dispostas em dez grupos: cinco em forma de triângulo e cinco em forma de quadrado.

Há mais luzes; as sete do Menorá colocado sobre o Trono.

Nessa Câmara é colocada, no centro, a ponte que atravessa o rio Eufrates.

Obviamente, o resumo empobrece a Cerimônia, porém, considerando que a Maçonaria Filosófica trabalha em Templos adaptados, os dos Aprendizes do Simbolismo, outra solução, por enquanto, não há.

O trabalho na Europa e nos Estados Unidos da América do Norte, orientado pelo famoso escritor Albert Pike, prefere dividir a Iniciação em três partes, resumindo, a maioria, em duas: a da recepção na Corte de Ciro, e na Câmara Iniciática, sob os escombros do Templo de Salomão.

Essa Iniciação é muito mais rica em representação que a usada por nós.

As letras L.D.P. colocadas no arco da ponte representam a frase latina: *Lilia destrue pedibus*, que tem a seguinte tradução: "Destrói os lírios pisando-os".

Essa frase nada tem a ver com a luta na ponte de Gabara, pois se trata de uma referência à família dos Bourbons, cujo símbolo era um lírio.

A nossa interpretação "vulgar" e adotada é: "Liberdade depois da ponte" ou "Liberdade de passar" ou, ainda, "Liberdade de pensamento".

Há quem, de forma mais sutil, pretenda identificar o "lírio" com as flores que Salomão colocou entre as romãs, nas duas Colunas do Átrio do Templo.

Significaria, outrossim, a pureza das intenções, ao forçar a passagem pela ponte, mesmo com sacrifício de vidas, pois o destino primeiro de Zorobabel não teria sido o retorno dos hebreus a Jerusalém, mas a edificação do Templo, como expressão de unidade nacional e glorificação a Jeová, que permitiu o retorno.

O fato de o Grau 15 ser "cavalheiresco" faz supor que Zorobabel utilizou-se da Cavalaria para retornar a Israel; dá-se, porém, relevo à Idade Média, pois o surgimento da Cavalaria como transporte nobre é notado naquela época, quando também surge a Maçonaria como Instituição.

Na noite do tempo, perdeu-se a "origem" da Maçonaria que é reencontrada em diversas fases, como a da construção do Grande Templo de Salomão; daí em diante, as tentativas de reencontrá-la no Egito ou na Índia não deram resultados muito positivos.

Os elementos encontrados não autorizam afirmar-se serem resquícios maçônicos, mas que a Maçonaria os tomou e adotou.

Temos em comum, sempre e a qualquer tempo, a "Arte de construir", elo que nos une a todas as civilizações do passado.

No entanto, a Maçonaria surge como Instituição na Idade Média, especialmente revelada nos Templários.

Afirmar-se que os Templários usaram a Maçonaria para se estabelecerem ou a Maçonaria usou a filosofia e a operatividade templária para aperfeiçoar-se, são, ainda, incógnitas.

As Ordens Cavalheirescas poderiam ser inspiradas pelos maçons, criadas pelas dissensões que em qualquer tempo surgem.

A multiplicação das Lojas Maçônicas entre nós, na grande maioria dos casos, deve-se a lutas internas; os grupos que não podem sintonizar entre si, separam-se com o ideal de criarem uma nova Loja, perfeita, livre de todos os vícios originários.

Esse nosso comportamento é o comportamento universal, pois dentro do agrupamento humano, o fenômeno da dissensão é norma comum que, de certo modo, apresenta-se salutar, embora se trate de um paradoxo, mas tem sido a causa do progresso.

Assim, na Idade Média, os primeiros a formarem o elo homem-cavalo não passavam de "valetes", servindo aos seus senhores: a evolução não tardou e do "valete" surgiu o "Escudeiro" para inspirar o "Mestre" e logo a seguir, "Cavaleiro Perfeito".

A comitiva cavalheiresca era formada por grupos de certa forma estilizados. A elegância e a riqueza das montarias e dos trajes faziam a seleção natural, Quanto maior o título de nobreza, mais belo e puro era o animal, mais rica a armadura, maior o séquito.

O Grau 15 faz uma distinção, pois dá ao cavaleiro um título prosaico: "Cavaleiro do Oriente".

O Oriente sempre foi, especialmente na Idade Média, o sonho geográfico a ser conquistado, inspirando essa ânsia de desvendar os mistérios, a organização das Cruzadas.

O Império do Oriente, causa de tanta luta, chegou a um momento em que parecia sobrepujar o próprio Ocidente; se os muçulmanos não tivessem retomado Constantinopla, a civilização europeia teria ficado em segundo plano.

Assim, um "Cavaleiro do Oriente" era muito mais importante que um cavaleiro comum.

Maçonicamente, esse "Cavaleiro do Oriente" apresentava uma alternativa: a "da Espada", significando "Justiça", portanto, a Ordem surgia como fator de Justiça; ou de aventura.

Assim como a base da Maçonaria fora a construção material e progressivamente passou à construção da personalidade, para a nobreza, o Cavalheirismo passou da aventura e da Justiça para a nobreza do sentimento; o espírito do sacrifício resultando de uma educação progressiva e de uma orientação necessária para que pudesse, na gigantesca programação, visar ao bem-estar da Humanidade.

Em todos os tempos, a grandeza de uma Instituição decorria do poderio e prestígio do líder.

Ou, do "Oriente" com o significado mais esotérico e cristão, lembrando Jerusalém que era o propósito comum de libertação do túmulo de Jesus.

Não podemos esquecer da importância de um "Túmulo" que, posto a ressurreição, guardara o corpo de Jesus; o fechamento do ciclo nascimento-morte, para igualá-lo nas oportunidades que seriam dadas a toda criatura humana, "fez-se homem", como exemplo e certeza de que o homem poderia entrar no "plano de salvação", sem a necessidade de passar por um "Calvário".

*
* *

No Grau 15, duas salas formam o Templo; a primeira é revestida com tapeçaria na cor verde-mar, representando a sala de audiências de Ciro; a segunda apresenta tapeçaria em vermelho, representando o Templo de Salomão cujas Colunas estão depositadas no piso; são Colunas quebradas.

A primeira sala comunica com a segunda por meio de um Átrio onde se instala uma "Ponte" e sobre o seu Arco destacam-se as letras LDP com o significado já evidenciado anteriormente.

O rio que corre sob a ponte é o Starbuzanai, mais conhecido como Eufrates.

Face às dificuldades existentes, as duas salas fundem-se e a Cerimônia desenvolver-se-á em apenas uma sala, onde vem colocada a Ponte.

A primeira sala de cor verde-mar simboliza a inércia e a segunda sala, em vermelho, a vontade; assim, o Candidato passa da inércia à ação. A luta para passar da inércia à ação ocorre pela passagem da Ponte, onde os obstáculos, que são o inimigo, são vencidos com sacrifícios e derramamento de sangue.

As luzes que devem ornamentar o Templo são em número de 70 e o seu simbolismo é simples: diz respeito aos anos de cativeiro na Babilônia.

O Presidente do Conselho representa Ciro, rei da Pérsia, com o título de "Soberaníssimo"; no entanto, foi simplificado para o de Grão-Mestre e o tratamento de "Ilustre".

O Primeiro Vigilante terá o nome de Starbuzanai e o Segundo de Mitridate; o Iniciado representa Zorobabel.

O nome "Starbuzanai" origina-se do hebraico: *Scht'thar e Bozanai*; esse nome é de pouco uso.

A tradução mais adequada seria a de quem repele a putrefação. Na Sagrada Escritura, Starbuzanai é o nome de um dos oficiais de Ciro.

"Mitridate" tem o significado de "aquele que explica a lei"; era o tesoureiro de Ciro e responsável pela custódia dos vasos de ouro que Nabucodonosor havia retirado do Templo de Salomão.

Zorobabel é nome de origem caldaica; hoje temos o vocábulo "babel" significando "confusão"; no entanto, a origem é outra, pois "Bel" ou "Belus" fora um rei que posteriormente foi, em Babilônia, convertido em divindade; tem, outrossim, o significado de "Porta de Deus".

Na linguagem babilônica, Zorobabel é associado ao nome de "Zerbabili" com o significado de "semente de Babilônia"; poderia, porém, significar "gema da porta de Babilônia"; aqui "gema" tem o significado de "pepita de ouro".

Isaías denomina a cidade de Babilônia como "a glória dos reinos e magnificência da soberba dos caldeus"; dada a sua grandiosidade e fama a ela acorriam gentes de todos os países, daí gerar a confusão da linguagem.

Zorobabel vem referido com três nomes: Zorobabel, Zerúboabel e Sassabar.

Em certos Rituais, o Presidente do Conselho toma o nome de "Soberano" e os dos Vigilantes de "Generais"; os Irmãos são denominados "Cavaleiros".

O traje é negro, com luvas brancas.

O Avental é branco, listrado de verde; na Abeta, uma cabeça ensanguentada sobre duas Espadas cruzadas; no centro, três triângulos de elos e malha. A faixa é na cor verde bordada com cabeças, coroas, espadas inteiras e quebradas e uma ponte com as letras IDP; a Joia constitui uma pequena espada.

A idade é 70 anos; a Bateria, 7 golpes, 5 por 2.

A abertura dos trabalhos ocorre no aparecimento da aurora; o fechamento, quando as estrelas surgem.

*
* *

Nabucodonosor havia destruído o Templo (Crônicas 2, cap. 36:19) e feito 10.900 prisioneiros israelitas, entre os quais o próprio rei. Esse, durante o cativeiro, teve um filho, Zorobabel, que após 70 anos de escravidão obteve de Ciro, sucessor de Nabucodonosor, a permissão de retornar a Israel e reconstruir o Templo.

Após uma marcha que durou quatro meses, os israelitas chegaram a Jerusalém; Zorobabel foi libertado junto a 7 mil operários e, com esses, após apenas sete dias, teve início a reconstrução do Templo. Os operários trabalhavam armados com suas espadas para repelir eventuais ataques inimigos, em especial os samaritanos.

Com fé e perseverança, o Templo foi erguido, pleno de riqueza e técnica.

Os construtores receberam o título de "Cavaleiros da Espada".

*
* *

A Lenda do Grau 15

O livro hebraico *Debari Haimin,* que chamamos de "As Crônicas" (do Ritual), relata:

"O Senhor inspirou a Kurosch, rei da Pérsia, que fez uma proclamação a todos os seus povos, dizendo: "Kurosch, rei dos persas, assim fala: Yanuah-Alochi, no céu, deu-me todos os reinos da terra e encarregou-me de edificar uma casa para Yarusalém, em Yeduah. Quais, entre vós, pertenceis a esse povo? O Senhor seu Deus está comigo". Essa proclamação era consequência de um sonho e das solicitações de Sasbatzar ou Zorobabel, Nazer ou Príncipe Yeduah, chefe dos judeus.

O rei tinha visto Nabucodonosor e Balshazzar, reis da Babilônia, acorrentados e, por sobre eles, esvoaçando, uma águia que dizia o nome do Deus dos hebreus.

O sonho fora interpretado por Daniel Rab Sergonim, chefe dos Sagons (sábios do tempo de Dario e Meda), que amedrontou Kurosch se não obedecesse ao Deus de Israel.

Zorobabel foi levado à presença do rei, que estava cercado de generais e de sábios da Pérsia e da Babilônia, com todas as pompas de sua corte.

O príncipe da Judeia apresentou-se coberto de vestes de penitência.

"Que desejais?" perguntou o rei. Zorobabel disse-lhe: – A Liberdade.

Retrucou o rei: "Dar-te-ei a liberdade e a de teu povo; restituir-te-ei os tesouros da Judeia; permitir-te-ei reconstruir o Templo de teu Deus, se me entregares o Delta, oculto entre os Iniciados de teu país, e se me disseres o nome que nele se contém.

Zorobabel respondeu-lhe: "Se é com violação de meus sentimentos que posso recuperar a liberdade, morrerei na escravidão, pois sou, também, guardião do fogo".

"Quem te salvará da minha cólera?", disse-lhe o rei. "Teu juramento de soldado de Mitra e tua honra de rei", retrucou-lhe Zorobabel.

O rei Kurosch rendeu homenagem à lealdade de Zorobabel, dizendo-lhe: "Sabendo-te um dos Mestres da Luz, quis experimentar tua fidelidade". Fê-lo, então, despir as vestes de servidão e cingiu-lhe a fita dos nobres da Média e da Pérsia. Nomeou-o "Tharshata", isto é, Governador da Judeia e restituiu-lhe a espada e o anel, sinais de sua autoridade. Deu-lhe, além disso, instruções secretas, recomendando-lhe só as comunicar aos Iniciados do Templo a reedificar.

Chefes dos Sagons acompanharam Zorobabel a Yarusalém, com 42.360 judeus e seus servidores. Percorreram o Eufrates, ao redor do deserto da Arábia e, depois, tomaram o caminho de Damasco.

Na passagem do Gabaro, encontraram uma ponte, onde foram atacados por colonos babilônicos, estabelecidos em Samaria, os quais procuraram roubar-lhes o tesouro do Templo. Os judeus, triunfantes, forçaram a passagem da ponte, mas Zorobabel perdeu na refrega a fita de rei. Entraram no país de Israel, reedificaram o Templo e a cidade de Jerusalém".

*
* *

O Grau 15 é Iniciático.

Príncipe de Jerusalém – 16º Grau

Os samaritanos opuseram-se à reconstrução do Templo de Salomão porque haviam construído um Templo próprio e não desejavam que Zorobabel sobrepujasse a edificação; além disso, cientes de que Zorobabel trazia os tesouros do Templo, haviam decidido apoderar-se dos mesmos para colocá-los em seu próprio Templo.

Foram tantas as incursões dos samaritanos a partir da luta na ponte de Gabara para impedir o objetivo de Zorobabel, que, em certa oportunidade, pareciam que sairiam vitoriosos, o que levou Zorobabel a pedir ajuda a Dario, sucessor de Ciro.

O Livro de Esdras, nos capítulos 5 e 6, descreve minuciosamente esta passagem.

Com a ajuda de Dario, o Templo pôde ser concluído.

O Grau também é constituído de um Conselho denominado dos Príncipes de Jerusalém; o Templo é dividido em duas partes, a primeira na cor rosa (Corte de Dario) e a segunda, em vermelho (Corte de Zorobabel; na parte rosa são colocadas 25 lâmpadas.

O Presidente, que representa Zorobabel, tem o título de Justíssimo Príncipe; os dois Vigilantes são denominados de Iluminadíssimos Príncipes, e os Irmãos, de Valorosos Príncipes.

Antigamente o traje era oriental com luvas vermelhas; na atualidade, o traje é negro, com luvas vermelhas.

O Avental é vermelho, bordado em rosa. O colar rosa é bordado em ouro, apresentando uma balança na Abeta, empunhada pela mão da Justiça; no centro, uma réplica de um Templo; disseminados, punhais, estrelas, triângulos e esquadro; a faixa é dourada, tendo à direita, bordados, uma balança,

cinco pequenas estrelas, duas coroas, dois punhais; a Joia é uma colher de pedreiro (Trolha); há uma medalha de ouro, tendo no verso uma balança e no reverso, uma espada; aos lados, as letras D (Dario) e Z (Zorobabel)
A idade é de 25 anos completos.
A Bateria, de 25 golpes, espaçados por 5.
Abertura dos trabalhos: "quando surge o dia"; encerramento: "as estrelas começam a aparecer".

*
* *

Eis a versão maçônica da Lenda (do fato histórico):
"Após recebido o decreto de libertação e todos os objetos preciosos pertencentes ao Templo de Salomão furtados pelos babilônios, Zorobabel, no dia 22 de março, chegou sem dificuldades às margens do rio que separava a Síria da Judeia.
Ali, construiu uma ponte para poder atravessar o rio, junto com seu povo.
Porém, os moradores da margem oposta (samaritanos) atacaram Zorobabel, dispostos a não permitir a sua passagem.
O príncipe, contudo, demonstrando valor, repeliu o ataque numa sangrenta batalha, onde perdeu o distintivo que o rei Ciro lhe havia ofertado.
Auxiliado pelos maçons que o acompanhavam e munido com uma espada sagrada, que não poderia perder enquanto vivo, venceu os inimigos e chegou a Jerusalém, vitorioso.
Com a invasão de Nabucodonosor, Jerusalém fora destruída, e ainda vagavam nela alguns eleitos que haviam conseguido esconder-se sem serem conduzidos cativos, sobrevivendo com muito sacrifício, conservando a sua tradição, reunindo-se, secretamente, para chorar as suas desditas e para praticar as cerimônias de sua Ordem.
Esses zelosos maçons encontraram entre as ruínas do Templo, a Abóbada secreta, que passara despercebida pelos invasores, quando destruíram o Templo.
Assim, chegaram ao pedestal da Ciência e retiraram a prancha de ouro que estava depositada sob a Pedra Cúbica.
Com a finalidade de preservar aquela joia das mãos dos invasores babilônios, romperam-na e fundiram, reduzindo-a a pequenos fragmentos. Assim, a preciosa ágata onde estava esculpida a Palavra Sagrada desapareceu, resolvendo os maçons revelá-la e transmiti-la, daquele dia em diante, exclusivamente de forma oral, de ouvido para ouvido.
Ao terem eleito Ananias como seu chefe, plenos de fé e esperança, aguardavam dias melhores, até que chegou Zorobabel.
Ananias procurou Zorobabel, instruiu-o sobre os Mistérios da Ordem, até que nela foi admitido com pompas e alegrias, sendo eleito e proclamado

Chefe da Nação e, naquelas mesmas ruínas, foi reiniciada a construção do Templo.

Iniciados os trabalhos, não tardaram a chegar os inimigos, obrigando Zorobabel a se pôr na defensiva; assim, passou ele e seus auxiliares a trabalhar com espadas nas mãos, enquanto manejavam os instrumentos de construção.

Dessa atitude é que surgiu o nome de "Cavaleiro da Espada".

*
* *

Esclarece o Ritual:

"O Recipiendário, partindo para a viagem, deve estar armado de espada e escudo, revestido de todas as insígnias que possuir, à imitação de Zorobabel que partiu de Jerusalém com uma embaixada de príncipes.

O caminho que faz, em Loja, representa o que faz a embaixada de Jerusalém até Babilônia; os combates que simula durante a viagem figuram os que a Embaixada teve de sustentar durante a passagem.

Chegando à Babilônia, o Recipiendário apresenta-se a Dario e expõe sua missão. Recebida a resposta do rei, regressa pela mesma estrada, tendo de vencer, também, os mesmos obstáculos.

Assim, imita a célebre Deputação que foi à Babilônia apresentar suas queixas a Dario.

A carta recebida do rei representa a ordem formal que ele entregou à Deputação.

De volta de viagem, o Recipiendário é introduzido na sala cor da "aurora", onde entrega a carta de que é portador.

Depois de demonstrar o bom êxito de sua missão, retira-se da sala para, em seguida, voltar com todas as honras, o que recorda a magnificência real.

Em seguida, é instruído nos mistérios, o que representa os poderes que a cidade outorgou a seu Embaixador como recompensa de sua gloriosa Deputação.

Acendem-se, na sala encarnada, muitas luzes para lembrar as fogueiras que, por tal motivo, foram levantadas em uma das praças da cidade.

A primeira sala é iluminada por 25 luzes, dispostas em grupos de 5.

O Muito Justo Príncipe (Presidente) dá-lhe, então, os Sinais, Palavras e Toque.

Depois de circular o Tronco de Solidariedade, o Secretário procede à leitura do resumo dos trabalhos.

*
* *

A decoração do Templo no Grau 16:

Há duas salas que se comunicam por um corredor. A primeira fica no Oriente e representa a corte de Zorobabel, rei de Jerusalém; é forrada de cor "da aurora" e iluminada, na última fase de Iniciação, por 25 luzes divididas em grupos de cinco.

A Porta de entrada é guardada por dois Príncipes, um fora e outro dentro, armados de "lança" e "alfanje", tendo capacete na cabeça e escudo no braço esquerdo.

A segunda sala, representando a corte de Dario, sucessor de Ciro, é forrada de encarnado, com Trono e Dossel de cor da aurora (a cor de aurora é branco-azulado) ou cor de "aço".

O corredor que conduz o Recipiendário de uma à outra sala representa a estrada de Jerusalém à Babilônia.

O Conjunto de Loja denomina-se Conselho.

Cavaleiro do Oriente e do Ocidente – 17º Grau

A Loja é forrada de encarnado com estrelas douradas. No Oriente, fica o Trono do Presidente sobre três degraus, sustentado por quatro animais (leão, bezerro, águia e um quadrúpede com cabeça humana, tendo cada animal seis asas).

De cada lado da Loja 11 pequenos tronos, para os Membros Numerários. No Ocidente, dois outros Tronos, iguais aos precedentes, para os Vigilantes. Por detrás do 2º Vigilante há outro, para ser, posteriormente, ocupado pelo Neófito.

Por sobre o Dossel do Trono do Presidente, um arco-íris, ladeado pelo Sol e pela Lua. Em baixo e à direita do Trono, fica um recipiente com água sobre uma pilastra.

O Presidente segura com a mão esquerda um livro de onde pendem sete selos.

A Loja é composta de 24 Membros Numerários os quais são denominados de Grande Conselho.

O Presidente tem o título de Muito Poderoso; os demais componentes Numerários denominam-se Respeitáveis Anciãos; os Irmãos que excederem o número 24 possuem o título de Respeitáveis Cavaleiros.

O traje é composto de uma túnica branca; a fita é azul, colocada a tiracolo; por cima dessa, outra fita negra pendente do pescoço com a Joia: uma Cruz da Ordem.

O Avental de forma triangular é de cetim amarelo, orlado de carmesim.

*
* *

Explicações:

O Grau 17 é considerado bíblico, suspeitando-se que se origine dos essênios.

Na Maçonaria moderna, surgiu no ano 1118, durante a primeira Cruzada.

Os primeiros Cavaleiros reuniram-se em número de 11 e, segundo a tradição, juraram na presença de Garimont, Patriarca e Príncipe de Jerusalém, manterem-se unidos pela amizade fraterna.

A sua denominação de Cavaleiro do Oriente e Ocidente provém do fato de ter sido criado no Oriente, na Palestina e trazido, posteriormente, para a Europa.

*
* *

Estrelas douradas: geralmente, temos a impressão de que toda estrela deva ser prateada, por causa da ilusão que temos ao vê-las no firmamento e pela intensidade de calor que sugere o metal fundido. No entanto, a estrela dourada simboliza a Luz, porque o ouro é o símbolo da Luz Espiritual.

*
* *

Trono do Presidente: o estrado formado por três degraus é sustentado em cada ângulo por um animal; esses animais, porém, representam características apocalípticas. Há certa confusão com o bezerro, pois poderia ser um touro. Esses quatro animais representam os signos do Zodíaco. Essa representação é em razão de serem animais alados. As asas representam o curso rápido pelo firmamento e revoluções solares. O quarto animal, como um quadrúpede com cabeça humana, demonstra que o homem sempre será um animal, partícipe da Natureza. Os animais quadrúpedes são signos benéficos; a águia é um signo maléfico.

*
* *

Onze pequenos Tronos: representam a evolução da religião e do estudo da Natureza. O número 10, explicado pela Lei Natural, representa os Dez Mandamentos ou os dez preceitos da Lei Natural. Logo, a soma de 10 somado à Natureza que é o "campus" onde tem aplicação a Lei Natural, forma o número 11.

*
* *

Membro Numerário é o nome que se dá aos primeiros 11 Cavaleiros que prestaram juramento perante Garimont.

Neófito: tem o significado de "destinado", ou seja, o Príncipe de Jerusalém, Zorobabel; pela sua condição de príncipe é que lhe é destinado um Trono.

*
* *

Arco-íris: significa aliança com Deus; após o Dilúvio, Deus comprometeu-se com Noé e seus descendentes a não mais repetir o Dilúvio. A história vem especificada em Gênesis, 9:8-12.

*
* *

O recipiente com água representa o Dilúvio.

*
* *

Sete Selos: provém do Apocalipse: "Vi na destra daquele que estava sentado sobre o Trono um livro escrito por dentro e por fora (pergaminho em rolo), fechado e selado com 7 selos". (Apocalipse 5 e 6)

*
* *

Os 24 Membros Numerários representam as 24 horas do dia.

*
* *

O Muito Poderoso representa Jeová.

*
* *

A Túnica Branca representa os que foram mortos em sacrifício.

*
* *

Heptágono: polígono de sete ângulos e sete lados. Significa o número místico. Em cada ângulo está gravada a primeira letra das palavras: Beleza, Divindade, Honra, Poder, Glória, Força e Sabedoria.

Parteniano: nome que se origina do grego *parthenos*; eram assim denominados os filhos ilegítimos nascidos em Esparta durante a guerra de Messina.

Parténope: na Mitologia Grega, uma das Sirenes que, após tombar sem vida, em sua homenagem lhe foi erguida uma vila denominada "Neápolis", de onde se originou a cidade de Nápoles, Itália.

*
* *

Não há mais tempo: tudo deverá ser executado com rapidez, tanto que, ao entrar o Recipiendário, esse é empurrado precipitadamente.

*
* *

O Recipiendário representa Noé, que teve de se apressar para construir a Arca a fim de neutralizar os efeitos do Dilúvio.

*
* *

O Trolhamento é feito para afastar o perigo da presença de algum impostor.

*
* *

A Vítima: é o Recipiendário, mas não no sentido de sacrifício, e sim de pessoa digna para desvendar os mistérios e transformar-se em Respeitável Ancião.

*
* *

Pilastra da água: situada à direita e abaixo do Trono, simbolizando o Dilúvio, demonstra a presença, por meio do Arco-íris, da aliança que Deus fez com Noé. Mergulhando as mãos na água, o Recipiendário vai se recordar da Aliança, pois o Arco-íris serve para alertar Deus e não Noé ou seus pósteros.

*
* *

Os Laços Constritores evitam a hemorragia; simbolizam a precaução para evitar derramamento de sangue.

*
* *

Os Quatro Ventos Encerrados representam os elementos da Natureza em rebelião, traduzidos em ventos, trovões e relâmpagos e que precedem o tocar das sete trombetas apocalípticas.

*
* *

A colocação de barbas nos Neófitos representa a consagração dos Anciãos, que são os Irmãos que excedem o número de 24 Membros Numerários que compõem o Grande Conselho.

*
* *

As iniciais B.D.S.P.H.G.F. significam: Beleza, Divindade, Sabedoria, Poder, Honra, Glória e Força.

Príncipe Rosa-Cruz – 18º Grau

O Capítulo Rosa Cruz desenvolve-se em três Câmaras: a Negra, a de Suplícios e a Vermelha, sendo essa última dispensável; em Rituais antigos, a divisão era em Câmaras da Torre, Negra e Vermelha.

A primeira Câmara, a Negra, será forrada em negro, com lágrimas brancas; o Pavimento é de mosaico, com quadros alternadamente brancos e negros.

O Pavimento Mosaico apresenta a alternativa de seus quadrados poderem ser em losangos.

No Oriente, sobre três degraus, fica o Altar do Presidente, coberto de pano negro com chamas encarnadas; no primeiro degrau, repousa a *Pramanta* sobre uma Cruz, em um coxim de veludo vermelho.

Sobre o Altar, um *Crucifixo*, tendo de cada lado um castiçal com vela de cera amarela. Por sobre o Dossel de pano negro com franjas prateadas, fica uma Estrela Flamejante.

A cobertura do Altar será total, arrastando-se o pano no piso.

O Altar do Presidente, que é chamado de Sapientíssimo, não deve ser confundido com o Altar comum existente no Grau de Aprendiz e onde é colocado o Livro Sagrado.

O Altar do Presidente é a mesa do Dirigente, situada num plano superior, elevado por trás dos degraus do piso.

Os Vigilantes não estão sentados sobre estrado algum e não possuem, diante de si, qualquer Altar. Estão colocados um ao lado do outro, no Ocidente tão próximos que, para executarem a Bateria, batem os respectivos Malhetes um no outro.

O Altar do Presidente está coberto com um pano negro, ornamentado com chamas encarnadas, que se arrasta pelo piso.

A tônica de ornamentação é o negro e o vermelho, símbolo do fogo; o negro que não é cor, mas sim a ausência da cor, simboliza o vazio, o vácuo e as chamas, o Fogo Espiritual.

Na Câmara Negra, ficam três Candelabros com 11 braços cada um, e 33 lâmpadas iluminam o ambiente.

Nos três ângulos, três colunas de média altura e, sobre cada uma, um cartaz com as palavras: Fé, Esperança, Caridade.

Sobre o Altar são colocadas três cruzes, sendo a do centro, mais alta e tem no centro a Rosa Mística envolta em espinhos e, aos pés, uma esfera envolta por uma serpente; as demais cruzes possuem no centro um crânio pousado sobre duas tíbias cruzadas; nos dois lados do Altar ficam dois candelabros.

O Trono do Presidente, colocado à frente do Altar, é em forma triangular, coberto por pano negro, sobre o qual são colocados: o Livro Sagrado, o Compasso, o Esquadro, o Triângulo e os colares dos Candidatos.

Próximo ao Trono do Presidente, há um candelabro de sete braços com velas.

A Câmara Vermelha é o Templo dos trabalhos usuais do Capítulo; as paredes são vermelhas; nela são colocados os três candelabros de 11 braços.

Esses candelabros são colocados ao Oriente, ao Ocidente e ao Meio-dia. Também nessa Câmara são colocadas as três colunas com os cartazes iguais às da Câmara Negra.

Ao Oriente, sobre o Trono do Presidente, fica um Dossel vermelho com franjas douradas.

Na parte frontal do Dossel, há um transparente em formato de estrela; no centro, uma Cruz dourada com a Rosa Mística; aos pés, um Pelicano.

Sob a Cruz é pintado um sepulcro descoberto.

Defronte ao Trono, um Altar ornamentado em vermelho, sobre o qual são depositados o Livro Sagrado, aberto em São João, um Compasso e um Esquadro.

Nos lados do Altar, existem duas colunas altas, sobre as quais estão cartazes com as palavras "Infinito" e "Imortalidade".

Defronte ao Primeiro Vigilante, uma outra Coluna branca com cartaz e a palavra "Razão"; defronte ao Segundo Vigilante, outra Coluna branca com a inscrição "Natureza".

No centro do Templo, há outro Altar em vermelho onde repousa a Pramanta; defronte, fica um Candelabro de sete braços.

O Presidente é denominado "Sapientíssimo" e "Atersata"; os Vigilantes têm o tratamento comum de Vigilantes; os Irmãos, o título de "Cavaleiros".

O traje é composto de uma túnica branca, com uma Cruz inserida no peito; a cor é grená; luvas negras; Espada e Cajado.

O Colar é feito em seda vermelha com três Cruzes Teutônicas negras sobre as quais ficam as Rosas Místicas em ouro; no verso do Colar, que é negro, três Cruzes em vermelho e no centro de cada uma, uma Rosa Mística em prata.

A Joia consiste em um Compasso aberto a 45°; entre as hastes, um Pelicano sobre um semicírculo.

Simbolicamente, o vermelho do Colar representa a luz solar; é o símbolo do amor.

As linhas verticais das Cruzes simbolizam a vida; aaaas horizontais, a morte; significa que não se atinge a imortalidade senão após haver superado o obstáculo da morte.

A Rosa simboliza o Segredo.

Portanto, a Rosa e a Cruz simbolizam o Segredo e a Imortalidade.

A idade dos Cavaleiros é 33 anos; a Bateria dá sete golpes, sendo 6 por 1.

A Aclamação: *Hoschea*.

À hora do início dos trabalhos: A Palavra está perdida.

À hora de encerramento: A Palavra foi encontrada.

Lenda do Grau: Comemoração em louvor à Doutrina Evangélica.

*
* *

A Pramanta

Trata-se de um vocábulo originado do sânscrito, com a grafia atualizada, pois se escrevia com "th"; há variações no vocábulo, podendo-se dar-lhe o sentido feminino ou masculino.

Simboliza a criação do fogo, pois constitui um aparelho que, por meio de fricção, produz calor e, consequentemente, fogo, pelo incêndio dos elementos de combustão contidos em seu recipiente.

A Pramanta deveria fornecer o fogo para o acendimento das velas durante a Sessão Ritualística.

Consiste a Pramanta em um bastão cilíndrico de madeira dura, que é colocado dentro de um recipiente encaixando-se em um orifício.

Friccionando-se o bastão, quer manuseando-o, quer provocando-lhe rotação rápida por meio de um cordel que se enrola e desenrola, como os meninos fazem com os seus piões, o atrito provocará fagulhas que irão incendiar o combustível colocado dentro da tigela; esse material é lenhoso ou musgo seco, enfim, material extraído da própria Natureza.

Encontramos muitas referências ao uso da Pramanta nos livros védicos.

A tigela tem a denominação de *Arani* e seria a representação simbólica da fêmea, enquanto a Pramanta seria o macho.

A produção do fogo equivaleria ao ato sexual, um ato de geração.

A Pramanta deveria ser colocada no centro da Cruz, escondida por uma Rosa.

O ato sexual sempre foi discreto e oculto. A geração do fogo constitui também um ato oculto e secreto, fora do alcance de vista profana.

Nos dicionários maçônicos e na literatura ocidental, não se encontra referência alguma a respeito da Pramanta e poucas pessoas possuem o conhecimento adequado de sua origem e dos motivos por que a Maçonaria a adotou.

Nos rituais antigos não se conhece o vocábulo Pramanta. Ele foi introduzido há poucos anos, e não sabemos as razões dessa escolha.

Mas, sentimos, após presenciar o ato litúrgico de seu uso, que realmente era preciso um instrumento tão sofisticado e tão antigo, para valorizar a chama de fogo que irá acender as luzes necessárias para a Cerimônia geral.

Hoje, pouco valor se dá a esses gestos requintados e esotéricos, pois é muito mais prático riscar um fósforo para se obter o fogo.

As Cerimônias que se desenvolviam no Monte Olimpo, por ocasião das Olimpíadas, eram comoventes, porque o fogo que acendia as tochas era obtido por meio de uma lente, incindindo o Sol num material combustível, chama que era conservada durante todo o cerimonial, que durava dias consecutivos.

No Brasil tínhamos o fogo da Semana da Pátria que, acendido do fogo de lâmpadas votivas das Igrejas, era mantido durante a semana toda, em todo o território nacional.

A obtenção do fogo por meio de Pramanta resulta de um ato cerimonioso; portanto, profundamente esotérico, que assume aspectos divinos e que produz resultados benéficos.

Todas as reuniões do Capítulo deveriam ser obrigatoriamente observadas dentro dos preceitos ritualísticos, cabendo a fiscalização às Autoridades Maçônicas Superiores.

*
* *

O Crucifixo

É ideia generalizada de que a Maçonaria não é religião e que se apresenta eclética, sem se fixar em qualquer doutrina ou seita. No Grau Rosa-Cruz, a concepção cristã apresenta-se com grande soma de imagens retiradas do Cristianismo.

O Crucifixo é uma delas, pois não podemos confundir crucifixo com a própria Cruz.

A Cruz é mais recipiente que conteúdo; é sempre vista e não contém o Crucificado; temos uma Cruz ocupada com o corpo de Jesus e, após vazia, como símbolo de redenção.

No Altar do Capítulo vemos colocado o Crucifixo, ou seja, uma Cruz ocupada.

Qualquer dicionário definirá Crucifixo como "Imagem de Cristo pregado na Cruz", ou seja, o "Crucifixado".

Porém os dicionários cometem um erro filosófico, pois Cristo jamais foi "crucifixado",e sim Jesus.

Trata-se de uma concepção mais moderna de que entre Cristo e Jesus há certa diferença, tendo em vista o aspecto espiritual do Cristo e o aspecto exclusivamente humano de Jesus; a expressão exata será: "Jesus, o Cristo".

Logo, sobre o Altar teremos uma Cruz onde se verá crucificada a imagem de Jesus. Isso constitui a presença essencial da figura exponencial do Cristianismo.

O Grau 18 é um Rito cristão, e ao estudarmos os símbolos nele utilizados, mais nos convencemos disso.

A Cruz não se constitui apenas do objeto central, mas sim do conjunto de três Cruzes, Tríade, porém ocupada pelos seus respectivos Crucificados.

Assim, tanto o bom como o mau ladrão foram os companheiros de Jesus em uma situação unida e, como tal, deveriam permanecer. O Calvário é o conjunto das três Cruzes, e o Cristianismo retira do fato uma lição permanente de que ao lado da Perfeição estão colocadas a dualidade do bem e do mal.

A interpretação filosófica da presença do bom (Dimas) e do mau (Gestas) ladrões será de que tanto um como outro encontraram em Jesus a sua redenção.

Também o mau foi sacrificado, em uma demonstração de que todo homem é igual e merece a sua oportunidade, seja qual for a situação do momento.

Embora o criador do Rito não desejasse colocar no Altar as três Cruzes, fê-lo simbolicamente, colocando de cada lado do Crucifixo um castiçal com vela amarela.

Esses castiçais simbolizam os ladrões que, purificados, foram consumidos pelo fogo sagrado que neles entraram, por meio do elemento cera, que traduz pureza.

A cera amarela, aqui, constitui apenas a escolha de material, pois, cera amarela será a cera *in natura*, sem ter passado por purificação química.

O método de clarificação da cera mais usado é deixá-la exposta à luz do Sol; por si só adquire transparência e perde a cor amarela.

A cera simboliza a purificação; as velas acesas constituem a imolação, ou seja, a morte necessária para significar a dação em sacrifício. Os dois ladrões, purificados pela presença do Senhor, foram dados em holocausto, como "primícias", ou seja, frutos perfeitos, virginais, de uma iniciação recém-adquirida.

Não resta dúvida alguma que, ressurgindo Jesus da morte da Cruz, os seus dois companheiros também ressuscitaram, apesar do relato bíblico silenciar a respeito do destino dos corpos dos ladrões.

Quem se dedica ao estudo das abelhas terá notado como o inseto executa tarefas maçônicas; muito já se tem escrito a respeito, e os apicultores sabem, perfeitamente, que desde as células hexagonais fabricadas para guardarem as larvas e o mel, até os rituais que se desenvolvem dentro da colmeia, há muito de conceito maçônico.

O Dossel constitui a cobertura do Altar; não deve haver dúvida de que o Altar onde vão o Crucifixo e os dois Castiçais constitui a mesa do Presidente.

O Dossel está revestido de panos negros e as suas franjas, prateadas.

O porquê da prata torna-se óbvio que é por representar a Estrela Flamejante à noite.

As Estrelas são visíveis, de um modo geral, à noite e brilham assim com maior intensidade.

Se as franjas fossem douradas, representariam o dia, pois o ouro é um símbolo representativo do Sol.

A cor negra (que não é cor) representa o Cosmos, infinito e sem visibilidade, ausente de claridade, onde se destaca, apenas, uma Estrela: a Flamejante (não confundir com a Estrela Flamejante do 2º Grau).

*
* *

A Rosa Mística

A Rosa Mística é vermelha; flor originária do Oriente, simboliza uma Iniciação adquirida com perseverança e sacrifício.

Os alquimistas a tinham representando o signo da realização da *magnus opus* (obra magna), e para a Maçonaria constitui o emblema da perfeição alcançada. Para o Cristianismo, é símbolo da pessoa de Jesus.

O Avental negro, com a Cruz no centro e a respectiva Rosa, é o símbolo operativo do Grau.

O Colar negro, ou fita, onde estão bordados os símbolos do Grau, representa a união entre os Irmãos.

*
* *

O Candelabro de Sete Velas

Os Candelabros foram adotados por todas as religiões e as suas origens são desconhecidas; contudo, a referência feita no Livro Sagrado, tanto no Antigo como no Novo Testamento, mostra-o como luz e compreensão.

Salomão, ao construir o Templo, determinou a colocação de muitos candelabros. No lugar denominado de "Santo" foi colocado o Candelabro de sete luzes.

O significado do Candelabro vamos encontrá-lo em duas referências: no Livro de Zacarias, capítulo 4 e no do Apocalipse, capítulo 1.

Zacarias tivera uma visão de um candeeiro de ouro de sete lâmpadas. Pede explicação ao Anjo que lhe fez ver a visão. O Anjo lhe diz que as sete lâmpadas são os sete olhos de Jeová. O candeeiro em si é a própria palavra de Jeová.

No Apocalipse, o Anjo informa que as sete espadas são as sete Igrejas (as sete cristandades da Ásia Menor).

O Candelabro de sete velas, na terceira Câmara, fica junto à grade entre a mesa do Tesouro e a entrada do Oriente.

Certamente, não lhe foi dado o mesmo significado litúrgico que os hebreus lhe emprestavam; contudo, a sua presença tem o toque antigo de representar a Palavra de Deus, que em última análise, está sempre presente.

Como inexiste o Altar onde repouse um Livro Sagrado, o Candelabro de sete velas substitui esse Livro Sagrado.

É o "olhar" de Deus, que tudo perscruta e também, em substituição ao Delta Luminoso que não se vê na Terceira Câmara.

*
* *

As Viagens

O Candidato pratica três viagens que dentro do cerimonial são denominadas de: viagem da Fé, da Esperança e da Caridade.

Há um fundo musical.

Na primeira viagem, são dadas com os Neófitos três voltas pelo Templo. Durante as voltas, são proferidas sentenças absurdas, em uma demonstração de que a sugestão profana, muitas vezes, pode penetrar nos Templos Maçônicos e que nem tudo o que se afirma dentro da Filosofia é verdade.

O 1º Vigilante diz: "Creio na existência de dois deuses: um branco e bom; outro negro e cheio de maldades".

Já a crença em dois deuses é uma demonstração do absurdo, porque o Neófito não é um profano, mas sim alguém que já possui elevados conhecimentos maçônicos.

A primeira reação do Neófito é de espanto, pois a afirmação lhe causa um impacto; não pode contestar nem sequer tem tempo para refletir, pois ouve a segunda sentença.

Diz o 2º Vigilante: "Creio em Brahma, que gerou a Trimurti; Brahma, o criador; Vishnu, o conservador; Shiva, o destruidor".

O espanto aumenta pois o Neófito ouve algo que lhe causa maior confusão ainda. Como pode ouvir tal disparate se o Grau 18 é essencialmente cristão?

Mas, sem ter tempo para retrucar, ouve a terceira sentença proferida pelo Orador: "Creio na transmigração das almas".

E a voz do Secretário acrescenta. "Adoremos o Sol, a Lua, as Estrelas porque são deuses".

O Neófito, que acompanha atônito o desenrolar do cerimonial, não sabe o que fazer; confundido, tenta refazer-se, quando o Hospitaleiro afirma: "O recém-nascido, morto sem batismo, está para sempre condenado".

Essa sentença parecerá ao Neófito um retorno brusco às crenças populares cristãs; tenta lembrar-se de que lhe disseram da existência de um limbo, aonde iriam os recém-nascidos sem batismo. Mas ao final da segunda volta, o Tesoureiro diz: "O Rei é Deus; nós somos seus escravos".

A que Rei estaria se referindo o Tesoureiro? O Rei dos Judeus, Nosso Senhor Jesus Cristo? Mas, por que está mencionando-se a escravidão?

No meio de terceira volta, retorna o 1º Vigilante a sentenciar: "O Papa é infalível".

Reacende-se na mente do Neófito a discussão da infalibilidade dos Papas, as lutas religiosas, os dogmas e quando tenta colocar em ordem sua mente confusa, o 2º Vigilante afirma: "Maomé é infalível".

O Orador, ao encerrar a terceira volta, pronuncia com firmeza as seguintes palavras: "O fogo é Deus. Façamos estátuas de madeira e adoremo-las".

Após o término da terceira volta, o Mestre de Cerimônias conduz o Neófito até o topo da Coluna da Fé e manda que leia em voz alta a palavra que nela está colocada.

Somente nessa hora, o Neófito percebe que as palavras absurdas ouvidas representam a fé dos homens, as crenças facilmente aceitas, as doutrinas exóticas facilmente seguidas.

Lida a palavra em voz alta, o Sapientíssimo esclarece o Neófito sobre a crença dos homens e concita-o a esperar por uma nova Fé inspiradora.

À primeira viagem foi dado o nome de Fé, porque a Fé se tem prestado aos maiores absurdos; enquanto existe Fé, há o perigo constante da superstição; aceitar uma verdade fabricada pelos homens, dourando-a para que seu aspecto se torne aceitável, é permanecer sem Lei e sem Verdade.

A fé é uma Coluna de Câmara; sua existência não pode ser posta em dúvida e ela realmente alimenta o espírito, mas quando se trata da Fé raciocinada, iluminada pela razão, fruto da elaboração mental, à luz da presença do Senhor dos Mundos. A Fé elabora a Esperança.

A segunda viagem: consiste em o Neófito dar uma volta completa dentro do recinto da Câmara, colocando-se frente à Coluna onde está escrita a palavra Esperança, que ele lê em voz alta.

O homem jamais se sentirá plenamente satisfeito com o que possui e com o que sabe. O desconhecido é por demais atraente. Quase todos os grandes feitos heroicos têm as suas raízes na curiosidade; é obedecendo ao impulso de saber que o homem se torna arrojado. A Esperança sempre alimentará o maçom para um novo passo. São 33 as fases ou estágios que o maçom procura alcançar.

Passo a passo, sobe degrau por degrau uma escada cujo topo imagina alcançar vislumbrando poder, posição hierárquica e, sobretudo, conhecimento.

A busca incessante da Verdade é o que alimenta o ideal e só por meio da Esperança poderá o Neófito sentir o poder da Fé.

Dia mais, dia menos, saberá o que existe no topo do último degrau!

A terceira viagem: é feita sob o signo da Caridade. O Evangelho de Jesus tem sólido ensinamento na Caridade, que é compreendida em seus três aspectos: a Caridade no conceito de doar; a Caridade com amor e a Caridade como obediência à Vontade de Deus.

"Mais bem-aventurado é dar do que receber", esse é um dos áureos ensinamentos de Jesus.

A dádiva não abrange somente a riqueza, mas todo o desprendimento. A dádiva mais preciosa é aquela de quem se dá a si mesmo para uma causa justa.

A dádiva não é exclusivamente material ou sentimental; quem se propõe a obedecer à Vontade de Deus, abrindo mão de uma pretensa liberdade (livre-arbítrio) e sentindo o prazer de entrar em Harmonia com o Criador, está em Caridade permanente.

Conhecer qual é a Vontade de Deus é conhecer um dos mais profundos Mistérios espirituais.

A Caridade tem sido interpretada de múltiplos modos e formas. Há o aspecto religioso que propala do desprendimento de quem oferece preces em benefício dos mortos. Há quem faz trabalho social, auxiliando quem sofre. Há o aspecto intelectual que busca desbravar a ignorância, alfabetizando, educando e instruindo. Enfim, o conceito de Caridade comum e convencional não é o conceito maçônico de Caridade.

O Cavaleiro Rosa-Cruz, quando Neófito, compreenderá durante a terceira viagem o significado real da expressão Caridade; o Ritual apresenta-se rico em ensinamentos para uma adequada compreensão do que seja a Caridade Maçônica.

*
* *

A Ceia

A Ceia do Grau 18 é a mesma "Santa Ceia", ou comunhão, ou missa dos cristãos. Constitui uma cerimônia que, embora evoque a Santa Ceia realizada por Jesus, foge a qualquer semelhança.

No centro da Câmara, é colocada uma mesa coberta com uma toalha branca, onde estão dispostos pão, vinho e um recipiente contendo brasas.

O pão deverá ser do tamanho comum e proporcional aos Cavaleiros presentes. Há quem prefira consumir "pães ázimos", usados pelos judeus nos seus cerimoniais.

O vinho será tinto, de preferência seco e colocado em um único recipiente.

O braseiro, por sua vez, deverá conter brasas suficientes para consumir as sobras de pão e vinho.

A cerimônia recorda que esses elementos são sagrados, pois simbolizam a presença física de Jesus.

A Ceia constitui um cerimonial cuja origem é lembrada como sendo a realizada por Jesus com os seus 12 discípulos, sem, contudo, pretender ser a repetição daquele ato.

São recordados, também, os Rosa-Cruzes, médicos do século XVI.

A Ceia do Grau 18 é realizada com caráter de obrigação, pelo menos uma vez por ano, na quinta-feira santa, denominada "Endoenças".

A palavra "endoença" provém do latim, significando "indulgência", pois nos séculos passados a Igreja distribuía nas quintas-feiras santas indulgências especiais.

A Ceia do Grau 18, porém, pode ser realizada por ocasião da Iniciação de novos Cavaleiros, em qualquer época e quantas vezes for necessário.

Recorda, também, os Cavaleiros da Távola Redonda da época medieval.

A Ceia simboliza a despedida e, por isso, os Cavaleiros "retomam os seus cajados".

Desse ponto em diante, os trabalhos são "suspensos" (jamais encerrados) e os Cavaleiros irão percorrer o mundo em busca de conhecimento e de realização dos seus mistérios (aventuras cavalheirescas).

Na Ceia, os Cavaleiros serão distribuídos ao redor da mesa, permanecendo de pé a fim de receber o pão e o vinho.

Não se confunda essa "ceia de despedida" com o "banquete", quando além do pão e vinho, haverá o cordeiro assado; nessa ocasião os Cavaleiros, sentam e confraternizam, alegremente, sendo individual o copo de vinho.

Na Ceia de despedida, todos bebem de uma só taça.

Jesus, ao distribuir o pão e o vinho, esclareceu que simbolizava o seu próprio corpo e o seu sangue.

Porém, a Ceia rosacruciana distribui a nutrição que simboliza o sangue e o corpo de todos os Cavaleiros presentes, para que as forças da Vida sejam aumentadas, que a inteligência seja sã e sincera e para que a Verdade seja discernida e as aspirações esclarecidas ante o Grande Arquiteto do Universo.

O Sapientíssimo "rompe o pão", tira um pedaço e o come em primeiro lugar; Jesus tinha uma maneira peculiar de "partir" o pão, que não chegou até nós, mas quando isso fazia, logo conhecido, como sucedeu na Ceia de Emaús, após a sua ressurreição.

Após ingerir o pão, o Sapientíssimo o distribui, passando todo pão ao Cavaleiro que se encontra à sua direita; esse, por sua vez, come sua porção e o vai passando, até fechar o círculo.

Somente o Sapientíssimo é quem fala; ao distribuir o pão, diz: "Comei, meus Irmãos, e dai de comer a quem tem fome. Amai e frutificai".

Aqui o Sapientíssimo coloca-se na posição de Mestre, ordenando. Ele não diz: "devemos comer", incluindo-se; ele apenas dá ordens.

O pão circula, após, silenciosamente, de mão em mão. Deve haver o cuidado de não sobrar pão e sim apenas algumas migalhas para serem queimadas na braseiro.

Quanto ao vinho, a cerimônia prossegue de igual forma; em primeiro lugar, o Sapientíssimo bebe na mesma taça, que deve ter o formato maior que as comuns (o Santo Graal), e a seguir a passa ao Cavaleiro ds direita, proferindo as seguintes palavras: "Bebei, meus Irmãos, e dai de beber a quem tem sede; aprendei e ensinai".

Cada Cavaleiro, ao passar a Taça, como fez com o pão, repete a frase referida.

Pelas palavras que o Sapientíssimo profere é demonstrado que a preocupação não é só alimentar o corpo, mas também os sentimentos.

Ao final, as migalhas que sobrarem do pão e as gotas do vinho são devolvidas ao Sapientíssimo, que as coloca no braseiro. O vinho reacenderá o fogo, transformando-se em "incenso místico".

Esse ato de queima é de suma importância, porque nenhuma parcela do corpo e do sangue dos Cavaleiros poderá ser perdida ou jogada fora; constitui elemento sagrado.

Encerrada a cerimônia, diz o Sapientíssimo: *"Consumatum est"*, ou seja, "Está consumado", palavras de Jesus proferidas ao expirar na Cruz.

Eis um final irreversível; assim, encerram-se as Cerimônias da Ceia de despedida.

Os Cavaleiros retiram-se, ampliando o círculo que haviam formado ao redor da mesa. Ao atingirem as Colunas, depositam seu óbulo e o Ritual prossegue na parte do encerramento, declarando ao final o Sapientíssimo que os trabalhos são suspensos, e diz: "Ide em Paz"!

O significado da despedida, em primeiro lugar, constitui uma ordem de deixar o Templo e ir embora, percorrendo horizontalmente o mundo, voltando a se identificar com os profanos, com a maldade, a dor, a miséria, campo propício para o cumprimento do dever maçônico.

Finalmente, é a Paz que tranquiliza e conforta. O mundo de hoje sofre as tensões nervosas da soma de milhões de seres infelizes ou que se sentem desprotegidos.

Nada mais precioso, apropriado e justo para o homem profano que receber a Paz.

Jesus proferiu palavras adequadas para que o povo se sentisse bem: "Minha Paz vos deixo, minha Paz vos dou".

Ir em Paz significa cumprir a verdadeira missão maçônica.

Paz na consciência, em todo o seu ser, irradiando Luz, bênção para muitos, conforto e, sobretudo, ESPERANÇA!

GRANDE PONTÍFICE OU SUBLIME ESCOCÊS – 19º GRAU

O Grau 19 abre na Maçonaria Filosófica o segundo grupo sucessor dos Graus Inefáveis, chegando até o Grau 30, denominados Kadosch ou Kadosh.

O Grande Pontífice é um título que remonta aos tempos mais remotos e surgiu cinco séculos antes da Era Vulgar em memória à devoção de Horácio Coclite, que salvou Roma.

Criou-se um Colégio de homens que, ao mesmo tempo, eram soldados e carpinteiros, aos quais foram dados poderes de custodiarem e manterem as "pontes".

O vocábulo origina-se do latim, *Pontem facio,* ou seja, o fazedor de pontes.

No ano 63 a.C., o imperador romano Júlio César recebeu o título de Sumo Pontífice que, mais tarde, ao final do III século, foi transferido ao Papa; seria a Ponte unindo espiritualmente os fiéis cristãos. O Papa tomou o nome de Bispo de Roma.

O Grau é dedicado à afirmação do Cristianismo e prossegue a filosofia do Grau precedente, do Rosa-Cruz.

A origem do Grau é encontrada em certos mistérios do livro do Apocalipse, que também é conhecido como Revelação de São João e fixa os acontecimentos em torno da Nova Jerusalém.

O Grau é iniciático e desenvolve-se em um Templo que é revestido de azul, salpicado de estrelas douradas.

Na parte anterior e superior do Sólio é colocado um anteparo transparente, de onde partirá uma grande luz que iluminará o Templo.

Defronte a esse "transparente" tem assento o Presidente, com a denominação de Três Vezes Poderoso Mestre.

Na mesa do Presidente, que é ao mesmo tempo seu Trono, encontra-se o símbolo do Grau, as Constituições Maçônicas de 1762 e 1786, os Regulamentos e Estatutos do Supremo Conselho.

Defronte ao Mestre de Cerimônias, que é colocado à direita do Presidente, vê-se pintada em uma tela de dimensões regulares, uma cidade de formato quadrado, com três portas de cada lado e, no centro, uma árvore que produz 12 frutos distintos.

A Cidade parece baixar da abóbada em uma nuvem, para esmagar uma serpente de três cabeças que se acha acorrentada e domina o mundo.

Ao Ocidente, defronte ao Trono principal onde tem assento o Presidente, é colocado outro Trono para o Primeiro Tenente Grão-Mestre (1º Vigilante) que se intitula Fidelíssimo Irmão Zelador, o qual empunha uma vara azul de pequenas dimensões (em vez de Malhete); ao Meio-dia, perto da entrada do Oriente, é colocada uma cadeira para o Segundo Tenente Grão-Mestre (2º Vigilante), com um Trono diante de si, sobre o qual está um Cutelo curvo (ou uma machadinha) para os sacrifícios, e os Perfumadores com essências ou álcool perfumado, que se acendem em certo momento da Iniciação.

Ao centro do Templo, levantar-se-á uma Montanha cujo cume podem subir, comodamente, duas pessoas, até o ponto onde um corte de imediato precipício os impede de descê-la do lado do Oriente, para onde está o seu declive.

Os reflexos de um grande fulgor no centro iluminam a cidade.

A Bateria é produzida por 12 golpes.

A abertura dos trabalhos é no tempo previsto às nações que é chegado; o encerramento é quando a hora for cumprida.

O traje é negro e de passeio, com luvas brancas.

Os Irmãos denominam-se "Fiéis e Verdadeiros Irmãos".

Como insígnias, todos os presentes usarão uma larga faixa carmesim, orlada de branco, tendo à frente 12 estrelas douradas; da faixa, pende uma joia de ouro, quadrilonga, onde está gravado o símbolo do Grau; de um lado, um alfa e do outro, um ômega.

O carmesim é cor mística, usada pelos bispos da Igreja; o debruado branco que envolve a faixa representa o Cosmos.

As 12 estrelas douradas são colocadas enfileiradas de cima para baixo; após a de número seis, apresenta-se um intervalo onde estão inseridos o alfa e ômega.

As 12 estrelas douradas indicam as Verdades explicadas nos Graus precedentes; representam, também, os 12 Anjos que defendiam as 12 Portas da Jerusalém Celestial.

*
* *

Formado o Conselho, o Três Vezes Poderoso Mestre convoca os Sublimes Escoceses, os Fiéis e Verdadeiros Grandes Pontífices e o Capitão de Guarda, para serem abertos os trabalhos.

Os Sublimes Escoceses são todos os Irmãos que não ocupam cargos; os sentados na Coluna do Norte denominam-se "Fiéis Irmãos"; os sentados na Coluna do Sul "Verdadeiros Irmãos".

O Presidente dá a Bateria do Grau e assim dá início à abertura dos trabalhos.

O Altar onde se encontra o Livro Sagrado está colocado no Oriente e será aberto no livro do Apocalipse, capítulo 21.

A seguir, o Presidente pergunta ao Mestre de Cerimônias se há Candidato para ser iniciado. O Mestre de Cerimônias segue para a Antecâmara, que é o Átrio, e de lá traz o Candidato.

O Capitão da Guarda presta todas as informações sobre o Candidato: diz que ele é um Príncipe Rosa-Cruz e que foi assim constituído há três anos; que se filiou nas fileiras de Verdade, conduzindo as armas da Crença, da Esperança e da Caridade, armas simbólicas destinadas a combater os inimigos que são a Intolerância e a Opressão, para, vencendo-os, melhor poder servir à causa da Virtude e da Luz.

Além dessas armas, porta a da Paciência, para saber esperar.

O Candidato é introduzido e recebe do Presidente um cetro, ao que diz: "Quereis, meu Irmão, que vos cinja com a tríplice Coroa da Fidelidade, da Verdade e da Razão? Para que tenhais que sofrer os 12 Trabalhos de Hércules, entrego-vos este Cetro para que vos possa chamar de Três Vezes Poderoso pela Honra, pela Virtude e pela Inteligência".

O Candidato enceta as três Viagens Iniciáticas.

A Primeira Viagem destina-se ao sacrifício no ponto em que separa a região das Trevas do foco da Luz.

Pela mão do Irmão Sacrificador, o Candidato, guiado pelo Mestre de Cerimônias, sobe a montanha até chegar à beira do precipício.

O Candidato, permanecendo à beira do precipício, responde ao Três Vezes Poderoso Mestre que, naquela viagem, aprendeu a Amar, Esperar e Crer.

Não o amor às coisas frívolas; não a espera neste mundo de felicidade perfeita nem a crença nas pérfidas insinuações dos lisonjeiros.

O Candidato ergue a mão direita, responde que detesta a perfídia e promete, jurando, romper toda comunicação e trato com os pérfidos que exploram a boa-fé das massas.

Promete deixar sobre a colina em que se levanta o Ponto da Razão, o sacrifício das superstições, da arrogância recebida com a educação primária e da vaidade científica que ostentam os títulos pomposos da educação secundária. O Candidato subiu a Montanha com os olhos vendados, assim como foi introduzido no Templo.

O Mestre de Cerimônias retira-lhe a venda dos olhos e a atira no precipício, junto com a faixa do Grau 18 e seu Avental.

O Irmão Sacrificador, de posse de uma medida, passa a medir a Cidade em seus quatro lados. Explica, a seguir, que a cidade que se encontra à frente de todos é a Jerusalém Celestial, tendo cada um dos seus lados 12 mil quarteirões ou 12 mil passos que deverão ocupar o âmbito habitável da Terra.

Essas medidas são, simplesmente, simbólicas.

O Candidato está, assim, iniciado nos esplendores da Lei da Liberdade Religiosa, pois jurou romper toda relação com os pérfidos e traidores e se fez digno de viver entre os Aprendizes do Sublime Conselho.

O Presidente, dirigindo-se ao Neófito, diz: "Meu Irmão, do cume em que vos achais, podeis ver ao longe a Jerusalém Celestial, Templo simbólico da Razão, desse Dom Divino, desse Poder de achar a Verdade ou de medir o Grau do que dela se alcança; de compreender, entre todos os sistemas, o único que está em harmonia com a Sabedoria do Eterno e as aspirações da Alma.

A Consciência e a Inteligência são suas auxiliares e elas vos iluminam para que a paixão não extravie a primeira, nem o sofisma cegue a segunda".

A seguir, o Fidelíssimo Irmão Zelador, dirigindo-se ao Candidato, diz: "Viveria perpetuado no erro e só o acaso lhe proporcionaria algum progresso. Mesmo cedendo a essas condições e enganado por vossa consciência, pelos juízos precipitados de vossa Inteligência, poderíeis induzi-lo a encontrar o segredo da Palavra Perdida: Justiça.

"*Justitia nunc reget imperia*" e em vez de Paz existe a guerra, e a iniquidade ocupa a cadeira da Justiça.

Justo e Perfeito é o axioma que o maçom sempre tem presente, pois evoca a personalidade de Deus, a sua qualificação. O Grande Arquiteto do Universo criou o Universo com Justiça e Perfeição, porque só Ele é Justo e Perfeito.

Portanto, Justiça é uma palavra mística que substitui, a contento, a Palavra Perdida".

Conclui o Presidente: "Se haveis compreendido nossos símbolos misteriosos, vereis que os chamados astronômicos, essencialmente, caracterizam os estudos sociais políticos e legislativos, e não a marcha dos astros no firmamento material, cujas leis imutáveis conheceis desde que as recebestes como Companheiro.

Não são nossos Graus uma vã repetição dos mesmos ensinamentos; vão sempre adiante. Sua escala ascendente conduz o Candidato nas asas do progresso, de maneira imperceptível, do fácil ao difícil, do conhecido ao desconhecido, destruindo os seus erros e imprimindo-lhe novas verdades.

A Astronomia é a ciência que analisa as leis mais perfeitas, oriundas do Legislador Supremo, e nos outros nos servimos, habitualmente, de seus

Emblemas para indicar ao Iniciado as que deve examinar e meditar, se deseja que Justiça governe os impérios.

Como são tão completas, devem abranger a que satisfaça a Razão, reunida às vontades para a garantia dos interesses da pessoa e da associação.

Vereis aqueles símbolos apresentados sob distinta forma, ainda que todos da mesma natureza.

O edifício de que nossos pais se serviram para governar as nações desabou, porque se apoiava no absoluto.

Preparai conosco os materiais do Novo Tabernáculo".

O fiel e verdadeiro Irmão Orador dirige-se ao Candidato e diz:

"Soberano Cavaleiro Rosa-Cruz! A Constelação que ilumina a vossa fronte é a do Templo da Razão, assentada em vosso cérebro, essa região da Ideia que o Supremo Artífice formou para servir de centro refulgente ao entendimento.

Cada uma dessas 12 estrelas é símbolo do Zodíaco intelectual em que estaciona o iluminar da Razão, como o do dia em que o firmamento recorda uma das verdades que haveis apreendido a apreciar pelos estudos que fizestes nos Graus anteriores.

Que se gravem, hoje, em vossa memória!

Eis o significado de cada estrela:

A primeira: é que não há princípio de Virtude, de Honra ou de Moral, que não seja inerente à consciência; e que cada homem de juízo perfeito e mediana educação não a possui no mesmo Grau em que é instruído.

A segunda: que nenhum desses princípios, nem todos juntos, bastam para governar a Associação, porque o bem que faz aos homens por sentimento mora e, como toda afeição do Espírito, passageira, não produz senão afetos transitórios, enquanto que a sociedade humana é uma oficina de trabalho e produção, em que o interesse material é mais poderoso que a moral.

A terceira: que as religiões, filhas do Grau de civilização que cada povo alcança, não podem servir para dirigi-las, pois todas se apoiam no Absoluto e apenas invadem o terreno intelectual humano, paralisam a Razão e sepultam o Universo no obscurantismo.

A quarta: que a Metafísica e a Psicologia, ocupadas com o abstrato, perdem-se em vãs especulações ou caem no absoluto porque não fizeram progredir a civilização.

A quinta: que a Literatura não pode ser seu facho, porque é a simples expressão do que aquela tem adiantado e como dissipa os erros e as verdades de uma época, também serve para consagrar o mal, com o prestígio da Antiguidade, como o Bem, e esse é tão limitado que mais ajuda a Educação que a Sabedoria.

A sexta: que a conduta moral e intelectual do homem regula-se pelas noções do seu tempo ou do país em que ele vive, noções que variam em cada geração e, às vezes, em cada ano, se os sábios que nele habitam conduzem-se no caminho do progresso e podem propagar livremente suas ideias.

A **sétima**: que, segundo as opiniões e as instituições relativas ao lugar que ocupam os países no tempo, querer que as ideias fecundadas nos mais civilizados, pelo transcurso do século, penetrem e se apoiem nos menos adiantados, é fazer com que desapareça o intervalo que separa a sementeira da produção do fruto.

A **oitava**: que o melhor governo é aquele que destrói as más leis de seus predecessores, já que está no nível das Luzes do Século e conhece seus verdadeiros interesses.

A **nona**: que o progresso é o resultado do estudo das leis físicas unido ao das leis intelectuais.

A **décima**: que separar uma das outras é anulá-las reciprocamente, pois, se a Natureza bruta influi no homem, Deus lhe deu a razão para compreendê-la e dominá-la.

A **décima-primeira**: que os resultados dos conhecimentos científicos se anulam com a corrupção dos costumes, quebra vínculos da família e introduz a desconfiança entre os associados, como a moralidade de um país se destrói quando marcha ao lado de seu embrutecimento.

A **décima-segunda**: que não basta conhecer nossos deveres, nem promulgar nossos direitos; é necessário saber cumprir uns e garantir os outros".

Encerrada a segunda viagem, o Candidato prepara-se para sua terceira e última viagem.

O Candidato apresenta-se ao Irmão Sacrificador, que o perfuma com incenso, e após é conduzido pelo Mestre de Cerimônias por uma ponte e permanece junto ao quadro representativo da Jerusalém Celestial.

Diz o Presidente: "Esse quadro é a expressão de nosso desejo de realizar a magnífica criação do Paraíso Terrestre, imaginado pelo sentimento intuitivo do poder de nossa inteligência, para dominar a matéria, e o da razão, para vencer as paixões".

O Fidelíssimo Irmão Zelador diz:

"A única Luz que brilha no Oriente, e que não pertence nem ao Sol nem à Lua, é o símbolo do foco da Luz Verdadeira do Soberano Pontífice onde impera a Razão Infinita, da qual a nossa é um fulgor".

Finalmente, o Três Vezes Poderoso Mestre pergunta ao Candidato se deseja ser "um dos nossos" e, diante da resposta afirmativa, conclui:

"Espero, Cavaleiro Rosa-Cruz, que ao sentar-vos neste Conselho, dareis provas de abnegação e da mais acrisolada Virtude.

Com ela e com a Ciência, conquistareis a imortalidade, eternizando vossa memória no tempo, pois o parêntese da Vida é uma brevíssima cláusula dela, e de maneira alguma a podeis demonstrar melhor do que levando a ponte que há de salvar o homem do caos da ignorância, firmada uma parte na Ordem e outra no Progresso. Que nenhum temor vos afaste; marchai para frente, porque os grandes corações vos protegerão dos ociosos".

O Candidato presta o juramento do Grau; esse juramento se compõe de vários compromissos e propósitos, assim resumidos:

a) Manter sigilo sobre o local da Iniciação.

b) Não revelar o nome das pessoas que lhe comunicaram os segredos do Grau.

c) Esforço para contribuir na reformulação dos costumes públicos e privados.

d) Respeito ao lar doméstico.

e) Não ser objeto de escândalo.

f) Não conhecer outro guia senão a Razão.

g) Fazer com que tudo marche ao lado da Ordem e do Progresso.

h) Buscar em seu relacionamento humano apenas os que forem honrados, virtuosos e talentosos.

i) Desprezar o que se envaideça com títulos, dignidades e distinções.

j) Estudar as bases da verdadeira Liberdade e os meios para estabelecê-la no mundo, para ser digno do título de Grande Pontífice do Templo da Razão.

l) Buscar auxílio de Deus.

A seguir, o Neófito é recebido como Membro do Conselho, recebendo as insígnias do Grau, as Palavras de Passe e Sagrada e as instruções adequadas.

Soberano Príncipe da Maçonaria ou Mestre "Ad Vitam" – 20º Grau

Os trabalhos são realizados em uma Câmara denominada "Tribunal". O Grau é outorgado por comunicação, é dispensada a Iniciação.

Não é usado Avental, e sim uma faixa azul adornada de amarelo; a joia consiste em um triângulo dourado onde está inserida a Palavra Sagrada.

Para a abertura dos trabalhos devem estar presentes, no mínimo, nove Irmãos portadores do Grau 20.

O Presidente denomina-se Grão-Mestre e representa Ciro Artaxerxes; os Vigilantes denominam-se Oficial e Segundo Oficial; os Oficiais são resumidos em Mestre de Cerimônias, Hospitaleiro, Orador, Secretário e Guarda do Templo; os Oficiais apenas ocupam os seus lugares, sem interferir no Cerimonial.

A Cerimônia do Grau refere dois fatos: a construção do Templo e o conhecimento da Verdade.

A Câmara é decorada com ornamentos em azul, com franjas amarelas; o Trono é colocado no Oriente, erguido sobre nove degraus; diante do Altar, há um grande Candelabro de nove luzes em forma de triângulo.

O Presidente dirige os trabalhos empunhando um Malhete.

No centro da Câmara, encontram-se três Colunas colocadas em forma de triângulo, sobre as quais são colocadas as inscrições: Verdade, na do Oriente; Tolerância, na do Sul; e Justiça, na do Ocidente.

No Dossel situado no Oriente é colocado um Triângulo radiante, e no centro, está inserida a inscrição: *Fiat Lux*.

O Candidato toma o nome de Zorobabel; o tema da sessão obedece às inscrições das Colunas.

Os participantes têm o nome de Soberanos Príncipes da Maçonaria e seu dever é o de difundirem a Verdade por todos os recantos da Terra.

Inspira os trabalhos a lenda dos sábios caldeus, adoradores do fogo.

A Caldeia, chamada pelos gregos de Babilônia, abrangia apenas alguns povoados na parte inferior dos rios Tigre e Eufrates; era uma das civilizações mais antigas, três mil anos antes de Cristo; o povo cultivava o trigo e trabalhava os metais; as cidades eram edificadas com tijolos de barro cozido; cada cidade tinha um rei sacerdote; eram os adoradores do fogo e sua missão era educar o povo, daí a origem da "liberdade de ensino", tão discutida no século XIX, especialmente, no Brasil.

O Grau 20 preocupa-se em analisar os métodos de ensino: o sintético, o analítico.

A orientação é manter o ensino privado e estatal; essa liberdade conduz à liberdade de pensamento.

Na atualidade, em um país democrático, já não há essa preocupação do ensino laico, de modo que o Grau 20 passou a ser de mera comunicação, sem relevância alguma.

A Maçonaria, sendo Escola, instrui os seus Membros e cada Mestre tem a autoridade de, em discussão tolerante, expor os seus pensamentos e contribuir para que do diálogo surja, sempre, a Verdade.

O Juramento do Grau envolve a sua filosofia: "Juro e prometo propagar e sustentar os princípios da Igualdade, o gozo dos Direitos Naturais, a Liberdade de Ensino e do Pensamento e difundir a Verdadeira Luz em qualquer lugar onde me encontrar; guardar profundo silêncio sobre os segredos do Grau e aperfeiçoar-me na arte da Palavra para tornar-me digno desta Tribuna".

Assim, o maçom passa a ser considerado Mestre "Ad Vitam", ou seja, vitaliciamente, somente depois de ter prestado o juramento do Grau 20.

Podemos então asseverar que um dos deveres filosóficos do Soberano Príncipe da Maçonaria será o de aperfeiçoar-se na Arte da Palavra, o que equivale a retroceder ao Grau 2 e dedicar-se, agora, no campo experimental, à arte da Retórica.

Assim preparado, o Maçom poderá prosseguir na trajetória que tem o direito de concluir, até alcançar o Grau 30, ou seja, o Kadossh.

*
* *

O Venerável Grão-Mestre adquire o nome de Ciro Artaxerxes. Não damos qualquer razão para isso; por que invocar o nome de um dos imperadores persas somente porque os adoradores do fogo surgiram na Síria, precedendo o fausto império persa?

O nome de Ciro está ligado à libertação de Jerusalém, permitindo a reconstrução do Grande Templo de Salomão, destruído por Nabucodonosor.

Outra personagem mencionada e que não tem grande ligação com o Grau é Zorobabel.

Há uma confusão em torno do nome de Ciro que não poderia ser Ciro Artaxerxes. No ano 587 a.C., Nabucodonosor II tomou e destruiu Jerusalém, inclusive o Templo, e levou os israelitas, mais conhecidos como judeus, para a Babilônia, como escravos,

No ano 560 a.C., Ciro, rei de Anzan, derrotou os babilônios quando o seu rei era Nabonido, dominou o reino e libertou os judeus.

Sucedeu a Ciro, Cambises II, seu filho mais velho, após Dario, filho de Histaspes, que deixou o maior império que o mundo já vira. Xerxes foi o sucessor de Dario, morrendo no ano 485 a.C., e Artaxerxes lhe sucedeu; a esse, sucedeu Dario II, após, Artaxerxes II (405-359); após, veio Artaxerxes III, que não era descendente de Artaxerxes, o qual fundou Alexandria. No ano 330 a.C., Alexandre derrotou Dario III, tornando-se herdeiro do vasto Império.

O cativeiro dos judeus durou até a conquista de Ciro; o imperador persa permitiu aos israelitas retornarem a Jerusalém, e o que mais importava: o restabelecimento do culto a Javé.

Muitos judeus preferiram permanecer na Babilônia, e de suas escolas teológicas saiu o *Talmude da Babilônia*; outros se fixaram no Egito onde construíram o Templo de Elefantina; os que voltaram, encontraram Jerusalém "helenizada".

Zorobabel reconstruiu o Templo, que não chegou a igualar o esplendor do anterior; a Arca de Aliança já não existia.

Posteriormente, no ano de 320, os judeus tiveram com muita frequência de sofrer as consequências das rivalidades entre os reis do Egito e da Síria, e a partir do ano 169 a.C. foram perseguidos com crueldade por Antíoco Epifânio e libertados pelo levante dos Macabeus no ano 143 a.C.

No ano 64 a.C., a Judeia foi reduzida à condição de província romana por Pompeu, que fez demolir as muralhas de Jerusalém; após a invasão parta em 39 a.C., Herodes, o Grande, fez-se nomear, pelos romanos, rei da Judeia.

O Templo que havia sido, pela segunda vez, destruído, foi mandado reconstruir por Herodes.

No ano 70 da era atual, Jerusalém revoltou-se contra os romanos, porém o imperador Tito sufocou a rebelião e mandou destruir, novamente, o Templo.

Em Roma, vê-se, ainda hoje, um grande Arco do Triunfo comemorativo daquele cruel evento.

Um dos pontos altos do Grau 20 é relembrar a construção do Grande Templo de Salomão, contudo, não seria a primitiva construção, mas sim a reconstrução feita por Zorobabel.

O resumo do Grau está contido no questionário de recepção dos Soberanos Príncipes:

P. Sois Venerável Mestre de todas as Lojas?
R. Observai o meu zelo para a reconstrução do Templo.
P. Como chegaste até aqui?
R. Viajando através dos quatro elementos.
P. Que significam essas quatro viagens?
R. O fim do mundo e a pacificação necessária para chegar à Verdade.
P. De onde vindes?
R. Da "Via Sacra" de Jerusalém.
P. O que vieste fazer aqui?
R. Visitar-vos, mostrar os meus trabalhos e verificar os vossos, e trabalhar convosco e aperfeiçoar-me entre vós.
P. O que trazeis?
R. Glória, Grandeza e Bondade.
P. O que desejais?
R. Ser por vós julgado Digno, Submisso e Virtuoso.

Noaquita ou Cavaleiro Prussiano – 21º Grau

Os trabalhos desenvolvem-se em uma Câmara que representa um local remoto; a época é na Lua cheia; as sessões são realizadas de 28 em 28 dias.

A iluminação provém dos raios lunares que penetram através de uma janela da Câmara.

O Trono do Presidente é simples e está coberto por um pano negro. Defronte ao Dossel, vê-se um triângulo de prata atravessado por uma flecha dourada; no solo, estão espalhados os restos e escombros de um edifício desmoronado.

Os presentes carregam ferramentas diversas apropriadas à construção.

O Presidente empunha um "cabo de Trolha". O local de reunião denomina-se Grande Capítulo e os Oficiais são chamados de:

Presidente: Cavaleiro Tenente Comendador, e representa o rei da Prússia Frederico II.

Os Vigilantes: Cavaleiros Inspetores.

Orador: Cavaleiro da Eloquência.

Secretário: Cavaleiro Chanceler.

Mestre de Cerimônias: Cavaleiro Guarda do Capítulo.

Os Irmãos denominam-se Cavaleiros Maçons.

O Avental é amarelo; na Abeta, um braço nu empunhando uma espada; no centro, um homem alado segurando uma chave.

A faixa é negra, com Joia representando um triângulo equilátero de ouro atravessado por uma flecha.

O Traje é negro, com luvas amarelas.

*
* *

Origina-se o Grau 21 da antiga Ordem dos Cavaleiros Prussianos, pelo fato de serem os que secundavam os acordos dos Príncipes da Águia Branca ou Negra, dos quais era Grande Comendador, Frederico II, da Prússia.

O nome Noaquita deriva dos descendentes de Noé; foi uma Ordem fundada pelos antigos Galos, reunindo-se o primeiro Capítulo na França, no ano de 1658.

A Cerimônia desse Grau relacionava-se com a histórica construção da Torre de Babel; com o trágico fim de seu Arquiteto; com a salvação de Noé na Arca; com o descobrimento feito na Prússia no ano de 1553 de uma coluna que, em caracteres suméricos, tinha gravada a história da construção de Babel e o arrependimento de seu Arquiteto.

É um Grau conferido, apenas, por comunicação.

*
* *

A origem do Grau é um tanto confusa; há Rituais que apresentam uma história curiosa: "Partindo para a Palestina, Adolfo, o Saxão, solicitou dinheiro emprestado ao Conde Reinfred de Loegria e do Bispo de Viena em troca de uma hipoteca de seus bens.

Ao retornar da Palestina, decorridos alguns anos, Adolfo reclamou as suas posses, mas os credores lhe mostraram o documento da hipoteca já vencida.

Adolfo declarou que a documentação era falsa, pois a data era posterior a sua ida à Palestina. Reclamou na Justiça e os credores foram condenados a restituir os bens a Adolfo".

O Grau 21, oriundo de tal história, quer demonstrar que a Justiça vence os poderosos e que os humildes também podem obtê-la.

O desenvolvimento do Grau 21 alicerça-se no combate ao Orgulho, à Vaidade e ao Egoísmo.

São feitas aos Candidatos nove perguntas; o Ritual contém as respostas:

1ª Pergunta: Qual é a paixão que mais se opõe ao reinado da Igualdade e da Justiça?

Resposta: O Orgulho. Porque aquele que é dominado pelo orgulho, sente-se mais valioso que os demais homens, desprezando-os porque não admite que outros possam chegar à sua altura.

O seu comportamento faz com que se isole, porque não encontra tudo o que não sacia a sua ambição; fecha-se em si mesmo e deixa de comunicar o que sabe.

2ª Pergunta: Qual a diferença entre a Vaidade e o Orgulho?

Resposta: a Vaidade é filha do sentimento social do desejo de aprovação que nos conduz a sermos agradáveis aos outros, sentimento que, elevado à paixão, causa-nos infelicidade se não obtivermos o aplauso geral, originando, assim, a inveja com todas as suas nefastas consequências.

O Orgulho surge da autoestimação das próprias qualidades, que no fundo é uma atitude sadia, mas que influenciada pela ignorância e pela lisonja, forma o orgulho inferior que rompe os vínculos sociais e produz a anarquia.

3ª Pergunta: Qual a distinção entre o Orgulho e o Egoísmo?

Resposta: o homem orgulhoso perece antes de diminuir-se ou degradar-se aos olhos de sua própria dignidade; enquanto o egoísta tudo posterga à satisfação de seus instintos, amando-se a si mesmo; lisonjeia e adula a quem aspira receber benefícios.

4ª Pergunta: O Orgulho é o Pai do Egoísmo?

Resposta: não, o egoísmo surge do instinto da própria conservação, chamado "amor a vida", sendo a paixão mais pessoal e incorrigível pelo fato de ser criada pela inteligência. O egoísta desconhece o afeto à família, à amizade; tudo faz visando, em primeiro lugar, ao seu bem-estar.

5ª Pergunta: O que significa a Humildade?

Resposta: é o respeito à opinião de outrem e a desconfiança da própria em caso de dúvida; a obediência à Lei estabelecida pela maioria e à disposição de cumprir os deveres que a cada um cumpre na Grande Oficina da Sociedade Humana, para que os demais consintam no uso de nossos próprios direitos.

6ª Pergunta: Qual é o sentimento contrário ao orgulho?

Resposta: é a Veneração. Dela nasce o respeito do filho para com o pai; do débil para com o forte; do necessitado para com o poderoso; da criatura para com o Criador.

Unido esse sentimento a outros sociais ou efetivos, produz a Harmonia e a Concórdia.

Fecundado pela Inteligência, capta a boa vontade dos que nos circundam; faz-nos desconfiar de nós mesmos pesando nossas ações na Balança da Justiça.

7ª Pergunta: Qual a distinção entre Desejo e Paixão?

Resposta: o Desejo é a tendência das faculdades que nos deu a Natureza para pô-la em exercício; a Paixão consiste na voluntária e pertinaz resolução de satisfazer os desejos à custa de qualquer sacrifício.

8ª Pergunta: Se as paixões não passam de desejos exagerados nascidos dos instintos, sentimentos e dons concedidos pelo Grande Arquiteto do Universo para nossa conservação e a de nossa espécie, não haveria uma maneira de fazer com que cada paixão se convertesse em Virtude?

Resposta: sim, porque com esta finalidade foram criadas. Sucede, porém, ao contrário, porque o Astuto explora nossa ignorância; o Egoísta nossa debilidade; o Pérfido, nossos sentimentos generosos.

9ª Pergunta: Se a Natureza produziu o homem bom e a educação defeituosa é que o torna mau, quais as Leis que proporeis para que cada um possa conhecer seus deveres e direitos, dominando suas paixões?

Resposta: um contato mais íntimo com a Natureza e com o Criador para a construção de um ambiente onde o homem possa manter-se livre e de bons costumes; esse ambiente é a Oficina Maçônica.

O maçom deverá jurar e prometer por sua honra enobrecer as suas condições, com a prática das Virtudes; não sair do campo da Virtude senão por meios honrados; acatar as Leis mostrando-se justo em todos os atos e reservado com todos, sobre o aprendizado dentro dos ensinos maçônicos.

A hora do início dos trabalhos na Oficina é quando a Lua aparece; a do encerramento, quando o Sol está por surgir.

*
* *

O Salmo 54 de Davi é adequado ao Grau 21:

"Inclina, oh! Deus, os Teus ouvidos à minha oração e não te escondas da minha súplica.

Atende-me e ouve-me; lamento-me e rujo por causa do clamor do inimigo e da opressão do ímpio, pois lançam sobre mim iniquidade e com furor me aborrecem.

O meu coração está dorido dentro de mim, e terrores da morte sobre mim caíram.

Temor e tremor me sobrevêm, e o horror me cobriu. Pelo que disse: Ah! Quem me dera possuir asas como as das pombas! Voaria e estaria em descanso.

Eis que fugiria para longe, e pernoitaria no deserto. Apressar-me-ia a escapar da fúria do vento e da tempestade.

Despedaça, Senhor, e divide as suas línguas, pois tenho visto violência e contenda na cidade.

De dia e de noite andam ao redor dela, sobre os seus muros; iniquidade e malícia no meio dela.

Maldade há lá dentro; astúcia e engano não se apartam das suas ruas, pois não era um inimigo que me afrontava, então o teria suportado, nem era o que me aborrecia que se engrandecia contra mim, porque dele me teria escondido. Mas eras tu, homem meu igual, meu guia e meu íntimo amigo.

Praticávamos juntos, suavemente, e íamos com a multidão à casa de Deus.

A morte os assalte, e vivo os engula a terra, porque há maldade nas suas habitações e no seu próprio interior.

Mas, Eu invocarei a Deus, e o Senhor me salvará. De tarde e de manhã e ao meio-dia orarei, e clamarei; e Ele ouvirá a minha voz.

Livrou em paz a minha alma da guerra que me moviam, pois eram muitos contra mim.

Deus ouvirá, e os afligirá aqueles que presidem desde a antiguidade, porque não há neles nenhuma mudança, tampouco temem a Deus.

Puseram suas mãos nos que tinham paz com ele; romperam a sua aliança.

A sua boca era mais macia do que a manteiga, mas o seu coração, guerra; as suas palavras eram mais brandas do que o azeite, todavia, eram espadas nuas.

Lança o teu cuidado sobre o Senhor, e ele te susterá; nunca permitirá que o justo seja abalado.

Mas tu, oh Deus, os fará descer ao poço da perdição, homens de sangue e de fraude não viverão metade dos seus dias; mas eu, em Ti confiarei".

Cavaleiro do Real Machado ou Príncipe do Líbano – 22º Grau

Os trabalhos transcorrem em Assembleias que se denominam Colégios.

A Loja apresenta duas divisões: a primeira constitui-se de uma sala sem ornamentação, sem número fixo de Luzes e representa uma Oficina de Carpinteiro, rústica, evocando um Carpinteiro do Monte Líbano; a segunda divisão é constituída de uma sala pintada de vermelho, com 36 luzes dispostas simetricamente e representa a Câmara do Colégio.

O Altar encontra-se a Leste e sobre ele estão colocados o Livro das Constituições, o Esquadro, o Compasso e um Machado que em sua parte superior, ou testa, apresenta uma coroa dourada.

O Machado traz gravadas, de um lado do cabo, as letras: L. S. A. A. C. D. X. Z. A. (Líbano, Salomão, Abdá, Adoniram, Ciro, Dario, Xerxes, Zorobabel e Ananias; e de outro lado, S. N. S. C. J. M. B. G. (Sidônio, Noé, Sem, Cam, Jafé, Moisés, Beseleel e Goliab).

Na outra extremidade da divisão ou em ângulo, vê-se um jardim, cuja entrada é assinalada por uma figueira, atrás da qual se esconde uma cadeira para o Neófito; esse jardim está oculto por uma cortina onde se veem desenhadas nuvens sulcadas por um raio.

O Presidente denomina-se Venerável Chefe. Os dois Vigilantes, Grandes Vigilantes; os outros Oficiais do Colégio são: um Grande Secretário, um Grande Orador, um Grande Mestre de Cerimônias – chamado Condutor dos Trabalhos – e um Guarda do Colégio.

Em alguns Rituais, o Presidente denomina-se Sapientíssimo Grande Patriarca; todos os Irmãos são chamados de Patriarcas.

O traje é negro, com luvas negras.

O Colar, um cordão nas cores do arco-íris. O Avental é branco; no centro, uma távola redonda sobre cujo tampo vêm colocados um Compasso sobre um Esquadro, uma Trolha, dois rolos de pergaminho e um desenho de um projeto.

Na Abeta, uma serpente com três cabeças.

A Bateria é constituída de dois golpes; a hora da abertura dos trabalhos é quando o Sol surge no horizonte; a do encerramento, o Sol está por deitar-se.

A Oficina diz respeito ao trabalho com a madeira do Líbano para o Templo de Salomão. Os trabalhos não são iniciados, mas retomados.

O Venerável Chefe abre o Colégio para dar instruções aos obreiros, escutar-lhes as queixas e faz Justiça.

A palavra é logo concedida a quem a solicitar; esse Grau difere dos demais por essa peculiaridade, pois qualquer obreiro pode apresentar a sua queixa e pedir Justiça.

A queixa não é dirigida contra um Irmão, mas sim, contra qualquer injustiça social sofrida no mundo profano, embora possa incluir, também, qualquer queixa de atos dos próprios Irmãos do Quadro.

O Grau é Iniciático.

*
* *

A Iniciação divide-se em quatro partes, a saber:

A Porta do Éden – o Mestre de Cerimônias conduz o Neófito até o Jardim do Éden e o coloca entre a Árvore da Vida e a da Ciência, iniciando a descrição do drama do "pecado original".

Após realizada a primeira parte, com o desenvolvimento do drama segundo relatado nas Sagradas Escrituras, há momentos de música, reacendendo-se as Luzes, pois quando o Neófito foi conduzido para o Jardim, somente esse se encontrava iluminado.

Tanto na entrada do Jardim quanto do final dessa primeira parte, a música desempenha relevante papel, preparando o ambiente, que deve ser de misticismo e cujas vibrações influem sobremaneira para propiciar a compreensão exata do homem nas suas primeiras reações.

A iluminação, quando possível, deverá reproduzir no Jardim, o nascer do Sol, isto é, tênue inicialmente, para, após, tornar-se bem clara; a música adequada deve ser bem selecionada a ponto de auxiliar a imaginação; todo desenvolvimento do Ritual evoca símbolos, e a participação dos Irmãos deverá ser consciente de que o homem, no princípio, não possuía a elasticidade que possui hoje em manejar a sua inteligência que eduz de dentro do ser humano toda soma de conhecimento que acumulou durante tantos milênios.

A iluminação, o som, o perfume do incenso são elementos que deverão sempre estar presentes em toda Iniciação.

No Líbano – cessada a cerimônia da primeira parte, apagam-se as luzes que iluminavam o Jardim e reacendem-se as do Templo.

O Neófito senta-se e ouve a história referida pelo Venerável Chefe, auxiliado pelo Grande Orador:

"Durante numerosos séculos sem história, vimos vagar nos arredores dos campos, as tropas e caravanas dos Patriarcas legendários que, no limiar de suas tendas, conversavam familiarmente com Eloim.

Após a dispersão das línguas, surgiram do Oriente as legiões compactas dos velhos reis caldeus que levaram até ao mar ocidental o nome e a imagem dos primeiros sargônidas, pois foram essas as hordas bárbaras dos hicsos que assaltaram nossos vales para invadir o Egito.

Três séculos mais tarde, seus filhos degenerados tornaram a transpor nossos desfiladeiros, perseguidos, espada à cinta, pelo faraó vingador, cujos carros de guerra fizeram tremer o solo até as margens do Eufrates e do Tigre.

Em seguida, veio a anarquia: Canas, Edon e Moab disputaram entre si nossas montanhas; os filhos de Israel, ao sair do seu longo êxodo no deserto, estabeleceram as suas 12 tribos às margens do Jordão, enquanto que os fenícios fundaram em todos os recônditos da costa suas repúblicas, indústrias e seus "escritórios" suntuosos.

Eis que chegam até nós os gemidos das vítimas que empalam e esfolam!

O horizonte está vermelho das chamas que devoram as cidades. É o assírio que passa.

Quando o terror chega ao auge, o astro sangrento de Nínive empalidece e se extingue; Babilônia o conduz de novo, mas para cair, por seu turno, sob a lança de Ciro.

Donos da Ásia, os persas espalham-se pela Europa. Por sua heroica resistência, um pequeno país imortal, a Grécia, salva a liberdade do mundo.

Os gregos tiram sua revanche sobre o próprio solo da Ásia e Alexandre reina até a Índia; seus sucessores, porém, desentendem-se e logo as águias romanas tomam voo para virem pousar, das margens do Tigre às do Jordão e de Oronto.

Ao romano altivo e forte, sucedeu o bizantino astuto e supersticioso. Entretanto, uma nuvem de poeira levanta-se da Arábia.

São os cavaleiros de Maomé que se lançam sobre as cidades e os campos como uma nuvem de gafanhotos.

Em vão a cavalaria cristã do Ocidente tenta restituir à Cruz os lugares santificados pela Paixão de Cristo.

O Crescente recuou, mas recupera, depois, o terreno perdido, e a Ásia sacode, uma vez mais, o jugo da Europa, esperando que após uma convulsão nova, o Líbano mude, ainda uma vez, de dono, mesmo por um dia.

Permanecem em suas montanhas os modestos lenhadores do Líbano, os Cavaleiros do Real Machado, porque representam o trabalho pacífico e produtivo, o elemento indestrutível a todas as civilizações.

A tradição dos drusos relata que Adão, expulso do Éden, levou consigo uma muda da Árvore da Vida; plantou-a no coração do Líbano e desse ramo provieram os cedros que cobrem os flancos da Cordilheira.

Seus descendentes, para se ajudarem no labor a que tinham sido condenados, juntaram o sílex da praia e fizeram suas ferramentas.

Assim foram preparados os primitivos machados de que nossos avós se serviram para apanharem em nossas florestas os materiais de suas construções rudimentares, até o dia em que Tubalcaim, tendo aprendido a utilizar os metais, nos forneceu machados de bronze e de ferro.

Entretanto, o cuidado para abater e esquadrejar os cedros foi confiado, muito cedo, a uma corporação de artífices que, recrutada entre os filhos de Israel e investida de privilégios quase reais, perpetuou-se entre os drusos do Líbano, em um dos vales mais protegidos da cadeia de montanhas.

É esse Colégio que nós, hoje, representamos.

O lendário Líbano nos assegura que Deus continua o mesmo e que os seus bosques também são os mesmos.

O povo diz que Deus é Luz; Deus é Espírito; Deus é Verdade; Deus é Justiça; Deus é Amor.

Nós afirmamos: Deus é trabalho porque descobrimos a sua presença na força permanente que o trabalho irradia para o equilíbrio e a harmonia do Universo.

A esse Deus é que erguemos um Templo, porque *Laborare est Orare.*

Os Obreiros do Real Machado são os Filhos do Trabalho.

No Banco de Carpinteiro – a Oficina de Carpinteiro é uma sala adequadamente preparada onde se veem os Obreiros talhando e cortando a madeira.

O 2º Grande Vigilante deixa o Templo e dirige-se à Oficina de Carpintaria e ocupa-se com um desenho.

O Grande Mestre de Cerimônias conduz o Neófito e o apresenta ao 2º Grande Vigilante informando que se trata de um Cavaleiro Prussiano que deseja o seu auxílio para tornar-se Príncipe do Líbano, por reconhecer a divindade do trabalho como privilégio do homem para ganhar sua subsistência; admite, outrossim, que o homem trabalhando honestamente, com probidade, com independência, será no Brasão da Natureza igual aos reis; sabe que a desonra vem da ociosidade e não do trabalho.

A seguir, o Neófito, despoja-se de suas vestes e insígnias, veste a blusa e o Avental do operário e inicia, serrando uma tábua.

O 2º Vigilante discorre a respeito do trabalho e, finda a explanação, retira-se o Neófito e os Obreiros procedem à votação.

Aprovado, o Neófito retoma as suas vestes e insígnias, desfaz-se da blusa e do Avental e acompanha o Grande Mestre de Cerimônias, regressando ao Templo.

O Venerável Chefe diz:

"Quatro móveis do trabalho acompanha o indivíduo: o Constrangimento, o Dever, o Interesse e a Previdência."

Após explanar sobre essas modalidades, diz o 1º Grande Vigilante:

"O trabalho tem por fim produzir a Segurança, a Justiça, a Saúde, a Instrução, e esses não são menos necessários à prosperidade geral, porque, sem eles, a obra da produção modera-se e se detém".

Feita a explanação sobre as palavras do 1º Vigilante, o Neófito presta o seu juramento.

Inicia jurando jamais comunicar os segredos do Grau a nenhum maçom de Grau inferior.

Jura empregar, no futuro, todos os seus melhores esforços e disposições para elevar o caráter das classes trabalhadoras, melhorando, assim, a sua condição e proporcionando a educação de sua família.

Faz profissão de fé de considerar os operários como entes iguais a si, reconhecendo ser o seu trabalho honroso, com a condição, porém, de que esse trabalho seja honesto e virtuoso.

O juramento vem acompanhado de uma pena: a de, em caso de perjúrio, ser exposto sobre os cumes glaciais do Líbano e de perecer em suas neves.

A cerimônia finda na forma convencional do Ritual, e o Venerável Chefe diz:

"Em vista do juramento prestado, eu vos proclamo e vos armo e vos consagro Cavaleiro do Real Machado, Príncipe do Líbano.

Do mesmo modo que o trabalhador resoluto, armado de Machado, marcha na vanguarda da civilização, e que os troncos mais duro caem sob os seus golpes, assim, também, a Maçonaria destrói as folhagens venenosas que se chamam: intolerância, hipocrisia, egoísmo e perseguição. Ela faz penetrar a Luz da Razão no Espírito Humano obscurecido por esses vícios durante séculos.

Assim considerando, o Machado é mais nobre que a Espada.

Ide em Paz".

Chefe do Tabernáculo – 23º Grau

A Câmara que se denomina "Hierarquia" tem as suas paredes brancas, com Colunas em vermelho e negro; ao fundo, um Santuário fechado por uma cortina vermelha; sobre o Trono, a Arca da Aliança; aos lados, o Sol e a Lua; à direita, o Holocausto; à esquerda, o Altar dos Perfumes.

Ao Ocidente, dois Candelabros com cinco braços, cada um no formato de Pirâmide; ao Oriente, outro Candelabro de dois braços.

O Presidente representa Aarão e é denominado Grande Soberano Sacrificador; os dois Vigilantes são os filhos de Aarão, Itamar e Eleazar e têm o nome de Grandes Sacerdotes; os Irmãos denominam-se Levitas.

O traje é negro com luvas azuis. O avental é branco, forrado em vermelho, orlado em azul, vermelho e púrpura; no centro, um Candelabro de sete braços. A faixa é vermelha com franjas douradas; a Joia, um Turíbulo.

A Bateria é de sete golpes; a marcha é cruzada.

Na Câmara, que é escura, uma mesa sobre a qual se colocam uma lâmpada e três crânios; diante da mesa, um esqueleto humano.

Ao todo, o Templo possui 12 Luzes.

Os dois Candelabros, que somam dez luzes, simbolizam os Dez Mandamentos; o Candelabro de duas luzes simboliza as Tábuas da Lei, pois foram esculpidas duas vezes.

A Iniciação tem os trabalhos abertos pelo Grande Sacrificador que pergunta aos Vigilantes que horas são.

Respondem que é a hora em que os filhos de Hiram preparam-se para o sacrifício.

O filho de Hiram será o Iniciando.

Aberta a sessão da Assembleia na Hierarquia, o Iniciando é introduzido na Câmara por um Irmão Levita, onde permanece por alguns momentos em meditação diante dos três crânios e do esqueleto humano.

Depois é conduzido ao Templo, sendo submetido a um interrogatório, estabelecendo-se um diálogo entre o Grande Sacrificador e o Iniciando.

O local onde são desenvolvidos os trabalhos do Grau 23 denomina-se Câmara e representa o Tabernáculo levantado por Moisés, conforme é descrito em Êxodo, 40: 17-33:

"E aconteceu no mês primeiro, no ano segundo, ao primeiro dia do mês que o Tabernáculo foi levantado.

Porque Moisés levantou o Tabernáculo, e pôs as suas bases, e armou as suas tábuas, e meteu nele os seus varais, e levantou as suas Colunas.

Estendeu a tenda sobre o Tabernáculo, e pôs a coberta da tenda sobre ela, em cima.

E tomou o testemunho, pô-lo na arca, e meteu os varais à arca e pôs o propiciatório sobre a arca, em cima.

E levou a arca ao Tabernáculo, e pendurou o véu da cobertura e cobriu a Arca do Testemunho.

Pôs, também, a mesa na Tenda da Congregação ao lado do Tabernáculo para o Norte, fora do véu.

E sobre ela pôs em ordem os pães perante o Senhor. Pôs, também, na Tenda da Congregação o castiçal defronte da mesa, ao lado do Tabernáculo, para o Sul.

E acendeu as lâmpadas perante o Senhor. E pôs o Altar de Ouro na Tenda da Congregação, diante do Véu.

E acendeu sobre ele o incenso de especiarias aromáticas. Pendurou, também, a coberta da porta do Tabernáculo.

E pôs o Altar do Holocausto à porta do Tabernáculo da tenda da Congregação, e ofereceu sobre ele Holocausto e oferta de manjares. Pôs, também, a pia entre a Tenda da Congregação e o Altar, e derramou água nela, para lavar.

E Moisés e Aarão e seus filhos lavaram nela as suas mãos e os seus pés.

Quando entravam na Tenda da Congregação, e quando chegavam ao Altar, lavavam-se. Levantou, também, o átrio ao redor do Tabernáculo e do Altar, e pendurou a coberta da porta do átrio.

Assim, Moisés acabou a obra".

*
* *

A decoração da Câmara do Grau 23 relembra, palidamente, o próprio Tabernáculo.

São colocados festões brancos, sustentados por Colunas vermelhas e negras; Colunas de pano, distribuídas alternadamente. Ao fundo, encontra-se o Santuário separado do resto por uma balaustrada e por uma cortina vermelha bipartida, tendo as pontas centrais erguidas em arco.

Ao fundo do Santuário, vê-se o Trono sobre sete degraus; à sua frente, uma mesa coberta por uma toalha encarnada. Sobre a Mesa, colocam-se o Livro da Sabedoria e um Punhal.

Por cima do Trono está a Arca da Aliança, coroada por um "nimbo" radiante, no meio do qual está escrito o nome de Deus: "Jeová", em caracteres hebraicos; ao lado, o Sol e a Lua.

À direita do primeiro Altar e um pouco à frente, está o Altar do Holocausto e em frente, à esquerda, o Altar dos Perfumes.

À Oeste, veem-se dois Candelabros de cinco braços dispostos em forma piramidal; a Leste, um Candelabro com dois braços.

O Presidente senta-se no Trono; os Vigilantes, em seus Altares.

A Arca da Aliança é uma reprodução modesta.

Em Êxodo 25:10-16, temos a completa descrição de sua construção: "Também, farão uma arca de madeira de acácia; o seu comprimento será de dois côvados e meio, e a sua largura de um côvado e meio e de um côvado e meio a sua altura.

E cobri-la-ás de ouro puro, por dentro e por fora, e sobre ela farás uma coroa de ouro ao redor.

E fundirás para ela, quatro argolas de ouro e as porás nos quatro cantos dela; e farás varas de madeira de setim, e as cobrirás com ouro.

E meterás as varas nas argolas, aos lados da arca, para se levar com elas a arca. As varas estarão nas argolas da arca, não se tirarão dela. Depois, porás na arca o testemunho que eu te darei".

Três são os Candelabros a iluminar o recinto; dois de cinco braços; e um com dois braços; são, portanto, 12 Luzes.

Os candelabros foram adotados por todas as religiões e as suas origens são desconhecidas; vamos encontrar na História Sagrada várias referências.

Salomão determinou, ao término da construção do Templo, a colocação de muitos candelabros; no local denominado de "Santo" foi colocado o candelabro de sete Luzes.

No Livro de Zacarias, capítulo 4 e no Apocalipse, capítulo 1º vamos encontrar a explicação de seu emprego.

Zacarias tivera uma visão de um candeeiro de ouro de sete lâmpadas; pede explicação ao Anjo que lhe fez ter a visão. O Anjo diz que as sete lâmpadas são os sete Olhos de Jeová que discorrem por toda a Terra. O candeeiro em si é a própria palavra de Jeová.

No Apocalipse, o Anjo informa que as sete lâmpadas são as sete Igrejas, as sete Cristandades da Ásia Menor.

*
* *

INTERROGATÓRIO: Pergunta: Que dizeis da Instituição de Moisés?
Resposta: Uma escola de governo para instruir os privilegiados garantindo o freio de qualquer abuso.

P: E qual foi o defeito primordial daquela Instituição?

R: Que somente o temor a Deus detinha os ambiciosos, porém, como eles se consideravam Ministros de Deus, eram impunes às suas próprias falhas.

P: Acreditais capaz de se consolidar um governo que não garante a conduta de seus agentes e não lhes ponha cobro?

R: Não, Grande Sacrificador; até os usurpadores mais cruéis procuraram guardar aparências de justiceiros; sabem que o povo não suporta a tirania e para contornar seu despotismo, criaram Tribunais para o julgamento dos que praticam arbitrariedades; infelizmente, porém, sempre surgem os abusos.

P: Que conceito fazeis da prisão em flagrante?

R: Naqueles tempos, a prisão preventiva era desconhecida; ao colhido em flagrante delito apresentava-o aos Juízes que ouvidas as partes, sentenciava, e o condenado podia apelar ou não aos Tribunais superiores. Porém, se não ocorresse o flagrante, o sentimento instintivo da Justiça o considerava inocente enquanto o Tribunal não se pronunciasse. Na Grécia, Juízes de primeira instância condenaram Sócrates à morte, que continuou em liberdade, sem fugir; sua confiança na Justiça, porém, levou-o à morte.

Em Roma sucedeu o mesmo; os filhos de Anco Márcio fugiram, homiziando-se em Suessa Promelia, cidade fora do alcance da justiça romana, para não sofrer o castigo pela morte do rei sucessor; ninguém impediu aquela fuga porque ainda não haviam sido julgados.

P: Dizei Irmão, se as autoridades podem hoje em dia decretar a prisão preventiva, correndo o risco de constituir uma arbitrariedade judicial?

R: Sim, Grande Sacrificador, porque a perda da liberdade ou o encarceramento, além de constituir uma escravidão temporal, acarreta sofrimento de todo gênero, físicos e morais; deixa ao desamparo a família e dificulta ao acusado a busca de provas de sua inocência.

O risco de se prender a um inocente e mantê-lo detido até o julgamento jamais apagará as consequências que advirão, mormente as que refletem em sua família e seu patrimônio.

P: E para corrigir possíveis erros judiciais, não acreditais a necessidade de Leis que reparem o mal feito e que puna o caluniador?

R: A aplicação dessas leis seria muito difícil e o resultado não cobriria o prejuízo moral.

P: Se nem a consciência, nem o temor a Deus, nem a apelação aos tribunais podem nos salvar dos abusos, arbitrariedades e erros da autoridade, o que dizer da justiça tardia?

R: A aplicação do que garante a Magna Carta da Inglaterra e que consta quase em todas as Constituições: o instituto do *habeas-corpus*.

P: Que se entende, Irmão, o instituto do *habeas-corpus*?

R: Essa lei, Irmão, cujo nome equivale à "posse da própria pessoa", foi inspirada pelos maçons gildenses e fildenses para, depois, penetrar na Inglaterra. Através dela, todo súdito inglês preso por qualquer motivo, adquiria o direito de impetrar, por ele ou por outrem, a um dos Juízes da Nação, um Decreto de *habeas-corpus*, em virtude do qual o carcereiro era obrigado a apresentar o impetrante à autoridade judiciária e esclarecer a causa da prisão; ouvido, o preso sob juramento era posto em liberdade imediatamente, se julgada arbitrária a prisão; caso o Juiz não aceitasse totalmente a palavra do preso, impunha-lhe uma fiança antes de soltá-lo, fiança geralmente paga em dinheiro pelo próprio impetrante ou alguém por ele.

P: Que opinais, Irmão, sobre a fiança?

R: A fiança é um instituto imperfeito, se considerarmos a facilidade do rico em pagá-la e a impossibilidade do pobre; porém, sendo o pobre homem de bem, sempre surgirá quem pague por ele.

*
* *

Como se vê, o interrogatório prende-se aos atos de justiça, valorizando a liberdade do homem.

Findo o interrogatório, a Câmara é iluminada, pois até então a claridade era dada pelas luzes dos candelabros.

Recomenda-se, sempre que possível, que essas luzes provenham do acendimento de velas.

O Candidato recebe um Machado e é conduzido por um Irmão ao Altar do Holocausto e espalha, com violência, derramando ao solo, tudo o que se encontra sobre o Altar, excetuando-se o Candelabro. Toma um incensário e coloca nele incenso sobre o Altar dos Perfumes e, por fim, dirige-se ao Altar colocado diante do Trono e presta seu juramento:

"Juro ser guarda fiel no Novo Tabernáculo, onde se arquivam as Verdades Reveladas e a Razão, pela Inteligência e pela Consciência. Prometo opor-se às arbitrariedades da Justiça e propagar e defender a Lei do *habeas-corpus*".

Verificamos, assim, que os Chefes do Tabernáculo, ou sejam, os portadores do Grau 23, são os encarregados de zelar pelo prestígio das leis, evitando que sejam suprimidas, restringidas e profanadas.

É a continuação do 1º Grau, o "Ser Livre e de Bons Costumes". O indivíduo maçom e profano que for de "Bons Costumes" não temerá a prisão, porque a seu favor virá, imediatamente, a liberdade por meio do *habeas-corpus*.

Príncipe do Tabernáculo – 24º Grau

O objetivo do Grau 24 é o estudo relacionado com a construção do Tabernáculo por Moisés, obviamente, não apenas como estudo histórico, mas sim no seu todo espiritual.

A personagem central é Moisés, o Grande místico, o Grande mágico que surgiu com todo poder cósmico a ponto de conseguir reunir o povo disperso israelita, transmitindo-lhe, pela primeira vez, a Lei de Jeová.

A base do Grau 24 é judaica; portanto, deve-se buscar a fonte na Sagrada Escritura, no Livro do Êxodo, capítulos 25 e 26.

Pela descrição, verifica-se que Jeová falava a Moisés dando-lhe minuciosamente os planos para a construção do Tabernáculo, relembrando-lhe que, por meio de uma visão, lhe mostrara esses mesmos detalhes.

O Tabernáculo era um "Templo" móvel, transportado durante toda a saga do deserto até chegar a Canaã.

Não podemos, em um estudo tão modesto, dizer do porquê das exatas medidas e dos encaixes e bases, cortinados, laços e colchetes. O significado de todos esses detalhes seguramente é esotérico.

A Maçonaria Vermelha foi buscar essas minúcias para, embora de forma pálida, armar a Câmara do Grau 24.

O Tabernáculo constituiu um preâmbulo para a construção do Grande Templo de Salomão.

A Câmara do Grau 24 é constituída de duas peças, chamadas, a primeira, de Vestíbulo; essa com decoração idêntica a uma Câmara de Mestres do Grau 3; e a segunda, denominada Hierarquia, de formato circular.

O seu formato é curioso e exclusivo, sendo decorado da seguinte forma: o Oriente é separado por panos brancos que caem de cima e uma cortina vermelha; esse cortinado oculta o Oriente até começar a Iniciação.

O Grau é outorgado por comunicação; no entanto, alguns Supremos Conselhos o transmitem por Iniciação.

Diante da cortina, encontra-se a Mesa do Presidente, que tem em sua mão direita um cetro, cuja extremidade apresenta um Compasso aberto e na outra, um Triângulo dourado.

As Mesas dos três Vigilantes estão colocadas: a do Primeiro, ao Meio-dia; a do Segundo, a Oeste; e a do Terceiro, ao Norte.

Cada um dos três Vigilantes usa um Malhete.

Sobre a mesa do Primeiro Vigilante são colocados os Regulamentos privativos da Câmara de Kadosh e um incensário; sobre a mesa do Segundo Vigilante, coloca-se o Código da Justiça Maçônica e a Lei dos Jurados; na mesa do Terceiro Vigilante, encontra-se o Livro de Atas da Sexta Câmara Filosófica, tinteiro e papel para anotações e o vaso das Abluções.

No centro da Câmara é colocado o Altar dos Juramentos e nele, o Esquadro, o Compasso, a Joia do Grau 24 e os Regulamentos Gerais, bem como a Constituição do Supremo Conselho.

No Oriente, colocado atrás do Cortinado, vê-se o Trono do Presidente decorado em vermelho e ao fundo do Dossel, um quadro alegórico do Tabernáculo de Moisés.

À esquerda do Trono do Presidente, nota-se um Candelabro de sete braços que sustenta sete lâmpadas acesas; o pedestal do Candelabro é constituído de um tripé e nele inseridas as palavras "Sabedoria", "Boa-Fé" e "Fidelidade".

Sobre o Altar do Presidente, encontra-se um incensário e um recipiente contendo Mirra, Incenso e outros perfumes.

*
* *

O Presidente tem o título de Muito Poderoso Mestre e representa Moisés. Os três Vigilantes são denominados Poderosos e representam Aarão, Beseleel e Goliab.

Os demais Irmãos são chamados com o título de Príncipes do Tabernáculo.

Aarão era irmão de Moisés; Beseleel, filho do Uri, a quem Moisés confiou a construção da Arca do Testemunho e Goliab, filho de Aisamac da Tribo de Dan, enviado por Jeová a Moisés para, junto com Beseleel, construir o primeiro Tabernáculo.

O Presidente tem o título de Potentíssimo; os Vigilantes são chamados de Potentes.

O traje é negro, com turbante branco e luvas brancas.

Faixa vermelho-escuro em seda "moiré", e a Joia em ouro representa a letra grega ômega.

A Bateria, seis pancadas por uma.

Os trabalhos iniciam na hora do sacrifício matinal; encerram-se na hora do sacrifício vespertino.

O Avental é branco, debruado de verde, forrado em carmesim; a Abeta é azul e nela é inserida uma árvore em vermelho; no centro do Avental, há a figura de um Tabernáculo.

Os trabalhos do Grau 24 abrem-se quase de idêntica forma como se abrem nos demais Graus, com mínimas diferenças.

Esclarece o Muito Poderoso Mestre que a Câmara encontra-se a coberto de qualquer indiscrição.

A curiosidade constitui, no Grau, um mal, e para que nenhum curioso possa presenciar os trabalhos é que a Câmara constitui-se em Círculo.

Os deveres de um Príncipe do Tabernáculo são os de trabalhar incessantemente à Glória do Grande Arquiteto do Universo para a instrução do povo e a felicidade dos homens.

Compreende-se que o "povo" é o maçônico e não o profano, e a felicidade dos homens são os mesmos maçons.

O Emblema do Grau é um coração aposto em um globo terrestre e simboliza o amor à Humanidade.

Faz-se a leitura do Livro Sagrado e, a seguir inicia-se a sessão, se for administrativa, com a leitura da Ata dos trabalhos anteriores.

O Candidato não bate à porta, simplesmente entra por ela, pois a encontra aberta, graças às providências tomadas pelo Cobridor. O Candidato, ao notar que entrou em uma Câmara para ele desconhecida, surpreende-se e atemoriza-se, tentado retroceder, o que não pode fazer porque a porta é novamente fechada.

O Muito Poderoso Mestre adverte o Candidato de sua temeridade em penetrar na Câmara, não sendo Príncipe do Tabernáculo, e o admoesta energicamente.

Intervém o Introdutor, que assegura ao Presidente tratar-se de um dos 12 levitas que auxiliaram a suster a Arca do Testemunho conduzida pelos anciãos sacerdotes quando esses, pela fragilidade de seus passos, quase a deixaram tombar.

O Presidente aproveita o esclarecimento para dizer que a parábola dos 12 Levitas ensina que há necessidade de renovação e que os jovens devem preparar-se para substituir os mais velhos.

A seguir, o Presidente profere o seguinte discurso:

"Candidato: nesta data estais penetrando pela primeira vez neste Santuário.

Quando fostes exaltado a Mestre, no simbolismo creste ter descoberto todo o trabalho da Maçonaria, porém a Lenda do Mestre Hiram Abiff somente vos comprovou a imortalidade da ideia.

Mais tarde, alcançastes os Graus Capitulares e encontrastes horizontes mais amplos em vossa investigação filosófica. Nos Capítulos tereis aprendido a importância de conservar o sigilo sobre os trabalhos da Ordem Combatendo ao mesmo tempo os traidores e ensinando os ignorantes.

No Capítulo do Real Arco, tereis encontrado o caminho de vossa perfeição moral e a de vossos semelhantes.

No Grau Rosa-Cruz, tereis tomado como guia de vossos atos e trabalhos maçônicos a Fé, a Esperança e a Caridade e discutido com a calma, a tranquilidade e a tolerância inerentes aos Irmãos possuidores desse Grau, os mais árduos problemas filosóficos.

No "Filosofismo", certamente vos explicaram as provas usadas para demonstrar vossa completa educação elementar maçônica e entrastes na Educação Superior ou Filosófica.

Fostes Grande Pontífice e prometestes não reconhecer outro poder para a investigação da Verdade senão o da Razão.

Nos Graus sucessivos aprendestes, por certo, a difundir a Verdadeira Luz, exercitando-vos na Oratória e entendendo que somente a Justiça deve ser a norma dos vossos atos e, por fim, tereis proclamado como Príncipe do Líbano, a liberdade do trabalho.

Chegastes por vossa exclusiva aplicação e constância ao Vestíbulo da Hierarquia e ali fostes consagrado Levita ou Guardião da Lei.

Hoje, dais mais um passo e, por isto, precisamos nos certificar se sereis digno de permanecer em definitivo neste Santuário da Hierarquia; para tanto, vos submetereis a um interrogatório".

*
* *

O interrogatório ou exame tem como tema a função do jurado no julgamento dos homens.

O papel do jurado difere de país a país, segundo a legislação que rege os julgamentos pelo Tribunal do Júri, composto de juízes de fato, isto é, arrolados entre cidadãos de elevado conceito moral, lídimos representantes da sociedade.

A legislação, no entanto, altera-se com frequência e, por isso, o Ritual não poderá, nesta parte, conservar-se imutável, mantendo a tradição.

No Brasil, no princípio do século XX, eram submetidos ao julgamento do júri não só as causas criminais, mas tanto comerciais como cíveis.

Hoje, o Tribunal do Júri limita-se a decidir sobre algumas espécies previstas nos Códigos, existindo Tribunais mais populares, como o da Economia Popular.

A organização do júri é iniciada com o alistamento dos jurados.

Jurado, provém de "juramento"; é feito sob a forma de compromisso cívico, os cidadãos investidos da função de julgar, em Conselho de Sentença.

O compromisso estabelecido no Código de Processo Penal, em seu artigo 464, é o seguinte:

"Em nome da Lei, concito-vos a examinar com imparcialidade esta causa e a proferir a vossa decisão, de acordo com a vossa consciência e os ditames da Justiça".

Responde o jurado: "Assim o prometo".

A escolha do jurado é o ponto vital da instituição, e o artigo 436 do mesmo Código estabelece que os jurados serão escolhidos dentre cidadãos de notória idoneidade.

O Tribunal do Júri só julga os crimes dolosos contra a vida, isto é, os homicídios, incluindo-se o aborto, sejam os crimes consumados ou simplesmente tentados.

A função do jurado é simples, pois tanto o representante do Ministério Público (Promotor) e assistente como o defensor (advogado do réu) encarregam-se de elucidar o caso aos jurados.

Ao final do julgamento, o juiz que dirige os trabalhos, que é denominado de Presidente do Tribunal do Júri, formula uma série de perguntas ou quesitos, orientando os jurados nas respostas.

Com as respostas, o Corpo de Jurados ou Conselho de Sentença decide se o réu é culpado ou inocente, cabendo ao juiz que preside os trabalhos prolatar a sentença, fixando tecnicamente a pena, dosando-a de conformidade com os elementos fornecidos pelo processo, que são chamados de "Autos".

Em casos de absolvição, haverá também sentença absolutória.

A decisão dos jurados é soberana e em recurso para os Tribunais Superiores só é reformada se tiver ocorrido alguma nulidade processual.

O Grau 24 enfatiza o valor de um jurado, pelo fato de representar a sociedade onde vive e revestir-se de uma ação quase divina, porque julgar seu semelhante constitui tarefa de enorme responsabilidade.

No Grau 24, devem-se estudar os Códigos Penais e Processuais para que o Príncipe do Tabernáculo possa exercitar seu papel de jurado.

O Levita tem a função de administrar a Justiça, inspirado na Justiça Divina e no Direito que todo ser humano tem de ser julgado honestamente, pelos seus pares.

Após a explanação sobre o papel do jurado, o Iniciando apresenta-se aos Três Vigilantes para receber a purificação.

O Iniciando purifica as suas mãos para ser digno representante do povo, lavando-as no vaso das abluções.

Torna-se, assim, o Candidato, defensor das Leis e da Justiça; defensor da Instituição do *habeas-corpus* e do Júri.

Perfuma-se no Altar dos Perfumes e aprende o significado da Boa-Fé e da Fidelidade.

Presta, a seguir, o seu juramento, jurando defender a soberania do jurado e tudo fazer para propagar a Sabedoria da Justiça e o respeito às Leis.

Os trabalhos são encerrados ritualisticamente, obedecendo o que prescreve o Ritual, na romântica expressão: "A última hora do último dia de vida e doçura".

Cavaleiro da Serpente de Bronze – 25º Grau

O Grau 25 tem a sua origem em dois fatos históricos religiosos: um de origem judaica, quando Moisés ergueu uma Serpente de Bronze para curar as mordidas de uma praga de serpentes surgida durante a fuga do Egito; a segunda, por ocasião da 1ª Cruzada, quando os católicos pretenderam libertar a Terra Santa do poder dos muçulmanos.

Os acontecimentos que envolvem Moisés preponderam, contudo, e se pode afirmar que o Cavaleiro da Serpente de Bronze, no desenvolvimento do Ritual, é profundamente inspirado na história do povo israelita.

A evocação da 1ª Cruzada é de Ordem Templária, dando ao Grau um aspecto místico-militar.

Dentro do fato histórico, porém, surgiu a personagem lendária mediante o exagero do escritor Torquato Tasso, com seu poema: "Jerusalém Libertada", fazendo de Godofredo de Bulhão (Godefroy de Bouillon) uma personagem de feitos históricos.

Em fins do século XI, os conquistadores turcos apoderaram-se de Jerusalém, passando a perseguir todo romeiro cristão que visitava os lugares santos; antes do domínio turco, os muçulmanos toleravam as peregrinações religiosas porque significavam uma substanciosa fonte de renda.

Pedro, o Eremita, porém, entendeu tornar conhecidas aquelas perseguições e, percorrendo toda a Europa, incitou os católicos a pegar em armas e expulsarem os hereges dos lugares santos.

O Papa Urbano II, entusiasmado com a sugestão, convocou um grande Concílio em Clermont Ferrand, na França, onde acorreram verdadeiras multidões e sob o lema "Deus o quer" formou-se um improvisado exército que partiu para a Palestina chefiado por Pedro, o Eremita, proclamando-o chefe.

O exército, despreparado, com escassos alimentos e armas, foi facilmente dizimado.

Essa primeira "arrancada" não pode ser considerada uma Cruzada, tanto que somente no ano 1096 foi organizado o primeiro exército, partindo da França e da Itália quatro grupos de homens armados que se uniram em Constantinopla, dirigindo-se, em seguida, para Jerusalém.

Os fiéis passaram a ser conhecidos com o nome de cruzados, por terem inserida em suas vestes uma cruz.

O exército era composto de toda classe de homens, tanto plebeus como nobres.

Comandados por Godofredo de Bulhão, o exército tomou de assalto, em 1099, a cidade de Jerusalém.

Triunfante, retornou o exército, recusando Godofredo o título de rei de Jerusalém, alegando não desejar ostentar uma coroa de ouro ali onde o Rei dos reis carregara um coroa de espinhos.

Preferiu o título de Barão do Santo Sepulcro.

Embora o nome Cavaleiros da Serpente de Bronze tenha se originado dos feitos de Godofredo de Bulhão, o Ritual dos Trabalhos de Iniciação restringe-se a evocar o feito de Moisés.

A Câmara onde se desenvolvem os trabalhos denomina-se Corte do Sinai, relembrando o Monte de Sinai, onde Moisés recebeu o Decálogo. Enfim, o Grau 25 preocupa-se com a administração da Justiça e com o cântico da Liberdade.

Encontramos o relato bíblico em torno da "Serpente de Bronze" no Livro de Números, 12:4-9.

A Loja recebe o nome de Corte do Sinai; o Monte Sinai situa-se na península montanhosa da Arábia, entre os golfos de Suez e Akaba.

A decoração é feita com tapeçaria vermelha; sobre o Trono, vê-se um "transparente", representando uma sarça ardente e na parte superior, o nome de Jeová.

No centro da Loja, arma-se uma montanha com a forma de um cone truncado, com um metro e meio de altura, colocando-se em seu cimo uma cruz em forma de "T", enroscando-se nela uma serpente.

Uma só tocha ilumina a Câmara que é colocada por detrás do "transparente".

O Presidente representa Moisés com o título de Poderosíssimo Grão-Mestre; os Vigilantes denominam-se Ministros, representando o primeiro- Finces, filho de Eleazar, e o segundo, Josué.

O Orador recebe o título de Pontífice, e o Secretário, o de Grande Cinzelador. Os Obreiros intitulam-se Cavaleiros.

O Presidente empunha uma espada e os trabalhos iniciam-se batendo com o seu punho.

O traje é de passeio, negro, com luvas brancas.

Avental branco debruado em negro com estrelas bordadas no centro. Há um triângulo irradiado no meio. No verso, o pano é negro semeado de estrelas brancas.

A faixa carmesim contém bordadas as palavras: "Virtude e Coragem".

Hora da abertura dos trabalhos: uma hora; de encerramento, às quatro horas, após realizadas as conquistas.

Para a Iniciação, os Candidatos são introduzidos inopinadamente na Câmara, envoltos em correntes.

O Presidente pergunta ao Experto Introdutor de que se trata e este responde que conduz à Câmara alguns espias egípcios, pois foi dada a eles, na noite anterior, hospitalidade por intitularem-se peregrinos, e estes não cessam de perguntar sobre a vida, usos e costumes do povo hebreu.

Presos, foram acorrentados para serem submetidos a julgamento e executados.

Diz o Presidente que a Justiça compete aos juízes escolhidos por sorteio entre os membros das 12 Tribos, que somente eles decidirão o que fazer.

Manifesta o Experto que os prisioneiros estão satisfeitos pela decisão, sendo Príncipes do Tabernáculo iniciados no Egito.

O Juiz mais antigo, presente, exige dos prisioneiros que informem a respeito dos Sinais dos Graus 19 ao 24.

Os Candidatos prestam as informações e o Juiz proclama: "Absolvidos!".

A seguir, o Presidente ordena aos Candidatos que subam ao Monte, porém esses, apesar dos esforços feitos, não o conseguem por causa das cadeias que os envolvem.

Fala o Presidente: "Como pretendeis vencer os obstáculos que se vos apresentam, assim acorrentados?".

Ordena que os Candidatos peçam ao Guia as folhas de eufórbio para que com elas enferrugem as cadeias e se rompam, e assim recobrada a Liberdade, poderem escalar o Monte.

O Experto passa as folhas de eufórbio nas correntes e conduz os Candidatos ao Altar do Presidente que lhes tira todas as cadeias, libertando-os.

"Já sois livres", diz o Presidente; "olhai sobre o Monte e contemplai o Tau onde se enrosca o místico réptil dos grandes mistérios da Índia e que constitui o Emblema de nosso Grau".

Passa, após, a interrogar os Candidatos.

O interrogatório envolve os atos de julgar o aperfeiçoamento da Justiça, historiando a evolução do Direito e orientando sobre a ação do magistrado que deve julgar com isenção de ânimo e com imparcialidade.

Tece críticas aos tribunais antigos quando a política os pressionava e quando o homem era uma frágil vítima em suas mãos poderosas e implacáveis; evoca os tribunais da Inquisição; enaltece o instituto do *habeas-corpus* e, finalmente, dá as diretrizes de como um governo pode ter uma justiça sadia, rápida e eficiente, prestando culto aos direitos da criatura humana e sobretudo o da Liberdade.

Prestado o juramento, os trabalhos são encerrados na forma convencional.

*
* *

A serpente é um símbolo encontrado na mitologia de todos os povos.

Nenhum outro ser tem sido empregado tão frequentemente como a serpente. Todas as grandes ideias do homem nos primórdios da civilização foram representadas pela serpente: o Sol, o Universo, Deus, o Mundo, a Eternidade.

Era a imagem da Trimurti e da Trindade entre os hindus; da Prudência e da Medicina entre os etruscos e os romanos.

No Grau 25 representa a Sabedoria que investiga, profundamente, as causas geradoras do mal para extingui-las.

É a luta entre a Luz e as Trevas personificadas em Piton, anagrama de Tifon e Apolo. Tifon derivado de Tupul, árvore que produz maçãs, com Eva, e equivale a Vida ou Serpente; a forma circular que a serpente toma, mordendo-se a cauda.

A Serpente enroscada no Tau é o símbolo dado ao Grau 25, indica a memória do passado, a inteligência do presente e a providência do futuro para que impere a Razão em todo o planeta.

O Ritual revela que o maçom nada poderá fazer nem em proveito próprio de seus semelhantes, senão desfrutar do precioso dom da Liberdade, que, para ser conquistada, necessita da Serpente de Bronze, que tinha a propriedade de purificar o ar e curar os enfermos, inspirando-lhe fé e confiança; do eufórbio, para a destruição das cadeias, ou seja, da Virtude, do Valor e da Audácia, indispensáveis para romper as correntes do despotismo.

A Serpente sempre foi o símbolo da Inteligência. Sua raiz aproxima-se do nome de Serafim, na sua grafia antiga Seraphim; eliminando-se as vogais, teremos Srphm, que nos conduz à Serpente.

O Cavaleiro da Serpente de Bronze é o intrépido maçom que luta para a manutenção da Liberdade.

No conceito moderno de Liberdade difere muito do convencional, pois não se trata apenas da livre locomoção de ir e vir sem embaraços.

Hoje, dentro das metrópoles, onde o ar está poluído, o homem aparentemente livre torna-se escravo do ar viciado que o vai matando lentamente.

A Carta dos Direitos Humanos das Nações Unidas já se encontra incompleta, pois surgiram na última década das novidades violentas, como as radiações químicas, os gases venenosos que escapam de estabelecimentos fabris, enfim, do pouco caso que se dá à vida humana.

Com a destruição da flora e da fauna e da camada de ozônio, o homem fica sem a necessária proteção. A ecologia necessita de defesa urgentemente porque interessa, seriamente, ao homem.

A Maçonaria deve voltar o seu interesse para essas outras liberdades, que não envolvem conceitos políticos ou ideológicos, mas que derivam da ganância que o homem tem em enriquecer à custa da liberdade de seu semelhante.

Por isso nem sempre a "tradição" maçônica constitui fator relevante e, se convertida em dogma, faz cegar os olhos para os novos problemas que surgem.

Não se confunda "hábito", às vezes "maus hábitos", com "tradição". A Tradição Maçônica será, sempre, o interesse do maçom em busca da proteção ampla, incessante, infinita do ser humano cuja liberdade é direito natural e protegido pelo Criador.

*
* *

O Livro Sagrado abre-se em Números, 21: 8-9: "E disse o Senhor a Moisés: Faze uma Serpente Ardente, e põe-na sobre uma haste, e viverá todo o mordido que olhar para ela".

Príncipe da Mercê ou Escocês Trinitário – 26º Grau

O Grau 26 é considerado como de origem Templária, porém há certa confusão quanto ao seu verdadeiro início; é atribuído a Frederico II, rei da Prússia, e inserido no Rito em 1756.

A real origem iniciática nos parece egípcia. O Grau apresenta dois nomes: Príncipe da Mercê e Escocês Trinitário. A denominação de Príncipe deriva da época, pois o codificador do Rito, sendo rei, obviamente influenciado pelo regime reinante, constituiu o Rito em bases monárquicas.

Príncipe da Mercê pode ter uma tradução: o vocábulo é de raiz latina; *merces*, *mercedis* e significa "aquilo que se dá ou paga em retribuição de um trabalho"; quem trabalha é digno de mercê, diz o ditado antigo, ou: "todo trabalhador é digno de seu salário", dizem os Evangelhos.

"Por mercê de Deus" significa: "por favor de Deus"; portanto, pode ser dádiva, sem que tenha havido, antes, um trabalho.

Será, portanto, um benefício, um dom gratuito, um favor.

Também significa "arbítrio", como estar à mercê das ondas, à mercê de alguém.

Em 1233, cinco séculos antes da criação do Grau, existia a Ordem Religiosa das Mercês ou da Redenção, que se consagrava ao resgate dos prisioneiros feitos pelos infiéis, por ocasião das Cruzadas.

Em italiano o Grau é denominado "da compaixão" e se originaria de Buda, que é chamado de "O Senhor da Compaixão".

O segundo título, Escocês Trinitário, decorre talvez da antiga organização dos Trinitários, ligada à Ordem Religiosa das Mercês.

Ou derivaria do fato de os trabalhos do Grau serem desenvolvidos por três, evocando as três Alianças que Jeová fez com seu povo.

Os trabalhos desenvolvem-se em uma Câmara; as paredes laterais são recobertas por tapeçaria cor verde; ao redor, nove Colunas nas cores, alternadas, branca e vermelha.

No fuste de cada uma das Colunas, sobressai um braço metálico que sustém um Candelabro de nove luzes; ao todo, portanto, são 81 luzes que iluminam a Câmara.

O Trono encontra-se na forma convencional sob um Dossel coberto com panos tricolores: verde, branco e vermelho.

O Presidente empunha no lugar do Malhete, uma flecha, golpeando com ela na mesa, para ordenar os trabalhos.

O corpo da flecha é branco; sua cauda é formada de penas, de um lado na cor verde, do outro, vermelha.

No Oriente próximo à balaustrada e mais à direita, coloca-se um pedestal, com aproximadamente um metro de altura, onde na parte oca é guardado um Livro, cuja capa será de três cores; sobre o pedestal, uma estátua representando a Verdade, devidamente coberta com um véu tricolor.

Essa estátua é o "Palladium" da Ordem.

O Paládio era o nome da estátua de Palas, a cuja conservação estava ligada a sorte de Troia e que Ulisses e Diomedes conseguiram roubar.

Diante da estátua da Verdade há uma plataforma que se atinge por uma escada de três degraus, pintados de branco, verde e vermelho.

Na Câmara, veem-se 15 signos; cinco ao Norte, que são: uma fogueira, um lingote de ouro, uma coroa de espinhos, uma cruz e um globo.

Cinco ao meio-dia: a figura de Mercúrio, um braseiro aceso, uma tocha ardendo, um Anjo sobre uma nuvem e a Arca da Aliança.

Os cinco restantes são colocados no Oriente, à direita do Trono: uma lança e um braço armado com um punhal; à esquerda do Trono: um incensário e as Tábuas da Lei. Defronte ao sólio, um Triângulo Equilátero de ouro.

Essa Câmara denomina-se "Terceiro Céu".

Cada degrau da escada conduz à Plataforma, simboliza um dos céus; as cores representam a trilogia, Fé, Esperança e Caridade. O Grau é científico-social; há uma reminiscência a respeito da criação da Pedra Filosofal dos alquimistas.

O Braseiro simboliza a fusão dos metais; o Triângulo de Ouro, a presença da Divindade; o Incensário e as Tábuas da Lei, a Ordem e o Respeito místicos; a Fogueira, o Sacrifício; o Lingote de Ouro, a Riqueza; a Coroa de Espinhos, o Nazareno, mais tarde crucificado na presença da Cruz; o Globo, nosso Planeta; a Tocha ardendo, a presença do Ser humano; o Anjo sobre a nuvem, a parte espiritual do homem; a Arca, a onipotência do Grande Arquiteto do Universo.

Mercúrio, filho de Júpiter, deus do comércio, simboliza a circulação das riquezas. O braço de metal armado com punhal simboliza a presença da Força Vigilante, pronta a defender os direitos proclamados pela Verdade.

*
* *

O Presidente ostenta o título de "Excelente Príncipe e Mestre"; os Vigilantes, o de "Príncipes Tenentes"; o Experto, o de "Sacrificador"; o Porta-Estandarte, o de "Guardião do Palladium"; os demais Irmãos denominam-se "Excelentes Príncipes".

O traje é formado de uma túnica branca, com luvas brancas; o Avental é de seda vermelha debruado de branco; a abetafaixa é tricolor.

A Joia representa um triângulo equilátero de ouro no qual se vê inscrito um círculo.

A hora da abertura dos trabalhos é "a hora da Verdade"; hora de encerramento: "a hora de difundir a Verdade".

*
* *

Abertos os trabalhos, os Cavaleiros da Serpente de Bronze são introduzidos na Câmara, dando "passos tortuosos", o que chama a atenção do Presidente, que solicita explicação.

É-lhe informado que assim caminham porque vêm do mundo profano, onde as trevas imperam e, por causa do deslumbramento provocado pela intensidade vinda do Terceiro Céu, seus passos titubeiam.

O Candidato, pela mão do Sacrificador, principia a sua jornada iniciática, escalando os três lances da escada que o conduz ao Terceiro Céu.

Em cada degrau, o Candidato permanece o tempo necessário para obter as informações de que necessita para compreender o significado de sua trajetória.

O estágio em cada plano dependerá da capacidade evolutiva e espiritual de cada Candidato; também, cada degrau simboliza, respectivamente, a Ciência, a Inteligência e a Razão.

Porém, o Candidato quer ir adiante para conseguir a Pedra Filosofal.

Descendo da escadaria, o Candidato submete-se a um interrogatório.

O Presidente pergunta:

– Que pensais a respeito da reabilitação das classes operárias?

– Existem trabalhos vergonhosos?

– Por que as classes proletárias consideram-se inferiores? O que devemos fazer para reabilitá-las?

– Qual a opinião que tendes a respeito do comércio?

– Que dizei a respeito dos grêmios, das corporações ou confrarias que surgiram na época do Renascimento?

Após receber as respostas, o Presidente faz uma explanação a respeito das perguntas feitas.

Findo o interrogatório, o Presidente torna a perguntar ao Candidato por que aspira ascender ao Terceiro Céu.

O Experto responde pelo Candidato: "O Candidato deseja encontrar a Pedra Filosofal".

Diz o Presidente: "Sabe ele que essa Pedra, hoje, foi transferida para o plano mental? E que se torna possível encontrá-la e aplicá-la na transformação do pensamento comum em pensamentos áureos? Onde se encontra a Pedra Filosofal?".

Responde o Primeiro Vigilante: "Encontra-se sob a Estátua da Verdade oculta à vista dos profanos por uma bandeira tricolor e somente a vê quem for capaz de compreendê-la em toda a sua extensão".

O Presidente ordena ao Guardião do Palladium que descubra a Estátua da Verdade, o que é feito, encontrando-se todos os Irmãos de "pé e à ordem".

O Guardião do Palladium toma o Livro que se encontra dentro do Pedestal que sustenta a estátua, abre-o e lê:

"Irmão, aprende a conhecer-te; se te seduz aquilo que lisonjeia o teu orgulho ou satisfaz a tua cobiça, reconhece teu erro.

Queres possuir a Pedra Filosofal? Coloca, então, em uma balança o bem e o mal e verás que o peso de tuas inclinações defeituosas excede o das tuas Virtudes.

Adota a firme resolução de evitar o mal e praticar o bem. Então poderás marchar, sem temor, o caminho da Vida.

Encontrarás a paz da alma, filha de tua consciência pura, e possuirás a verdadeira Pedra Filosofal.

Com ela, as misérias humanas não te poderão alcançar, porque viverás tranquilo no meio da adversidade e poderás gozar da recompensa que o porvir reserva à Virtude".

Feita a leitura, o Candidato é conduzido pelo Sacrificador ao Altar do Presidente, diante de quem, encontrando-se todos os Irmãos de pé e à ordem no Grau 25, presta o juramento do Grau.

O Grau 26 apresenta uma base científico-filosófica envolvida em simbolismo.

A alusão à Ordem Religiosa dos Trinitários, ou Irmãos das Mercês, comporta uma lição de zelo caritativo que é necessário reavivar em todas as oportunidades de socorrer os nossos Irmãos em suas desgraças.

A ascensão do Recipiendário ao Terceiro Céu significa a preocupação de guiar o Irmão a uma região superior e sublime a que se elevam todos os homens de gênio e coração; os que à nobreza dos sentimentos unem as luzes de uma inteligência cultivada nessas elevadas esferas, colocando-se acima das preocupações, das falsas doutrinas e da pequenez que avilta o mundo dos ignorantes; habitar nas três Regiões Celestes equivale a comungar com a Caridade, a Esperança e a Fé, representações sublimes e elevadíssimas da Razão, da Inteligência e do Pensamento.

Por esses motivos, adotaram os maçons deste 26º Grau o título significativo de "Filhos da Verdade", e suas doutrinas repousam sobre três bases essenciais: a Religião, a Ciência e a Filosofia.

Grande Comendador do Templo – 27º Grau

Diz a lenda judaica que, por ocasião da reconstrução do Templo de Jerusalém, por Zorobabel, foi criada a Ordem dos Comendadores do Templo, para prosseguir na iniciação dos israelitas nos mistérios egípcios como orientavam os Terapeutas e os Essênios. Os Comendadores do Templo protegiam a pureza das leis.

Seja qual for a origem do Grau 27, o certo é que a sua base é a Sabedoria; é por isso que se consagra a Salomão o símbolo da Sabedoria.

O ensinamento filosófico é muito importante nos Graus Superiores, um tanto descurados nos Graus precedentes.

Na longa trajetória onde os eventos históricos transformam-se em tradição, onde os feitos heroicos dos homens inspiram o comportamento dos maçons, o estudo filosófico torna-se relevante, pois as dificuldades da vida moderna estão a exigir o aperfeiçoamento do comportamento humano, seja visando ao bem-estar social da família ou do próprio indivíduo.

*
* *

Os trabalhos desenvolvem-se em uma Câmara, com tapeçaria encarnada, colunas negras, nas quais vêm inseridos braços que sustentam uma lâmpada acesa.

O Dossel e o Trono são revestidos, também, com panos vermelhos, salpicados de lágrimas negras.

Da parte central da Abóbada, pende um lustre composto de três partes sobrepostas: na inferior, com 12 luzes; na do meio, nove, e na parte superior seis, em um total de 27.

Outras 27 são colocadas sobre uma mesa redonda, de forma assimétrica, cuja mesa está no centro da Câmara. Ao redor da mesa, tomam assento os Comendadores.

A Loja deste 27º Grau recebe o nome de Corte.

O Presidente ostenta o título de Poderosíssimo Grande Comendador; os Vigilantes, de Muito Soberanos Comendadores; e os demais Irmãos, o de Soberanos Comendadores.

O traje é templário, com luvas brancas forradas e bordadas em vermelho. Colar branco listrado em vermelho e, em cada lado, quatro cruzes vermelhas; Faixa vermelha listrada em negro; a Joia representa um Triângulo com as letras I.N.R.I.

O Avental é vermelho, bordado em negro; no centro, uma chave bordada e sobre a Abeta, uma Cruz Teutônica circundada por uma coroa de louros.

A hora da abertura dos trabalhos é às dez; de encerramento, às dezesseis.

Os trabalhos abrem-se na forma ritualística convencional. Após, o Presidente pergunta ao Primeiro Vigilante com que objetivo se encontram reunidos.

Responde o Primeiro Vigilante que é com o objetivo de nos prevenir contra a usurpação, a ignorância, a veleidade humana, de modo que a Humanidade possa gozar das benesses presentes e confiar em seu destino.

A Iniciação nesse Grau é, também, feita por meio de um questionário.

Na sua aparência, as perguntas são feitas como se diri-gidas à organização administrativa de um país; no entanto, a preocupação do Inquiridor é demonstrar o lado sutil e filosófico da Lei e da organização dos que a criam e executam.

Em última análise, diz de perto da Lei que rege o Universo, imutável até certo modo, mas que decorre de uma rígida disciplina e obediência.

O Grande Arquiteto do Universo não cria apenas os elementos e meios para a construção do Homem-Templo mas, cria Leis para garantir a esse Homem o desenvolvimento evolutivo de seu destino, para ser um elemento feliz dentro do Universo.

A autodisciplina formada pelo Congresso, que é a força representativa dos múltiplos sentidos que o Homem-Templo possui, e o autojulgamento dos atos defeituosos para que sejam corrigidos com a aplicação de penalidades simbólicas, garante o bem-estar não só do indivíduo, mas da família e da própria sociedade.

Ao reger o Universo, temos um grupo de Leis Fundamentais, que são os pactos ou alianças que o Senhor fez com suaa criatura; as demais Leis são as que governam o Microcosmo, que compreende cada indivíduo e cada espécie nos três Reinos da Natureza.

O que o Grande Arquiteto do Universo, que é Deus, dispôs, é imutável porque tudo o que Ele dispõe é Justo e Perfeito; a Justiça não necessita de remendos ou substitutivos porque é definida e acabada; a Perfeição, por sua vez, refletindo o Belo, não será alterada porque o equilíbrio é a sua fundamentação.

O livre-arbítrio, ainda tão discutido, não encontra guarida na Vontade Divina, porque não pode existir um poder livre do controle da lei fundamental que é constitucional.

O Congresso é a soma das decisões de Razão de cada Ser que habita os planos mais elevados do que o terreno.

É a lição do Grau 27 que deve ser, minuciosamente, estudada para que a Inteligência atinja a sua razão de existir.

*
* *

O Grau 27 é essencialmente templário e refere-se à condenação dos Templários pelo Papa Clemente V e o suplício do último Grande Comendador e Grão-Mestre dos Cavaleiros do Templo, Jacques de Molay, no mês de março de 1314.

A Ordem do Templo era, nos primórdios do séculos XIV, a instituição mais difundida e rica da época, pois a defesa da Terra Santa e a proteção aos peregrinos, através das Cruzadas, no combate aos infiéis, carreavam para os Templários riquezas sem par, tanto as conquistadas dos despojos das lutas como provindas do auxílio dos poderosos.

A vitória dos Templários sobre os infiéis devia-se à bravura dos combatentes e à proteção de Balduíno II, rei de Jerusalém.

Organizados de forma um tanto tumultuada, os Templários elegeram para seu primeiro Grão-Mestre, Hugo de Payns que, no Concílio de Troyes, em 1128, viu confirmada oficialmente a Ordem que mais tarde seria disciplinada com severidade por São Bernardo.

A Bula de 15 de junho de 1163 outorgou à Ordem do Templo privilégios sem precedentes e assim contava a Igreja com uma corporação eficiente, favorecida por muitos reis.

No entanto, o rei de França, Felipe IV, cognominado "o Belo", que lutava com severa crise em seus domínios, entendeu cobiçar os tesouros dos Templários.

Para tanto, procurou o Papa Bonifácio VIII e propôs-lhe dividir consigo as riquezas dos que julgava fácil presa.

Bonifácio VIII repeliu as pretensões de Felipe, que não se convenceu facilmente com as ponderações do Chefe da Igreja.

Muito astuto, procurou de toda forma amedrontar o Papa e este, em oposição, expediu em 5 de dezembro de 1301 a bula "Ausculta fili" dando-lhe ampla publicidade; a certa altura dizia o Papa:

"A Prudência deve ser a maior virtude dos reis"; e que as tributações sobre o Clero e sobre os bens da Igreja, quando não fossem para a defesa da paz ameaçada, dependiam da autorização Pontifícia.

A Bula constituía uma reprimenda enérgica ao rei que, irritado, a mandou queimar em praça pública e mandou prender Bonifácio VIII, convocando os Estados Gerais que deveriam estabelecer o controle do rei sobre a Igreja.

O Papa, apesar de posteriormente ser posto em liberdade, não suportou tal injúria, vindo a morrer de desgosto.

Sucedeu a Bonifácio VIII, Clemente V, antigo amigo de infância do rei, que ficou confinado em Avinhão e nas mãos de Felipe, o Belo.

Sob constante coação, Clemente V, após passar sérias vicissitudes, cede ao rei e determina o fim da Ordem do Templo.

Era seu Grão-Mestre o Grande Comendador Jacques de Molay.

No dia 13 de outubro de 1307, Jacques De Molay e todos os Templários da França foram presos.

Segundo os métodos da época, os cabeças foram submetidos a toda sorte de torturas para que confessassem a prática de adoração a ídolos, o repúdio ao Senhor Jesus Cristo e admitissem práticas infamantes.

Clemente V expede a bula: "Ad providam Christi" e determina a transferência do tesouro dos Templários para os "Hospitaleiros", uma Ordem secundária sob o controle do rei.

Jacques de Molay, em depoimento perante o Papa, ao invés de arrepender-se e pedir perdão, altivamente apresentou um libelo contra o rei que, enfurecido, lavrou a sua sentença de morte, determinando que fosse queimado em uma fogueira.

No momento em que foi posto fogo à madeira, em praça pública, com voz forte, o último Grão-Mestre e Grande Comendador dos Templários, gritou:

"*Nekan Adonai*. Intimo o Rei e o Papa a comparecerem perante Deus, no prazo de um ano".

No mesmo ano, ambos os anatematizados morriam.

*
* *

O Juramento contém expressões que reforçam o aspecto filosófico do Grau; o Recipiendário jura, sob sua palavra de honra, ensinar e sustentar as Leis fundamentais da Verdadeira Liberdade, com o sacrifício, sendo necessário, o mais penoso, para o benefício da sociedade profana, com a finalidade de conservar a pureza e a integridade de uma Constituição que proclame as Leis Áureas da Justiça.

O trabalho a que se devem dedicar os Grandes Comendadores do Templo é analisar sob o aspecto jurídico-filosófico, as Constituições da Ordem, compreendidas as tradicionais do Rito Escocês Antigo e Aceito e as que regeram inclusive a vigente, os seus soberanos Supremos Conselhos, cortejando-as com as Constituições do país onde executam os seus trabalhos e onde residem, para que do estudo não só resultem conhecimentos, mas sim a possibilidade de sugestões para o aperfeiçoamento daquelas magnas Leis.

Obviamente, esse trabalho deverá ser despido de todo partidarismo, político e ideológico, tendo em vista, exclusivamente, o bem-estar social e espiritual do homem-sociedade e do homem-tempo.

Cavaleiro do Sol ou Príncipe Adepto – 28º Grau

O Grau Cavaleiro do Sol ou Príncipe Adepto é dedicado ao "culto do Sol", não como adoração ao Astro-Rei, mas um culto à importância do Astro, centro de nosso Universo e que dá à Terra a força astronômica.

Trata-se de um símbolo da Energia Suprema, sempre aquém da força Divina.

Os trabalhos desenvolvem-se em uma única sala denominada "Santuário" e que representa uma Caverna no centro de uma floresta que é iluminada por uma luz vinda do Oriente; essa luz provém de um triângulo que possui um círculo, vendo-se ao centro o Sol representado pela letra "S" (Sol, Santíssimo, *Sacrum*).

Sob esse centro de luz, vê-se um quadro representando Mitra sacrificando um touro.

No início dos trabalhos, o Sol é coberto por um véu.

No Altar, há um exemplar do livro *Zend-Avesta* (Livro Sagrado dos Magos) e um caduceu sob um barrete frígio; no espaço livre do Santuário são colocados sete altares menores.

O Presidente é denominado "Pai Adão" e possui o título de "Senhor Onisciente". Há apenas um Vigilante, chamado de "Irmão Verdade".

Nos sete altares são colocados os Arcanjos que têm o nome genérico de Malakh ou Querubim e que são: Zarachiel, Tzaphkiel, Uriel, Rafael, Gabriel, Hamaliel e Michael.

Apresentam-se dois Portadores de Tochas; o primeiro, trajando uma túnica branca, conduz uma tocha acesa; o segundo, vestido com túnica escura, conduz uma tocha apagada; ambos são colocados à direita e à esquerda do Quadro.

Os demais Irmãos denominam-se "Aralim".

O Traje é negro, com luvas brancas; o Avental branco com um pentagrama vermelho ao centro; a Joia é composta de um triângulo de ouro tendo ao centro um Sol radiante.

A hora de abertura dos trabalhos: quando é noite sobre a Terra; hora de encerramento: o astro do dia eleva-se no horizonte.

O Presidente, "Pai Adão" ou "Pai dos Pais", determina ao Capitão das Guardas que verifique se o Santuário se encontra a coberto.

Feita a verificação, o Vigilante informa que os Cavaleiros conhecem o nascer do dia; o Vigilante denomina-se "Irmão Verdade" ou "Irmão Verdadeiro".

Os trabalhos iniciam-se à Meia-Noite; a divisa dos Cavaleiros é: *"Ex tenebris lux"*, ou seja, "Das Trevas para a Luz".

A divisa complementa-se com as palavras latinas: *"Per lumina ad lumina"*.

O Livro Sagrado é aberto em Gênesis 3:24:

"E havendo lançado fora o homem, pôs querubins ao oriente do Jardim do Éden e uma espada flamejante que andava ao redor, para guardar o caminho da Árvore da Vida".

No encerramento, é descoberto o véu que ofusca a Luz, e com a chegada da Luz, os trabalhos ficam suspensos.

O Templo apresenta-se, apenas, iluminado pelas lâmpadas dos "Malak" (os sete Arcanjos nos seus altares e que assumem, também, o aspecto da "Lua" "Zeus", "Marte", "Vênus", "Saturno", "Sol" e "Hermes").

No Átrio, encontram-se os Neófitos; o Mestre de Cerimônias lê para eles as declarações morais que terão de pronunciar diante de cada Malakim; são-lhes dadas todas as explicações necessárias, pois as declarações devem ser conscientes.

Após, os Neófitos batem à porta do Templo como Cavaleiro Comendador do Templo, Grau 27.

Os Neófitos são denominados "Filhos das Trevas" e aspiram a esclarecimentos, pois afirmam estarem dispostos a se despojarem das propensões que geram a Preguiça, a Inveja, a Cupidez, a Cólera, a Intolerância e o Orgulho.

O Presidente diz:

"Irmãos Comendadores do Templo, nós somos Cavaleiros do Sol.

Quando os homens, no primeiro esforço da Razão, saindo da barbárie, começaram a pôr o disco do Sol em relação aos fenômenos da luz e do calor que eles sentiam intimamente ligados à sua segurança e a seu bem-estar, encaravam o Astro-Rei como protetor, um amigo dotado de um poder sobre-humano e misterioso.

Nada lhes garantia que esse benfeitor, ao desaparecer todas as tardes ou ao se afastar em cada outono, não os abandonasse para sempre.

Daí um misto de temores e esperanças que deu lugar às práticas do culto solar; uns procuravam obrigar o astro por processos mágicos, a conservar seu curso ordinário; outros pretendiam mantê-lo em seu lugar, voluntariamente, por meio de preces, sacrifícios e protestos de amizade; outros, ainda, procuravam dominá-lo em sua luta contra os poderes hostis das trevas e das nuvens.

Pouco a pouco, compreenderam que o Sol, a Lua e todos os astros seguem no céu uma rota invariável é que eles devem obedecer a um impulso cuja força vem de fora deles e, assim, a veneração se transporta do Sol sobre o Senhor do Sol, aquele a quem a Maçonaria chama de Grande Arquiteto do Universo, que é "Deus".

Ao mesmo tempo, essa regularidade dos movimentos celestes fez conceber a ideia de uma Ordem Cósmica, compreendendo todos os fenômenos cuja permanência ou periodicidade pareciam necessários à vida regular da Natureza.

Por extensão, assimilou-se a essa Ordem a Ordem Moral, conjunto dos atos que o homem deve cumprir para completar seu destino de ser sociável e progressista.

A manutenção da ordem física e da ordem moral foi encarada como o fim essencial do Poder que preside à evolução do Universo.

Continuando a investigar sobre a Natureza desse Poder, acreditou-se encontrar na Luz que reúne o atributo comum de todos os corpos celestes, o pano onde são tecidos todos os detalhes da Natureza, a fonte íntima do Movimento, da Vida e do Pensamento, na superfície da Terra.

Enfim, atrás da Luz visível, vê-se a Luz incriada, da qual as mais altas manifestações são o Sol no nosso mundo físico e a Razão no nosso mundo espiritual.

Assim assinaladas, a luz e a razão vieram simbolizar uma e outra e ambos o Ser Indefinido e incognoscível de que provêm todas as coisas.

O Ser Supremo, proclama o Livro Sagrado dos Magos, o *Avesta*, é semelhante de corpo, à Luz, e, de Espírito, à verdade.

Tais interpretações não podiam espalhar-se sem dar um golpe mortal nas mitologias dos velhos cultos.

Quando sobreveio no Império greco-romano a decadência do paganismo, o espírito religioso, que não mais se satisfazia com as formas obsoletas do culto oficial, nem com as vãs superstições das massas populares, procurou refúgio no seio dos Mistérios, onde as almas das elites recebiam sob a forma de Iniciação os mais avançados ensinamentos espirituais da época.

Na primeira linha, figuram do segundo ao quarto século de nossa Era, os Mistérios de Mitra, que se espalharam por todo o império da Ásia à Bretanha e à África.

Acreditou-se, em certo momento, que eles iriam levar ao Ocidente a religião que este esperava. Foram distanciados pelo Cristianismo.

Mas suas doutrinas transformaram-se em certas seitas, confundindo-se com as especulações cristãs-mitraicas, gnósticas e cabalísticas.

Foi por esse meio que eles introduziram-se na Maçonaria.

Os Cavaleiros do Sol são os depositários do que esta irradiação guarda de verdadeiro e justo.

*
* *

Dada a mensagem, o Irmão Mestre de Cerimônias conduz um dos Neófitos escolhidos que se encontra vestido com uma túnica branca, ao Trono.

O Neófito representa em Espírito Livre que aspira descer na "peleja terrestre" para combater na luta a favor do Bem e do Verdadeiro, partindo da "Mansão da Serenidade".

O Neófito situa-se em uma posição ideal para pelejar ao lado dos que lutam em prol do Bem e do Verdadeiro, para dissipar o erro e vencer a iniquidade.

Funciona nesta luta como Maçom Operativo, porque deseja aliviar as penas dos que sofrem e, assim, aperfeiçoar o mundo. Suas armas serão as "Boas Palavras", os "Bons Pensamentos" e as "Boas Ações".

Ouve-se um fundo musical.

A música, com suas vibrações, conduz o pensamento para o centro do homem; é um veículo que conduz à meditação, tão necessária para o polimento das armas para o combate.

Ordena o Presidente:

"Ide, pois, medir-vos com a imperfeição das coisas! Para vos guiar nas horas de perturbação, tereis, junto a vós, como um farol na noite, o Amigo, o Consolador, o Redentor, aquele que jamais dorme, que se multiplica e se repete em todo o homem, que se ri dos artifícios pelos quais tentareis enganar a vós mesmos sobre o valor de vossas ações que, se tentásseis fugir, montaria na garupa e galoparia convosco; mas que, também, se permanecêsseis fieis às suas ordens, vos asseguraria a Vitória, a Paz, a Felicidade e a Imortalidade".

O Presidente confia a guarda dos Neófitos ao Irmão Verdadeiro, que representa o testemunho da consciência, a Luz interior que esclarece todo o homem que vem ao mundo.

Ainda, com fundo musical, ouve o Neófito a revelação dos sectários de Orfeu:

"Sete astros errantes a circular pelos caminhos do céu e com eles é tecida a Eternidade; a Lua que brilha durante a noite; o lúgubre Saturno; o doce Sol, a deusa de Pafos, protetora dos casamentos; o corajoso Marte;

o fecundo Hermes e o importante Zeus, princípio do nascimento, fonte da Natureza.

Os mesmos receberam em partilha a raça humana e há em nós a Lua, Marte, Vênus, Saturno, o Sol e Hermes.

Tiramos, também, do Fluido Etéreo, as lágrimas, o riso, a cólera, a geração, o sono e o desejo".

Segue-se a tocante cerimônia da apresentação dos Neófitos aos Malakins.

O Irmão Verdadeiro faz a apresentação ao Sol, dizendo:

"Eis aqui um ser que deseja encarnar-se sobre a Terra. Que lhe dará o gênio Sol?"

Responde o Sol: "A faculdade de conhecer".

O Sol coloca sobre as costas do Neófito uma túnica dourada.

O Neófito é conduzido à Lua:

"Que dará ao Neófito o gênio da Lua?"

A Lua responde: "O desejo de viver".

A Lua sobrepõe à túnica dourada, uma outra prateada.

O Neófito é conduzido a Marte:

"Que dará ao Neófito o gênio de Marte?"

Marte responde: "O instinto da luta".

Marte coloca no Neófito uma túnica vermelha.

O Neófito é conduzido a Mercúrio:

"Que dará ao Neófito o gênio de Mercúrio?"

Mercúrio responde: "O prazer das riquezas".

Mercúrio sobrepõe no Neófito uma túnica azul.

O Neófito é conduzido a Júpiter:

"Que dará ao Neófito o gênio de Júpiter?"

Júpiter responde: "A ambição".

Júpiter sobrepõe às costas do Neófito uma túnica alaranjada.

O Neófito é conduzido, sempre pelo Irmão Verdadeiro, a Vênus:

"Que dará ao Neófito o gênio de Vênus?"

Vênus responde: "O amor da mulher".

Vênus sobrepõe uma túnica verde.

Finalmente, o Neófito é conduzido ao último Malakim:

"Que dará ao Neófito o gênio de Saturno?"

Saturno responde: "A inclinação ao repouso".

Saturno coloca a última capa sobre os ombros do Neófito, essa de tecido negro.

Assim trajado, com as sete túnicas, o Neófito tem as suas mãos amarradas e sua cabeça coberta com um véu negro e é colocado entre a "Pomba" e o "Corvo".

A sua posição simboliza o equilíbrio entre as boas e más ações; entre as obras de Luz e as de Trevas; de Vida e de Morte.

O Orador profere o seguinte discurso:

"Assim se exprime Hermes Trimegistos: O homem que triunfou das tentações sensuais engrandece suas faculdades mentais.

Deus lhe dá a Luz na proporção de seus méritos e o admite progressivamente a penetrar nesta Vida, nos mais profundos mistérios da Natureza.

Aquele que, ao contrário, sucumbe às seduções da carne, cai, pouco a pouco, sob as leis fatais que regem os elementos e, tornando-se sua presa, entrega-se à ignorância perpétua que é a morte do Espírito.

Bem-aventurados os Filhos da Terra que têm conservado pura a imagem da Perfeição Suprema e que não se escondem sob o véu das ínfimas concupiscências.

Quando chegar para ele a hora de deixar o mundo, seu corpo voltará ao domínio da matéria, mas o Espírito, liberto desse "bagaço" usado pelo tempo, elevar-se-á nas Sete Esferas Concêntricas que envolvem o Sistema Terrestre".

A seguir, o Neófito é submetido às provas iniciáticas da água, do ar, do fogo e do ferro.

Forma-se um cortejo: Os Dadófaros caminham ao lado dos Neófitos; o fundo musical acompanha toda a cerimônia das provas.

Segue-se um diálogo entre o Neófito, que representa os demais, e o Irmão Verdadeiro; esse diálogo prossegue, após, com os Irmãos Malakhins.

A cada contato com um Malakim, esse retira do Neófito a capa que, anteriormente, lhe havia colocado.

Concluída a cerimônia, o Presidente oferece ao Neófito o "fruto da Árvore da Vida", representada por um cacho de uvas e, a seguir, aparece o Quadro representando a imolação do touro de Mitra. Diz o Presidente:

"Vede, representada neste Quadro, a cena que foi esculpida entre o Sol e a Lua no fundo de todos os Santuários Mítricos: a imolação do touro simbólico pelo invencível Mitra.

O touro simboliza aqui a matéria primordial que o Sol fecundou, trespassando-a por seus raios, por um milagre que se repete todos os dias a nossos olhos.

Certos animais que na mitologia persa representam, respectivamente, as influências favoráveis e hostis a Mitra – a Serpente, o Touro e o Escorpião – disputam ente si a selva que deixa escapar a chaga.

Mas o Deus da Luz Fecundante assegurou sua obra; do corpo do touro nasce a vegetação que embeleza a terra e mantém a vida.

Entre as primeiras espécies dessa vegetação, todas as mitologias colocam a planta paradisíaca, da qual o fruto ou o suco concedia o privilégio da Imortalidade.

Entre os caldeus, essa planta era simbolizada pela vinha, cujo fruto, que encerra o vinho, tem permitido ao Mitraísmo e a tantas outras expressões religiosas o símbolo da comunhão entre os homens, ver entre os homens e os deuses, unidos, como filhos de uma mesma mãe, pela participação da mesma carne e do mesmo sangue.

Entretanto, esses símbolos e esses ritos não constituem para nós, ou para os adeptos do Mitraísmo antigo, senão um degrau transitório da Iniciação".

Os Neófitos prestam o seu juramento na forma convencional aos demais Graus anteriores.

O Irmão Orador procede a invocação ao Astro-Rei:

"Fonte de toda Luz e de toda fecundidade, Sol, esclarece nossa inteligência para dissipar as trevas do erro que ocultam de nossos olhos o Santuário da Verdade! Faz participar de teus benefícios todos os que estão cegos, a fim de que todos os seres inteligentes formem uma única família".

Segue-se o Hino ao Sol.

O Hino ao Sol, na prática, não mais existe, é totalmente desconhecido; portanto, o Mestre de Harmonia providenciará para que haja uma música análoga, pois se trata de uma parte da cerimônia, muito tocante.

Conclui o Presidente:

"Meus Irmãos, o Sol é a fonte de toda atividade na superfície do Globo Terrestre.

Não mais o adoramos, porém o aceitamos como a manifestação mais alta e o símbolo mais apropriado da Energia Suprema.

As antigas mitologias tinham Hórus, Merodac, Indra, Apolo e Mitra, deuses solares que representavam sob a forma de heróis cavalheirescos, matadores de monstros e fundadores de civilizações.

Ainda hoje, há monstros a combater e destruir, uma civilização a conservar e a desenvolver. Tais são os feitos que se impõem aos Cavaleiros do Sol".

Os Neófitos recebem as suas insígnias, cuja cor simboliza a Luz; a Joia que elas trazem simbolizam o Sol no seio da Natureza.

Recebem as Palavras, os Sinais e os Toques do Grau.

São reconhecidos e aplaudidos; seguem-se os discursos de praxe e a cerimônia é encerrada na forma convencional ritualística.

*
* *

O Grau 28 traz ao conhecimento dos Cavaleiros do Sol a filosofia mística dos povos antigos que uniformemente tinham no Sol a imagem materializada do Poder do Criador.

A Maçonaria evoca o simbolismo trazido pela Mitologia sem, contudo, afastar-se do culto ao Grande Arquiteto do Universo, com exclusividade.

Nunca houve, de parte da Maçonaria, adoração ao Sol ou a qualquer outro Astro.

Hoje, quando a Humanidade passa a interessar-se pela conservação, preservação e restabelecimento da Natureza, por meio da nova ciência, a Ecologia nada mais faz que exteriorizar os conceitos tão antigos da Arte Real.

A valorização do homem nada significaria se não fossem valorizados os elementos onde ele atua e vive.

A Natureza, o Templo vivo onde o homem cultua o seu Criador, e lhe cumpre, assim, manter em ordem este Santuário.

É a lição eterna da Maçonaria, pois o homem, sendo Cavaleiro do Sol, será, também, protetor da Natureza.

Grande Cavaleiro Escocês de Santo André ou Patriarca das Cruzadas – 29º Grau

O desenvolvimento do Ritual do Grau 29 apresenta-se, relativamente, simples; no entanto, a instrução é extensa.

O Grau é ministrado por comunicação.

Os trabalhos ocorrem em uma grande Câmara que se encontra decorada com tapeçaria vermelha, alternada com Colunas brancas.

Os Dosséis do Presidente e do Vigilante estão forrados com panos vermelhos e adornados com franjas douradas.

Os Dosséis dos demais Irmãos possuem franjas azuis.

Em cada um dos quatro ângulos da Câmara são colocadas Cruzes de Santo André.

A Câmara é iluminada por 81 luzes distribuídas em Candelabros.

Diante de cada cruz, há um Candelabro com quatro braços e respectivas luzes, num total de 16.

Sete Candelabros com nove luzes são colocados defronte às Colunas brancas.

Sobre o Altar do Presidente, colocam-se duas luzes.

Há um quadro, de tamanho o maior possível, representando a Jerusalém Celestial; o quadro é pintado com cores naturais.

O Presidente recebe o título de "Patriarca"; o único Vigilante, o de "Inspetor", e os demais membros, de "Respeitáveis Mestres".

Os trabalhos iniciam-se ao Meio-dia encontrando-se o Sol no meridiano; encerram-se quando a Luz desaparece, dando lugar ao Reino das Trevas, ou seja, a entrada da noite.

A Câmara denomina-se *"Ecclesia"* (Igreja).

O traje é túnica vermelha, com luvas negras. O Colar é vermelho-escuro e a Joia é representada por uma Cruz de Santo André.

Não é usado Avental.

A idade, o quadrado de nove; a Bateria é com nove golpes, dois por três e outro.

Alguns Rituais dão a hora do início dos trabalhos: a hora de preparar a segunda vinda do Filho do homem; e encerramento: "É hora em que se adorará o Pai, somente em Espírito e Verdade".

*
* *

O Introdutor apresenta os Candidatos, batendo à porta, dizendo ao Presidente que os Cavaleiros do Sol aspiram ingressar na Jerusalém Celestial.

Os Candidatos são submetidos a um rápido interrogatório sobre o que entendem ser as Belas Letras e o Luxo.

Os Candidatos têm plena liberdade nas respostas, que são aceitas sem comentários.

O Presidente, após explanar a respeito da Jerusalém Celestial, conforme é descrita no Livro do Apocalipse, diz:

"Aí tendes a Nova Jerusalém. Doze caminhos nos conduzem às 12 portas de seus 12 bairros; todos são iguais, porque nela não há primeiro nem último".

E prossegue:

PRIMEIRO BAIRRO: "Chamo-o assim para iniciar a explicação e lhe darei o nome de Primeiro Caminho, que se intitula "ABNEGAÇÃO", caráter distintivo do Grão-Mestre da Luz, que o conduz à "Porta da Fidelidade".

Forma um dos lados que limita por um outro Segundo Caminho ou o da "TEMPERANÇA", com sua porta chamada "Castidade".

Sua frente exterior é a da "EQUIDADE", e a anterior, a da "JUSTIÇA".

As seis Virtudes da primeira ordem que limitam este Bairro são: Temperança, Castidade, Fidelidade, Abnegação, Equidade e Justiça.

Porque o Bairro está destinado à pintura ou ao desenho, essa arte apresenta aos olhos o quadro palpitante dos feitos ou das pessoas que existem ou que se foram, e tudo o que possuir de belo, terrível ou instrutivo em seu espaço ou sobre o que sucede no tempo.

TERCEIRO BAIRRO: O Terceiro Caminho é o da "VIGILÂNCIA", e sua porta é da "PERCEPÇÃO".

O Bairro que circunscreve com o segundo Caminho representa na parte anterior a Ordem, e na posterior, a Harmonia.

Fina percepção, Castidade nos conceitos, Temperança nas emoções e infatigável Vigilância para que ninguém destrua a harmonia e reine a Ordem no Bairro da Música e do Canto, perfumes de sentimento que o coração exala e chegam até o Trono da Divindade que o criou; são as qualidades que distinguem os que habitam.

QUARTO BAIRRO: O Quarto Caminho embeleza-se com a Esperança à porta da IMORTALIDADE.

O Bairro que constitui com o Terceiro Caminho oferece em seu limite externo a palavra FORTALEZA, e no Caminho interno, VERDADE.

Encontrais aí reunidas no Bairro da Escultura, materialização sublime do pensamento do homem, a exatidão da percepção, a Fortaleza da mão, a Vigilância nos pormenores, a Verdade da obra, para que a ESPERANÇA anime à conquista da Imortalidade.

QUINTO BAIRRO: O Quinto Caminho é o da SIMPATIA que nos leva à porta da FÉ.

O Bairro que deslinda com o Quarto Caminho possui na parte externa o Céu, e na interna, a Liberdade.

Nele se cultivam a Poesia e as Belas Letras que conquistam os corações com a Simpatia, e cheios de zelo pela liberdade, seu povo entoa o hino da Esperança, que a imortalidade recompensa.

SEXTO BAIRRO: O Sexto Caminho diz: FRATERNIDADE e sua porta: DEDUÇÃO.

O Bairro que circunda com o Quinto Caminho proclama a DIGNIDADE na sua primeira frente, e a PUREZA na segunda.

É o da CORTESANIA, base do trato humano que conquista amigos e conserva o que temos.

A SIMPATIA atrai a FÉ, inspira-nos CONFIANÇA pela pureza de nossos atos; a DIGNIDADE conserva o prestígio e a DEDUÇÃO nos enlaça com os vínculos da Fraternidade.

SÉTIMO BAIRRO: O Sétimo Caminho é o da INDÚSTRIA e sua porta é a da ANALOGIA.

O Bairro que abrange o Sexto Caminho manifesta a PACIÊNCIA de um lado e a FORÇA do outro.

É o do SIMBOLISMO, porque os que nele residem mantêm-se pela FORÇA de sua DEDUÇÃO nas asas da INDÚSTRIA ao apreço da ANALOGIA e inspirados pela FRATERNIDADE nos dão os MITOS, as ALEGORIAS e as PARÁBOLAS, que assim exercitam a PACIÊNCIA como desenvolvem o ENTENDIMENTO.

Por isso, a Coluna do Gênio, quando não se apresenta o quadro, coloca-se perto do Oriente na mesma linha que a do Plano que segue em continuação.

OITAVO BAIRRO: O Oitavo Caminho é o da UNIÃO e sua porta é a da INDUÇÃO.

Forma com o Sétimo as partes laterais do Bairro que informa em suas frentes: TOLERÂNCIA e PAZ.

É o do Ceticismo e esses habitantes, entregues ao estudo do Finito, começam por duvidar de tudo, até adquirirem por si próprios, noções exatas das coisas.

Com sua TOLERÂNCIA para com as diversas opiniões, que hão de passar pelo crisol da experiência antes de serem aceitas, vivem em Paz e, seguindo através da União de sua Indústria os conselhos da Indução, erguem sistemas racionalizados que nos elevam ao progresso material e, pela Analogia ao progresso intelectual.

NONO BAIRRO: O Nono Caminho é o da MEMÓRIA e sua porta é a da CIÊNCIA.

O Oitavo Caminho marca o centro lindeiro que encerra o Bairro da GASTRONOMIA em cuja frente anterior lê-se: PRUDÊNCIA e na posterior: SAÚDE.

O homem é o único ser vivente que sabe preparar seus alimentos e sua bebida e que, com a MEMÓRIA e a INDUÇÃO, criou a Ciência, cujos princípios formam essa arte que nos conserva saudáveis, fortalece-nos e, dirigida pela PRUDÊNCIA, dilata a Vida e contribui para a união das Vontades.

DÉCIMO BAIRRO: O Décimo Caminho é o da PERFEIÇÃO e finda na porta da MODÉSTIA.

Com o Nono Caminho, regula o Bairro da GINÁSTICA que caracteriza a CONFIANÇA por um lado e a ALEGRIA por outro.

Nesse Ginásio Universal que une a Quitação e a Dança, reinam a Modéstia e a Ciência, a qual, com a Memória do passado, busca a Perfeição do presente e do futuro e enche de confiança os ânimos e de alegria os corações.

DÉCIMO-PRIMEIRO BAIRRO: O Décimo-Primeiro Caminho é o da CANDURA e sua porta é a da LIMPEZA.

Com o Décimo-Primeiro Caminho descreve o Bairro que rege a HONRA por uma parte e a CULTURA por outra.

É o da ESTÉTICA ou do estudo do belo no físico, na moral e no intelectual, e por isso a Honra, a Cultura, a Limpeza, a Candura e a Modéstia nos fazem adquirir a Perfeição que buscamos.

DÉCIMO-SEGUNDO BAIRRO: O Décimo-Segundo Caminho ou da ASSOCIAÇÃO é o que pela porta do VALOR termina o Plano.

Abrange com o Décimo-Segundo Caminho o Bairro que, na frente externa, recomenda a DISCIPLINA, ou o estudo que nos eleva interiormente à Sabedoria.

É o da ORATÓRIA, cuja Luz Divina ilumina sem queimar.

A Palavra é o vínculo da Associação, empregada com Valor e com Disciplina, inculca com Sabedoria os da dignidade humana, para que a Ordem nos mantenha à testa do Progresso.

DÉCIMO-TERCEIRO BAIRRO: Limitam-no o Primeiro e o último caminho, ou seja, o da ABNEGAÇÃO com sua porta da FIDELIDADE e a da ASSOCIAÇÃO com a porta do Valor.

Impera em sua frente exterior a GRATIDÃO e na interior, a IGUALDADE.

Exercitam-se no Dramático espelho da Vida, ação animada na grandeza do passado, do útil presente e da felicidade futura.

Estimula o sentimento de associação e presenteando-nos como modelos de Valor, de Fidelidade e de Abnegação, enche-nos de Gratidão para com os que partiram e nos induz a proclamar a Igualdade dos deveres e dos direitos em todos os que permanecemos.

É a base da FRATERNIDADE, cujos emblemas expressivos decoram a imensa praça que as 12 frentes internas dos Bairros, com suas portas, circunscrevem.

O CENTRO: Nessa Praça da Nova Jerusalém surge um Cordeiro Imaculado, símbolo do Sol, alma das Sete Esferas representadas pelo Livro da Fatalidade ou dos Sete Selos, que nos redime ao resplandecer em Áries no Equinócio da Primavera, salvando o mundo das trevas do inverno com o nome de Sol Pascal ou Cordeiro Equinocial.

Fluem de seu coração cinco rios de amor; o primeiro é o Paternal; o segundo, o Conjugal; o terceiro, o Filial; o quarto, Fraternal e o quinto, o Social, que se fundem com mananciais para formar o extenso, pacífico, delicioso Lago do Amor à nossa linhagem ou à Filantropia.

Defronte de Áries ou ao Cordeiro, está a Árvore da Vida, tão distinta da Árvore da Ciência do Bem e do Mal.

É a Árvore da Liberdade, fecundada no âmago da Consciência, nutrida com a seiva da Inteligência e amadurecida pelo Sol da Razão.

Os sábios mártires e líderes regaram essa Árvore com a "Linfa" de sua Sabedoria ou correntes de sangue e, assim alimentada, abastece aos Bairros com seus doces frutos, cujos nomes ledes em suas frentes internas.

*
* *

"Meus Irmãos e Príncipes Adeptos. Nos 29 Graus que vos sintetizei encerram-se os princípios que constituem a Maçonaria Escocesa.

Ao pôr em prática esses ensinamentos não esqueçais que a Razão forma uma mínima parcela da natureza humana, pois os sentimentos do homem, os interesses materiais a eclipsam e frequentemente a contradizem; se desejais que reine a Pureza dos Princípios, morrereis na luta ou vos tomarão por loucos.

Ide Irmãos e sentai-vos nesta Câmara, onde brilham o Cordeiro e o Touro, a Doçura e a Força, o Sol Primaveril e o Sol do Verão que protege o Universo.

Ide e apropriai-vos das suas Virtudes e medi o próprio Sol, obviamente, no sentido simbólico.

Ide para comprovar o poder da Razão que nos faz erguer a Nova Jerusalém para satisfação da nossa linhagem.

Ela é imortal com o Templo, porque é a Verdade.

Seus 12 Caminhos, suas 12 Portas e seus 12 Bairros são alegorias deste mesmo Sol em suas diversas casas e do que esperamos do Templo, do Ano e de seus 12 meses pela nossa constância.

É a Árvore da Vida, que produz 12 frutos; e é o da Constituição, que proclama as 12 Leis fundamentais da Liberdade; este Sol dos Sóis que resplandece em cada uma delas com o astro do dia nas constelações do Zodíaco para fecundar a Natureza.

Que nenhum temor vos detenha.

Que pedistes de forma parcial naquele Grau que vossa débil visão a poderia suportar.

De um modo sucessivo e após nossa visão estar robustecida, aumentamos a sua intensidade, até que, como Príncipes Adeptos, surgiu em toda a sua grandeza.

*
* *

Os Candidatos de modo convencional prestam o seu Juramento que, em resumo, é:

"Por minha fé de maçom e minha palavra de Príncipe Adepto, juro cumprir minhas obrigações impostas por este Grau.

Combaterei, como se fossem inimigos mortais, a mentira, a hipocrisia e a calúnia.

Lutarei ardorosamente e sem desfalecer jamais nesta empresa, em favor da Liberdade, do Direito e da Livre Manifestação do Pensamento e da Palavra.

Defenderei a sabedoria popular contra os atentados da tirania e da superstição e contra os abusos de todo poder.

Terei por princípio o Amor aos meus semelhantes; por base a Ordem e por fim, o Progresso, como se compreende nesta Câmara.

Por último, ratifico todas as promessas prestadas nos Graus anteriores e desejo que meus Irmãos aqui presentes testemunhem este meu Juramento".

Os Candidatos são consagrados e os trabalhos encerrados.

Cavaleiro Kadosh ou Cavaleiro da Águia Branca e Negra – 30º Grau

A vestimenta do Cavaleiro Kadosh é complexa; é usado Avental tendo ao centro uma Cruz Teutônica e no seu meio, o número 30. É usada uma faixa de seda negra, na qual são aplicadas duas Cruzes Teutônicas, uma Águia Bicéfala e as letras "K.: H.:" (primeira e última letras da palavra Kadosh), em vermelho; a faixa é debruada em dourado.

A rigor não é usado o Avental.

Consoante os antigos Rituais, os Cavaleiros Kadosh usavam o uniforme dos Templários; atualmente, o traje é de passeio, negro e luvas brancas.

Os Dignitários têm o tratamento de:
Comendador Grão-Mestre, de Eminentíssimo;
Prior e Receptor, de Eminente;
Secretário, Orador e Tesoureiro, de Excelente;
Mestre de Cerimônias, de Venerável;
Capitão das Guardas, de Valente;
Porta-Estandarte, de Ilustre.

A idade do Cavaleiro é de "um século e mais"; a Bateria de sete golpes, 2 x 2 x 2 x 1; abertura dos trabalhos: quando a noite se avizinha; encerramento: quando o dia surge.

A lenda do Grau diz respeito à vindita da Maçonaria pela destruição da Ordem do Templo.

O Grau é desenvolvido em duas Câmaras:

A Câmara Vermelha

A Câmara Vermelha é precedida por um Átrio ornamentado com símbolos e atapetado de vermelho. Essa Câmara é destinada à Iniciação.

A entrada é vedada por um véu preso, facilmente destacável às duas Colunas que são as convencionais; no centro, está pintada em vermelho uma Cruz Grega cujos quatro braços se alargam tomando todo o espaço do véu.

No centro da sala, as paredes são decoradas com panos vermelhos e com Colunas brancas.

Ao Oriente, sob um Dossel ricamente adornado de damasco e veludos em negro e branco, vem colocado o Trono do Presidente que é denominado Grão-Mestre.

Ao fundo do Dossel, destaca-se um triângulo invertido dourado, cujo vértice se apoia sobre a parte superior de uma Águia Bicéfala, com as asas abertas segurando, com as garras, uma espada romana, com a empunhadura em direção ao lado direito da ave.

A Águia sustenta sob seu peito, pendurado por um colar de fita negra, uma Cruz Teutônica e, mais abaixo, um triângulo equilátero invertido; nele se encontra inscrita a palavra "Adonai" em caracteres hebraicos; na parte central, ao redor, a seguinte frase latina: *"Nec proditor, nec proditus, innocens foret"* (Não revelar, não transmitir por mais inofensivo que pareça).

Ao fundo da Câmara, em ambos os lados do Dossel, são colocados os estandartes do Grau de Kadosch: um branco cruzado por duas franjas verdes e com a inscrição "Deus o quer"; o outro, verde com uma Cruz Teutônica vermelha em uma das faces e no verso uma Águia Negra Bicéfala, com os bicos e unhas brancas sustentando em suas garras uma espada e em torno a divisa: *"Vincere aut mori"* em letras prateadas.

O "Beaucéant" era um estandarte guerreiro usado pelos Cavaleiros Templários na Idade Média. É em preto e branco.

E o terceiro, composto com duas faixas, a de cima preta, a de baixo branca, representado a oposição das cores. A Luz e as Trevas.

Sob o primeiro estandarte, coloca-se um quadro onde se vê pintado um mausoléu que serve de suporte a três crânios; na primeira cabeça, uma Tiara Papal; na segunda, uma Coroa Real e na terceira, um Capacete de Cavaleiro Templário.

Sob o segundo estandarte outro quadro, onde está pintado o busto de Jacques de Molay, adornado com palmas.

No centro da Câmara está colocada a "Escada Misteriosa", formada por dois braços, cada um dos quais contém sete degraus.

Essa "Escada Mística" significa muito para um Cavaleiro Kadosh. Nada deve escapar ao seu interesse o lema: "Deus o quer" faz dele um predestinado; é uma biblioteca ambulante espargindo luzes retiradas dos pensamentos daqueles que o precederam.

Analisando o que está escrito nos 14 degraus da "Escada Misteriosa", o Kadosh sabe tudo.

Os braços da escada, ao serem abertos, formam um ângulo de 45°.

Sobre o Altar do Presidente, colocam-se a Escada da Ordem de Kadosh e as Insígnias do Grau destinadas ao Neófito.

No Ara a Constituição, os Estatutos e os Regulamentos, bem como a Patente Constitutiva expedida pelo Supremo Conselho.

O Pavimento Mosaico Convencional; a Abóbada é azul, semeada de estrelas.

A iluminação é feita com velas de cera de cor amarela; o primeiro grupo de 3, em um total de 9; são distribuídas pela Câmara mais 72 velas completando um total de 81.

A Câmara Vermelha tem o nome de Conselho.

A reunião dos Cavaleiros de Kadosh chama-se "Aerópago".

O Conselho de Kadosh é uma sessão composta do Grau 19 ao 30.

No Grau 30, Aerópago seria o terceiro departamento, ou seja, a Câmara de Exame, onde a Loja se reúne.

*
* *

A Câmara Negra

O traje é igual ao dos Cavaleiros do Templo, ou seja, uma túnica dalmática; sobre a túnica, uma capa negra; o Cavaleiro porta, embainhada, uma espada.

Os trabalhos são abertos na forma convencional e o objetivo primeiro dos Cavaleiros Kadosh é o de procurarem a Luz.

Por quê?, inquire o Grão-Mestre.

Porque é a Luz da Liberdade, e os Cavaleiros devem combater, sem cessar, a opressão e reedificar o Templo.

O combate é a constante do maçom; os nossos Rituais apresentam uma linguagem política e parecem sugerir um combate aos governos.

No entanto, o sentido é bem diferente; o combate contra a "opressão" abrange um terreno muito mais amplo, porque "opressão" é tudo o que tolhe a Liberdade, não apenas a de ir e vir, mas sobretudo a Liberdade de Consciência e a Liberdade de Sobrevivência.

A libertação dos vícios e de tudo o que avilta o homem; a libertação da ignorância e das convenções que não têm mais razão de ser.

*
* *

A Iniciação ao Grau 30 constitui, sempre, um desejo dos Cavaleiros de Santo André da Escócia; o desejo, neste Capítulo, é uma Virtude e consequência da necessidade de aperfeiçoamento.

O maçom titubeante e que responde com as clássicas palavras: "... ainda é cedo para o ingresso nos Graus Filosóficos", demonstra a falta desse desejo e necessidade de aperfeiçoamento.

Muitos, por sua vez, afirmam: "Basta-me o Simbolismo, pois atingi a plenitude maçônica com o Grau 3". Isso também não passa da comprovação da falta do "Ideal Maçônico"; uma que, "preguiça mental", que o maçom não consegue vencer é a "opressão" da qual deve libertar-se!

O Grão-Mestre, antes de dar entrada na Câmara para a Iniciação adverte: "Tomemos todas as precauções. Asseguremo-nos de que são dignos de penetrar em nosso Areópago".

As precauções são tomadas por todos, porque o corpo do Conselho é uno por le ser místico.

A Ordem do Templo é a temática do Grau 30.

Os fundadores mais evidenciados foram Godofredo de Bulhão na Palestina, Hugo de Paynes e Godofredo de Saint-Omer que, junto com mais sete outros Cavaleiros, fixaram a sede de seu movimento, inicialmente operativo, sentimental e beneficente, nas proximidades das ruínas do Templo de Salomão (2º Templo) e passaram a denominar-se "Pobres Soldados do Templo".

Poucos anos depois, já possuíam na Palestina um verdadeiro exército, cobrindo a Europa com seus mosteiros e capelas.

Os mais avançados "espiritualmente" formaram no seio da Ordem, um Colégio de Kadosh de "homens purificados".

Esse trabalho pioneiro manteve-se e hoje a Maçonaria o conserva e o proporciona aos desejosos de conhecimentos.

Os maçons, sempre ao ingressarem em seus Templos, defrontam-se com maravilhosas Colunas, vendo-as com olhos místicos, voltados para o glorioso passado à época salomônica: Templo construído para glorificar e louvar ao Senhor!

Cada maçom habituou-se a ser considerado, como a si próprio considera, uma dessas Colunas.

Dez anos após, constituíram-se definitivamente em Ordem Militar e Religiosa.

Mas, se no Grau 30 há necessidade de uma reedificação, isso importa na conscientização de que, para reedificar, deve haver uma precedência: a de destruir.

Portanto, o Candidato é convidado a destruir as Colunas, destruir-se a si próprio e calcar sob os seus pés os destroços de sua destruição.

Sempre, para uma evolução, há necessidade de surgimento de uma nova vida; assim acontece com a borboleta, inseto que de larva passa à crisálida para atingir, após, o apogeu de sua glória.

A destruição não é apenas simbólica, mas importa em apagar conceitos já caducos e esvaziar completamente o Templo, retirando-lhe tudo o que nele se acumulou para dar-lhe maiores dimensões.

Destruído o Templo, o maçom não poderá divagar órfão e sem local para cultuar ao seu Senhor e terá, portanto, grande necessidade, ansiedade e desejo de reconstruir o que, espontaneamente, destruiu.

*
* *

A "Escada Misteriosa" tem várias origens; vamos encontrá-las no Grau 28, Cavaleiro do Sol, na forma das "Sete Esferas".

A esfera é o emblema da Regularidade e da Sabedoria, simboliza a extensão universal da Maçonaria.

Sobre cada uma das Colunas "J" e "B" existe uma esfera que, às vezes, é confundida com o globo Terrestre.

A esfera é o símbolo da ciência, seu símbolo maçônico é a romã.

Nós a temos representada no Escrutínio Secreto de votação.

São as esferas de Pitágoras que representam as sete Ciências.

As esferas representam a Escada de Jacó, esferas em órbita representando os planetas que gravitam em torno do Sol.

A Escada Misteriosa colocada no centro da Câmara é dupla, significando que não une somente a Terra aos Céus, mas que, partindo da Terra, atinge os Céus e retorna à Terra.

Os sete degraus ascendentes representam a hierarquia das ciências que nos permitem o conhecimento parcial do Universo.

Seus degraus descendentes lembram as principais Virtudes canalizadas para a felicidade de nossos semelhantes, quer Irmãos, quer profanos.

Nas hastes da "Escada Misteriosa" leem-se as palavras hebraicas: "Ahed Eloah" e "Aheb Kerebo", significando essas, amor à Divindade, ou seja, amor a Deus.

O sentimento de benquerença, que é uma das expressões do amor, explode no Maçom para com seu Criador, porque a sua "Partícula" que está em nós, "ama a si mesma", com amor acendrado, sublime e de difícil explicação.

Somente o amor de Deus é grandioso, daí a necessidade de sentirmos em toda a sua plenitude esse Amor.

A Maçonaria tem as suas Colunas no Amor ao Grande Arquiteto do Universo e ao seu próximo.

O Amor é um sentimento composto e jamais pode-se dele destacar apenas uma parcela; é um todo que não se exprime, mas se executa.

A atitude amorosa não satisfaz, apenas, aquele a quem é dirigida, mas, sobretudo, aquele que a executa.

"Aheb Kerebo", ou seja, amor à Humanidade, tem conceito mais amplo além dos atributos já referidos, ainda se humilha e atinge nosso semelhante, porque Humanidade são todos os seres que pensam, sejam quais forem suas condições morais, sociais ou intelectuais.

Estará o Candidato a Cavaleiro Kadosch preparado para subir e descer os degraus da "Escada Misteriosa"?

O primeiro degrau da série ascendente é dedicado à Matemática.

Notamos que a classificação das Ciências, em número de sete, não abrange a tecnologia atual; a Escada é apenas um símbolo e, se ela se apresenta com sete degraus de cada lado, não significa uma limitação; o número sete no Grau nada importa, pois poderá ser ampliado quantas vezes for necessário.

A Matemática pode abranger muitos aspectos; estuda os fenômenos e, ao mesmo tempo, a mecânica, o cálculo, as fórmulas, enfim, o complexo dos números.

O segundo degrau é consagrado à Astronomia, ciência pouco usada em Maçonaria. Há uma tendência, de parte dos maçons, ao estudo da Astrologia, gerando muita confusão.

O estudo da Astronomia, como de outras ciências, não importa no estudo convencional por meio dos compêndios escolares, mas também, a realidade espiritual, ou seja, o estudo místico do Universo de Dentro, que óbvia e indubitavelmente é uma reprodução do Universo de Fora ou, em última análise, um único Universo.

O terceiro degrau refere-se à Física, que é o estudo dos corpos brutos e de suas propriedades. É a prática da Maçonaria Operativa; é o entendimento da Maçonaria Azul ou Simbólica, quando a Pedra Bruta deverá ser desbastada. Abrange uma imensa gama de conhecimentos que envolvem um campo que extravasa os conhecimentos convencionais.

O quarto degrau diz da Química; o estudo das combinações e das decomposições e que implica armazenamento da energia nos átomos.

A Química, outrora Alquimia, tem, porém, na Maçonaria conceitos mais profundos; a aspiração de "Prana" e a unificação da respiração na Cadeia de União, em uma permuta mística de oxigenação.

O quinto degrau refere-se à Fisiologia, que compreende o estudo da matéria viva quer no reino vegetal e na zoologia, quer no reino humano, à ciência do corpo humano.

A Filosofia é uma ciência abstrata e seu estudo é condicionado às limitações de cada um; um conceito maçônico é recebido de diversas formas, na dependência dos conhecimentos do receptor.

A Filosofia, apesar de ser uma ciência dependente de estudo profundo e que necessita das demais ciências como subsidiárias, apresenta-se, não raramente, com simplicidade, a ponto de existir uma Filosofia de Vida; ouvimos o vulgo dizer: "A Vida ensina uma Filosofia"; e isso é certo; sem estudo, um analfabeto, com vivência, pode emitir conceitos claros, certos e de profundo significado, porque a Filosofia tem o seu Centro na profundidade de seu ser.

Os conceitos que o maçom emite têm duas origens: a do ensinamento recebido e a do que brota de dentro de si, que é a voz do seu Criador que atinge o seu cérebro e lhe dá o conforto de uma compreensão espiritual.

A Filosofia do Evangelho nos traz o entendimento da mensagem do Cristo, que é uma Filosofia de Vida que proporciona a passagem neste mundo, com o fortalecimento de uma Fé na crença de um Mundo Espiritual *post-mortem*, um dos principais "dogmas" da Maçonaria.

O sexto degrau é dedicado à Psicologia, que se baseia não só no estudo objetivo dos corpos vivos e em suas manifestações psíquicas como na observação íntima dos fenômenos intelectuais, emotivos e volitivos.

A Psicologia, hoje, abrange um campo sem limites; uma de suas facetas – a Parapsicologia – envolve tudo o que é do Espírito, incluindo os fenômenos espíritas.

Sem ser religião, nos dá a compreensão da potência do pensamento humano; revela-nos a grandiosidade do Homem e nos dá uma ideia exata e completa do divino no Homem e das possibilidades infinitas do maçom.

O sétimo degrau refere-se à Sociologia, a ciência mais completa de todas, a que estuda as leis pelas quais a sociedade nasce e evolui; abrange a Física dos costumes, a cultura do sentimento e a ação da Maçonaria.

É a Maçonaria Operativa, que jamais feneceu.

Na outra parte da Escada, sobre cada degrau, de forma descendente, encontramos: Sinceridade, Paciência, Coragem, Prudência, Justiça, Tolerância e Devotamento.

São as sete Virtudes que devem ser praticadas, pois a Escada existe para a sua subida e descida".

"No fundo do Santuário – prossegue o Grão-Mestre –, por trás da Escada dos conhecimentos práticos, entrevedes o "Foco Misterioso" que só se revela por seu brilho.

Tal é, talvez, o melhor símbolo da realidade absoluta de que a Lógica pontifica a existência, enquanto que, pelo Pensamento, suprimem-se todos os limites de tempo e de extensão. Existe aí, uma imagem que a Religião e a Ciência podem aceitar.

Se essa realidade é incognoscível poderemos, ao menos, definir seu modo de ação no tempo e no espaço.

É que no Grau precedente vos apresentaram como o *Logos*; é o que na linguagem simbólica da Filosofia contemporânea chama-se Energia.

Aqui ainda, somos impotentes para descobrir a natureza íntima desse primeiro fator. Entretanto, e isso é talvez mais importante, podemos estabelecer que a Energia opera segundo leis fixas, acessíveis ao nosso entendimento.

Nós a simbolizamos aqui, por uma Coroa luminosa, como a que revela aos astrônomos, nos eclipses totais do Sol, a glória do astro invisível.

A Energia condensando-se no Éter, por uma série de etapas que a Ciência começa a pressentir, engendrou o Átomo no qual ela se manifesta sob a dupla forma de força condensada e força viva; a primeira, traduzindo-se por um ponto de resistência na extensão, é a matéria; outras, revelando-se por modalidades da atividade, transmissíveis umas às outras, que chamamos Movimento, Calor, Luz, Eletricidade, Vontade, é a força em suas manifestações múltiplas e, ainda, incompletamente conhecidas.

Esse Átomo ou Mônada, nós o representamos por uma das imagens que mais frequentemente serviram para representar a união dos dois princípios primordiais – um círculo subdividido em duas partes de cores diferentes: uma, vermelha, lembra a Matéria ou a Energia condensada; a outra, azul, lembra as forças propriamente ditas ou a Energia ativa".

A seguir, o Grão-Mestre indica o Quadro do Grau e faz a seguinte explanação:

"A Circunferência do Círculo é desenhada por um cabo trançado de duas cordas que reproduzem, respectivamente, as cores vermelha e azul, velho símbolo da combinação íntima dos dois elementos saídos do Gerador Misterioso.

Enrolando-se sobre si mesmo, até onde a continuação nos escapa, esse cabo constitui a Serpente Gnóstica cujo enrolar encerra os cinco Ciclos nos quais se deu a evolução progressiva do Universo, acessível aos nossos sentidos:

1º Ciclo: O da Gravitação, onde predominam as forças que, desses turbilhões cósmicos, fizeram sair as nebulosas, as estrelas, os sóis, os planetas e seus satélites, os asteroides e os cometas, os milhares de astros que traçam as suas órbitas no infinito dos céus.

2º Ciclo: Em seguida, o Ciclo da Cristalização onde, com o auxílio das forças físicas e químicas, inúmeras moléculas agregam-se e orientam-se por um plano que faz pressentir o aparecimento da vida.

3º Ciclo: O da Vida, nova forma de atividade que tende a espalhar-se em todas as direções, fazendo dessa própria expansão a Lei Suprema dos seres vivos.

4º Ciclo: O da Consciência, onde o ser, diferenciando-se do mundo ambiente, toma posse de si mesmo e por essa conquista esboça a da natureza.

5º Ciclo: O do Dever, onde o homem, tendo adquirido a clara noção de suas relações necessárias com seus semelhantes e com o Universo, faz voluntariamente da realidade dessas relações o objeto essencial de seu destino. É nesse círculo que se movimenta a Maçonaria".

A Lei do Dever induz à prática do Bem; fazer o Bem é dever maçônico e ele deve ser praticado sem visar a recompensa imediata nem futura.

O Dever deve ser cumprido porque é Dever; ele não se limita aos bens materiais; o auxílio em forma de bens perecíveis, mas o apoio que todo Irmão deve a seu Irmão, que é um imperativo absoluto; não se pode fazer parcialmente um Bem; ele é completo e total.

O Espírito da Cavalaria é esse; e se no passado, tanto nobres como plebeus, leigos e religiosos deram a sua própria vida pelo ideal da prática do Bem, merecem seguimento.

Não devemos esquecer que a Maçonaria teve um período pré-operativo, quando os seus adeptos, antes de se dedicarem ao profissionalismo, semeavam o Bem como prática de uma Virtude e essa prática foi o alicerce da Maçonaria Especulativa que garantia a sobrevivência da Instituição.

A velha questão, ainda não dirimida, do livre-arbítrio, ou seja, da plena independência de pensar e agir, é apanágio do Grau 30.

Contudo, parece-nos uma questão que se fixa no terreno do saudosismo e que, na realidade, hoje nem o homem é livre de respirar o ar puro de que seus pulmões necessitam; respira o ar poluído que os "outros" lhe impõem respirar.

O condicionamento é cada vez mais acentuado, e a Maçonaria não tem forças para combater tudo o que se opõe ao livre-arbítrio.

Ou o temos em sua completa integridade, ou não passa de uma conquista utópica.

*
* *

O Cerimonial prossegue com crítica à Igreja do tempo da imolação de Jacques de Molay.

A Igreja de hoje é como a Maçonaria atual; apresenta maior abertura e tolerância. Acompanha a evolução atual e natural de tudo.

Os Cavaleiros Candidatos são revestidos com a armadura da Cavalaria e penetram na Terceira Câmara; essa é forrada de negro.

O Templo encontra-se na penumbra e nela os Candidatos "alistam-se" para a defesa do Direito e da Liberdade.

A Maçonaria no Grau 30 diz-se continuadora dos Templários do século XIV e busca vingança.

Diz o Grão-Mestre:

"Deveis saber que essa vingança não visa a represálias. Nós entendemos vingar a Jacques de Molay e seus Companheiros de martírio, investindo contra os abusos de que foram vítimas, combatendo, sem esmorecimento, o despotismo religioso ou político, quer venha do alto ou de baixo, quer se encarne em um papa ou num monge, em um príncipe ou em um político, em sua aristocracia, que se julgue com direito a tudo em virtude do nascimento ou da riqueza, ou em uma massa popular que desconheça os direitos do indivíduo porque ela representa o número e a força.

Nossa tarefa está longe de terminar. Jamais a Liberdade, desde que se tornou o Direito Moderno, correu tanto perigo. Seu princípio, mesmo, é posto em dúvida.

Não é somente a reação religiosa e monárquica que se esforça em recuperar o terreno perdido; são os cortesãos do povo soberano que se esmeram em persuadi-lo de que a felicidade está na sujeição do indivíduo à coletividade; são os partidários do livre exame que, infiéis aos seus próprios princípios, tomam emprestadas as armas do despotismo para esmagar os seus adversários; são as nações que, tornadas senhoras soberanas de seus destinos, continuam a esfacelarem-se umas às outras em nome do Direito das mais fortes; são os monopólios sem entranhas, as graves violências, ou atentados à liberdade do trabalho, o predomínio do espírito de partido e de seita, o antagonismo de classe e de raças, que ameaçam transformar em um verdadeiro inferno os vinte séculos de Boa Nova".

Os Candidatos são submetidos aos juramentos e recebem as instruções adequadas ao Grau.

São instruídos por meio de um "Catecismo" que contém, em resumo, tudo o que ouviram e viram durante a Iniciação.

Os trabalhos são encerrados na forma convencional, obviamente dentro das características do Grau.

Grande Juiz Comendador ou Inspetor Inquisidor Comendador – 31º Grau

O Templo é decorado com tapeçaria branca e, esparsas, Cruzes Teutônicas Vermelhas.

Decoram a Câmara oito Colunas douradas; 30 luzes, dez ao centro, dez ao Oriente e dez ao Ocidente.

Alguns Rituais instalam o Templo com duas Câmaras: a primeira é intitulada "Corte dos Verdadeiros Juízes" e a segunda, "Templo da Justiça".

O Tribunal é denominado: "Soberano Tribunal"; o Presidente é chamado de "Verdadeiro Conde" (ou Perfeitíssimo Presidente); os Vigilantes tomam o nome de "Inspetores"; o Secretário, de "Chanceler"; os Irmãos de Ilustríssimos Irmãos.

Na primeira Sala, encontra-se um Trono e, diante dele, uma mesa comprida e estreita (e baixa) sobre a qual são colocadas uma Espada, uma Corda Entrelaçada e uma Balança.

A Espada simboliza o respeito, o "terror" na alma dos criminosos e para mostrar que a força social está a serviço da Justiça.

A Balança destina-se a pesar "imparcialmente" as afirmações das Partes (o litígio) e manter a igualdade entre a acusação e a defesa; é o símbolo do Equilíbrio e da própria Justiça.

A Corda simboliza o castigo, o açoite ou aplicação da pena; representa, também, a uniformidade da Jurisprudência.

A Mesa longa e estreita simboliza que a Espada, a Corda e a Balança constituem uma tríade necessária e sempre presente em todos os julgamentos.

No Trono, é colocado o Presidente, ou seja, o Verdadeiro Conde.

Na segunda Sala, o fundo é ocupado por uma imagem da estátua de Têmis.

No Tribunal, ao lado esquerdo do Orador e no fundo do Templo, à direita do Altar, preso à parede, um Quadro representando o julgamento de Osíris (o correto seria o julgamento *por* Osíris). A cena que abrange oito personagens vem assim, sucintamente, descrita no Ritual:

"O morto, levado ao mundo subterrâneo pela Barca solar, apresenta-se na sala da Dupla Justiça onde Osíris está sentado. Depois de o morto terminar a sua confissão, seu coração é depositado em um dos pratos da Balança, enquanto que no outro figura o símbolo da deusa da verdade, Maat, que é representada por uma pena de avestruz. Hórus e Anúbis velam cada um dos pratos. Thoth, deus dos escribas, anota o peso e, conforme o resultado, Osíris pronuncia a absolvição ou a condenação. Ísis e Néfitis mantêm-se por trás de Osíris. Se houver absolvição, a alma do morto será assimilada ao próprio Osíris; no segundo caso, a alma culpada será devorada pelo monstro acocorado em frente ao Tribunal".

O traje é de passeio, negro com luvas brancas; Colar em seda branca e, em sua ponta, é bordado um triângulo radiante que tem no centro o nº 31.

A rigor não é usado Avental; todavia, existe e é branco, e na Abeta, bordada, uma Cruz Teutônica.

A Bateria é com nove golpes, um por três, quatro e mais um.

A hora da abertura dos trabalhos: "aquela da verdade em ação"; do encerramento: "a Paz e a Harmonia reinam".

O Tribunal compõe-se de nove membros: um Presidente, um Chanceler, um Grande Tesoureiro e seus grandes Inquisidores.

As funções de um Grande Inquisidor são de velar para que nenhum Irmão, seja de que Grau for, se afaste dos deveres que lhe são impostos; impedir a transgressão às leis maçônicas e, por fim, trabalhar para a repressão dos abusos.

Os trabalhos abrem-se e encerram-se como no Grau de Mestre (Grau 3).

As duas formalidades para a abertura de qualquer trabalho no Rito Escocês Antigo e Aceito são: a cobertura do Templo e a verificação de serem, os presentes, portadores do Grau em que são iniciados os trabalhos.

No Grau 31, a verificação é feita cuidadosamente e nada menos que seis vezes é referida e integralizada.

Estar a coberto é estar sob a proteção, evidentemente, de uma Força Superior, que pode ser a mente humana ou a presença daquele que "É", ou seja, o Grande Arquiteto do Universo, como força "externa" ou como força participante da mente humana.

A verificação de se todos os presentes são Grandes Juízes Comendadores é feita exclusivamente nas Regiões, que equivalem às Colunas Norte e Sul.

No Oriente não é feita a verificação.

O acesso ao Oriente é feito pelo convite do Presidente ou do Mestre de Cerimônias, a seu pedido.

A verificação nas Regiões é feita por ambos os Verdadeiros Juízes, cada um em sua Coluna.

A verificação importa na postura Correta e na "transmissão" espiritual de que os presentes estão conscientes de seu Grau, já fixado no Átrio, por ocasião da meditação inicial.

As vibrações negativas são logo sentidas pelos Verdadeiros Juízes que, ao depararem com um Irmão nessas condições, fazem-no se retirar ou lhe solicitam o preparo adequado.

Esse preparo não demanda muito tempo: bastam uma meditação e uma introspecção para o "alinhamento" solicitado.

Não há tempo preestabelecido para a verificação; os Verdadeiros Juízes dispõem do tempo necessário para as suas verificações, pois se responsabilizam pela harmonia que deve existir, antes de encetarem os trabalhos.

O Ritual apenas prevê a verificação e não dispõe sobre o que sucederia, caso os Verdadeiros Juízes encontrassem um Irmão de Grau inferior que o impedisse de assistir os trabalhos.

Isso pode acontecer, acontece com frequência nos Graus Superiores, porque, por exemplo, se os trabalhos são iniciados no Grau 32, obviamente, os portadores do Grau 31 não poderão assisti-los.

O "de pé e à ordem" deve constituir uma postura perfeita; não há desculpas para o Irmão que, ainda, não apreendeu postar-se corretamente. A verificação também tem esta finalidade, a de corrigir a postura, para que não se fira a harmonização plena que deve existir, antes da abertura dos trabalhos.

O Procurador, ou Guarda da Lei, faz a sua profissão de Fé, dizendo:

"Meus deveres são: fazer o libelo acusatório contra os que infringirem as Leis; apresentar, com imparcialidade, a causa ao Tribunal, dar as conclusões sem paixão, sem ódio, sem temor, sem complacência; enfim, velar pela execução das Sentenças".

Os Verdadeiros Juízes, respectivamente, também fazem a sua profissão de Fé:

O 1º: "Presidir e dirigir os trabalhos da Justiça, tendo a Balança equilibrada entre a acusação e a defesa; tomar os juramentos das testemunhas para que só digam a verdade; resumir os debates com imparcialidade e pronunciar, depois de ter acolhido a opinião do Tribunal".

O 2º: "Escutar, pesar, decidir à Luz de minha consciência, levando em conta todas as circunstâncias do processo e sem se deixar levar por preocupações estranhas à mesma".

O julgamento não diz respeito a qualquer ação prejudicial feita por um dos membros da Oficina, mas simboliza o julgamento lendário dos três assassinos de Hiram Abiff.

O julgamento é coletivo, pois se trata de um Tribunal, onde são precisos três votos para uma decisão.

Feitas as profissões de fé, como está "amanhecendo", pois a noite finda e o Sol está por surgir, todos se preparam para a abertura dos trabalhos. O Sol simboliza o Sol da Justiça.

Segue-se a parte convencional e sigilosa.

Realizada a parte administrativa, passa a desenvolver-se a Ordem do Dia.

*
* *

Como descrevemos no início, é apresentado um quadro que demonstra o julgamento de um morto por Osíris.

O *Livro dos Mortos* egípcio traz uma descrição minuciosa desses julgamentos onde se destaca:

"Os que praticam a Justiça, quando na Terra, e lutaram por seus deuses, estão convocados para a morada da alegria do Mundo, país onde se vive de equidade; suas ações justas serão levadas em conta em presença do Grande Deus, destruidor da iniquidade, e Osíris lhes dirá: "A vós, Justiça! Justos, uni-vos ao que fizestes, nas condições desses que me acompanham ao Palácio do Espírito Santo (não confundir com a trilogia cristã)".

A Maçonaria atual não dirige de forma rígida o que o maçom deva conceber a respeito da vida futura.

O 20º *Landmark* exige do maçom a crença em uma vida futura; porém a Maçonaria deixa o maçom livre para descobrir, por si mesmo, o caminho que o possa conduzir à essa vida futura.

O trabalho das Lideranças maçônicas reside em cultivar nos Maçons, o incentivo à busca, até, cada um por si, encontrar-se a si mesmo e dentro de si descobrir aquilo a que aspira e de que necessita.

A resposta de nossas questões é recebida dentro de nós mesmos, por meio da Razão, ou Espírito, considerando que Deus está em nós, bem como o seu Reino e o próprio Universo.

*
* *

Segue-se a programação litúrgica com o recebimento do Juramento de parte do Neófito, Cavaleiro Kadosh.

Após, são ministradas as instruções e revelados os "segredos" do Grau.

O verdadeiro Conde encerra os trabalhos informando que o repouso dos Grandes Juízes Comendadores é postergado até o término dos trabalhos e esses só findam no Túmulo.

Nenhuma queixa ficou sem solução; nenhum erro, sem que tivesse sido corrigido e não houve nenhuma ofensa que ficasse impune.

Tendo sido feita Justiça porque a equidade foi quem presidira os trabalhos, o Tribunal encerra sua sessão, na forma convencional ditada pelo Ritual.

Quando todos os deveres do Tribunal estiverem cumpridos, o que equivale dizer, quando a Ordem do Dia estiver realizada, chega a hora do repouso, que é a do encerramento dos trabalhos.

Porém, os trabalhos do Grau 31 não terminam, a não ser no Túmulo e que equivale dizer, são permanentes para o maçom.

No entanto, deve haver uma etapa de encerramento que equivale à suspensão. Nenhum trabalho restou a ser realizado; nenhuma queixa sem ter sido atendida.

Os participantes do Tribunal são denominados Equitativos Irmãos; eles não participam do julgamento, apenas emitem a sua opinião, ou seja, "instruem" os Verdadeiros Condes e Juízes.

Já a denominação de "Equitativos" é muito sintomática, pois devem ser, além de Justos e Honestos, isentos de parcialidade; são os pratos da balança em posição horizontal. Possuem a qualificação dos julgadores e fiscalizam as suas decisões, pois dentro da informação exigem o cumprimento da Lei, podendo recorrer ao Procurador.

Em síntese, os Equitativos Irmãos são os grandes Juízes Comendadores.

A participação é de todo o Tribunal, coisa harmônica, porque o Livro da Lei, aberto, é o que os inspira.

Como o Consistório se reúne trimestralmente, apenas o Verdadeiro Conde deverá convocar o Tribunal para a próxima sessão, dando-lhe a pauta dos casos a serem julgados, ou seja, apresentando previamente a Ordem do Dia, com a inscrição dos que desejam apresentar as suas "teses", os seus "acórdãos", as suas "revisões", enfim, os trabalhos que dizem respeito ao Grau.

Os Equitativos Irmãos retiram-se com a consciência tranquila do dever cumprido. Buscam o julgamento, em primeiro lugar, das suas próprias ações.

Passam em revista tudo aquilo que a consciência acusa e revestem-se de "fortaleza" para encetar uma nova jornada, uma vez que houve o auto-julgamento e os "Assassinos" mais uma vez, foram punidos.

Esses "Assassinos" representam as ações funestas do homem que deixa de cumprir os seus deveres para com o próximo.

Julga o Tribunal não só as ações, mas também as omissões, muitas vezes mais graves que as próprias ofensas.

O trabalho do Grau 31 é complexo por ser o primeiro do Consistório. É necessário que os Irmãos busquem conhecimento e preparo, palidamente expostos nesta modesta obra.

A última palavra do Verdadeiro Conde e Presidente é: "Retiremo-nos em Paz".

Uma Paz real, consciente, que satisfaz plenamente e que possa, sobretudo, "alimentar".

*
* *

O Ritual refere um grupo de personagens, cujas biografias podem ser encontradas nas enciclopédias ou nos livros maçônicos correspondentes (vide meu livro *O Ápice da Pirâmide*).

São elas: Oto, o Grande, Frederico II, Papa Gregório VII, Hesíodo, Teognis, Jó, Buda, Zeus ou Júpiter, Hermes, Sólon, Roberto Bruce, Cavaleiro Larminius, Comendador D'Aumont e George Harris.

Também refere Santa Veheme.

Durante a Idade Média, que foi um período medíocre sob o ponto de vista histórico, apresentaram-se situações de violência que envolveram reis e religiosos.

A Inquisição e o despotismo são exemplos marcantes; os feitos que hoje envergonham vêm relatados minuciosamente pelos historiadores e ainda comovem pelo grande número de sacrificados, quer assassinados traiçoeiramente, quer queimados nas fogueiras após pomposos julgamentos.

A Maçonaria, naquela época, mantinha-se prudentemente oculta, sob pena de seus membros serem queimados; desse retraimento decorre o escasso número de elementos informativos.

O imperador Carlos Magno ou Carlos I, rei dos Francos, filho de Pepino, o Breve, iniciou seu reinado no ano 768, morrendo no ano 814; portanto, reinando durante o longo período de 46 anos.

Até o ano de 771 reinou junto com seu irmão, quando ficou rei único; submeteu ao seu reinado os aquitanos, os lombardos, os bávaros, os saxônios e os avaros. Organizou uma expedição contra os árabes na Espanha.

No ano 800 o Papa Leão II o coroou Imperador do Ocidente, quando se iniciou a dinastia Carolíngia.

Homem talentoso, legislou com semelhança aos romanos; fundou academias e conduziu o seu reinado e depois, império, com prosperidade.

Para combater os desmandos próprios da Idade Média, como a bruxaria, feitiçaria e outras organizações que pululavam à solta, Carlos Magno, já no ano de 772, instituiu um Tribunal secreto com sede na Vestfália, para reprimir os abusos e crimes cometidos "contra Deus, a Lei e a Honra".

As decisões eram rápidas e os extremos eram ou a absolvição ou a morte; não se conhecem penas intermediárias; sendo o Tribunal secreto, inexistiam as prisões.

"Santa Veheme" permaneceu ativa até o ano de 1811, quando as tropas de Napoleão invadiram a Alemanha e assumiram o poder em toda a Europa.

Por ter sido um Tribunal secreto, as notícias históricas não merecem plena credibilidade; no entanto, depois de Carlos Magno, os reis Roberto II e Carlos IV lhe deram proteção e autoridade.

Os julgadores, conhecidos pelo nome de "Vehemegrichte" ou "Franco-juízes" ou "Juízes-livres", faziam parte das Cortes Vehêmicas, que se multiplicavam em todos os territórios.

A origem do vocábulo é germânica: "iehmen" significa "condenar, banir".

Como todo tribunal de exceção, a Santa Veheme passou a exorbitar de seu poder; castigava, inicialmente, toda perturbação à paz pública e à religião; depois, qualquer opositor da Igreja era julgado; a vingança tomou conta dos "Franco-juízes" e os interesses escusos transformaram os juízes em verdugos.

A intimação para o visado a comparecer perante o Tribunal era feita por meio de uma citação presa por um punhal e afixada à porta da casa do réu.

Os indiciados não eram tão somente criminosos ou pessoas comuns; reis, clérigos e autoridades eram intimados a justificarem seus atos e caso não atendessem à citação, eram encontrados misteriosamente mortos, mas sempre com um punhal cravado no corpo fixando a sentença escrita.

Pela sua eficiência e crueldade, o Tribunal da Santa Veheme era temido. O nome de Santa foi dado posteriormente, quando o escopo principal era a pretensa defesa da Igreja.

A Santa Veheme passou a constituir uma verdadeira instituição, admitindo filiados aos milhares; esses filiados deviam pagar alto preço para serem admitidos, mas era, assim, uma garantia de proteção.

A Igreja, constatando os abusos, e o uso do Tribunal pelos clérigos para satisfazerem interesses privados, passou a combater o seu procedimento; aliando-se aos imperadores Maximiliano e Carlos V, a Santa Veheme foi abolida.

Napoleão já a vinha perseguindo desde sua ascensão ao poder e ao invadir a Alemanha procurou desbaratá-la, com certa dificuldade, porque o "cabeça" permanecia oculto; vigiada e perseguida, a Santa Veheme cessou a sua atividade; no entanto, encontram-se notícias esparsas de que prosseguiu por longo tempo, desconhecendo-se a data de seu real fim.

O Grau 31 contém o nome de "Santa Veheme" não como um prosseguimento do Tribunal, mas recordando os objetivos iniciais que eram válidos e para recordar o nome dos mártires vitimados por aquele tribunal.

Na iniciação, os trabalhos desenvolvem-se na "Corte dos Verdadeiros Juízes" e, posteriormente, no "Templo da Justiça".

A Corte dos Verdadeiros Juízes tem inspiração "vehêmica", sublimada, porém, para fazer exclusivamente Justiça na proteção aos desamparados, injustiçados e vítimas dos prepotentes.

Não se deve confundir ou aceitar que a Santa Veheme da Idade Média era uma instituição maçônica ou paramaçônica; a Maçonaria jamais tomou parte nos Tribunais; tão somente, atuou no sentido de retirar das mãos dos algozes vehêmicos as vítimas, como sempre fez, em especial durante a Segunda Guerra Mundial, quando salvou milhares das mãos dos nazistas.

O Ritual ainda refere o nome de vários mártires, como Joana D'Arc, Etienne Dolet, Jean Calas, Jerônimo Savonarola, Giordano Bruno, Lucílio Vanini e João Huss.

Sublime Cavaleiro do Real Segredo, Soberano Príncipe da Maçonaria – 32º Grau

    O Templo comporta de uma a duas Câmaras, sendo a segunda denominada Cripta; comumente, os trabalhos realizam-se em uma única Câmara.

    O Templo ou Consistório é decorado em púrpura e ouro.

    O Trono do Presidente é colocado sobre sete degraus sob um Dossel com as mesmas cores do Templo.

    O Altar dos Juramentos é colocado no Oriente e coberto até o piso por um tapete na cor púrpura; sobre o Altar, o *Livro das Constituições* e sobre este um tríplice triângulo dourado.

    É hábito colocar-se o Livro Sagrado.

    A Câmara é iluminada por 36 luzes formando a Grande Tetractis de Pitágoras:

```
       *
      * *
     * * *
    * * * *
   * * * * *
  * * * * * *
 * * * * * * *
* * * * * * * *
```

A ponta do triângulo dirige-se ao Oriente.

Dez luzes, ao Norte do Altar, em direção ao Ocidente; é o pequeno Tetractis:

```
       * * * *
        * * *
         * *
          *
```

Três luzes sobre o Altar: uma ao Oriente, uma ao Ocidente e uma ao Meio-dia, de modo a formar um triângulo retângulo.

Um quadro apresentando o "Acampamento" que é colocado entre o Altar e o Ocidente.

Ao fundo, um véu transparente ocultando nove Colunas; oito delas suportam o busto das personagens: Confúcio, Zoroastro, Buda, Moisés, Hermes Trimegistos, Platão, Jesus e Maomé.

A nona Coluna é colocada ao centro das demais e coberta por um véu da cor verde e sobre ela, uma Estrela.

Essa parte é denominada de Cripta.

O Presidente denomina-se Venerável Grão-Mestre e representa Frederico II; os dois Vigilantes, respectivamente, são chamados de Grande Prior e Grande Receptor.

Os demais Oficiais são: um Grande Secretário, um Grande Orador, um Grande Mestre de Cerimônias e um Capitão das Guardas.

Os Irmãos tomam o nome de Sublimes e Valorosos Príncipes.

O traje é negro, de passeio, com luvas brancas. O Colar é negro e, bordada em vermelho, há uma Cruz Teutônica e, no centro, uma Águia Bicéfala em prata. O Colar é revestido em vermelho e ultimado por uma Joia em Cruz Teutônica; no centro, é impresso o número 32.

O Avental é em seda ou veludo branco, bordado com dois "galões" em ouro. Na Abeta, são bordadas seis bandeiras; as de baixo, em azul; as do meio, vermelhas e as de cima, em ouro.

As Bandeiras conjugam-se com uma Cruz Teutônica em ouro, no centro da qual se encontra uma Águia Bicéfala com o bico e as garras em ouro; sobre ela, um olho radiante em ouro.

No centro do Avental é bordado o Acampamento; o verso é em vermelho.

A idade dos possuidores do Grau 32 é: um século e mais.

A Bateria é de quatro golpes.

A hora da abertura dos trabalhos é a quinta após o ocaso do Sol.

O encerramento: o Sol levanta-se.

Cada "Tenda" possui uma letra e possui um nome, a saber:

TENDA "S": Malaquias; cobertura e chama nº 1; é branca, respingada em vermelho; pertence aos Cavaleiros Rosa-Cruz, Cavaleiros do Oriente e do Ocidente e aos Príncipes de Jerusalém.

TENDA "A": Zorobabel; cobertura e chama nº 2, cor verde-claro; ocupada pelo Cavaleiros do Oriente ou da Espada.

TENDA "L": Neemias; cobertura e chama nº 3; cor vermelha; ocupada pelos Grandes Eleitos Sublimes Maçons.

TENDA "I": Joabem; cobertura e chama nº 4: em negro e vermelho; ocupada pelos Cavaleiros do Real Arco e pelos
Grandes Mestres Arquitetos.

TENDA "X": Faleg; cobertura e chama nº 5; em negro; é ocupada pelos Eleitos dos III, dos XII, dos XV e IX.

TENDA "N": Joíada; cobertura e chama nº 6; em vermelhos e preto com desenhos dispostos em losangos; é a tenda dos Intendentes dos Edifícios.

TENDA "O": Abda; cobertura e chama nº 7; em vermelho e verde; pertence aos Prebostes e Juízes e aos Secretários Íntimos.

TENDA "N": Josué; cobertura e chama nº 8; é em verde; ocupada pelos Perfeitos Maçons e Mestres Secretos.

TENDA "I": Esdras; cobertura e "chamas" por flâmulas ou pequenas bandeiras; os nomes dados às Tendas são todos originários da Sagrada Escritura – Malaquias – em hebraico corresponde a "anjo"; é conhecido como um dos 12 pequenos profetas.

Zorobabel: em hebraico, estrangeiro e na Babilônia.

Neemias, em hebraico, consolação; foi o profeta que conseguiu de Xerxes a permissão para reconstruir Jerusalém.

Joabem: em hebraico, filho de Deus; personagem ligada à morte dos assassinos de Hiram Abiff.

Faleg: em hebraico, divisão, separação. Patriarca de Israel.

Joíada: em hebraico, ciência do Senhor. Grande Sacerdote que salvou a vida a Joás e o colocou sobre o Trono de Israel.

Abda: em hebraico, pai; foi o pai de Adoniram.

Josué: em hebraico, salvador; fez passar o exército de Israel através do rio Jordão.

Esdras: em hebraico, socorro; foi um dos quatro profetas de Israel.

Com as letras características das nove Tendas e os cinco campos do pentágono formam-se as palavras:

SALIX NONI TENGU, sendo em latim: LUX IENEN AGIT NOS, ou seja: "A Luz interior nos guia".

*
* *

Conforme os Graus precedentes, são abertos os trabalhos.

A sessão transcorre dentro do Templo; o desenvolvimento da reunião, seja para assuntos meramente administrativos, seja para os iniciáticos, sempre é denominado de "trabalho".

O significado de *trabalho*, sabemos ser a aplicação da atividade física, intelectual ou espiritual. É a ação de uma força.

Na Maçonaria, um trabalho exige a participação conjunta das três forças acima referidas.

E cada esforço, evidentemente, apresentará um resultado, que é o prêmio benéfico e o ideal almejado.

Inicialmente, o Presidente solicita de seu posto a verificação de segurança, se o Templo se encontra em condições internas e externas para que os trabalhos não venham a ser perturbados.

Uma das tônicas que se observa com rigor é que os trabalhos encetados tenham conclusão.

Ao Capitão das Guardas incumbe a responsabilidade e ele toma as providências de seu cargo, comunicando ao Grande Prior a sua atuação.

A segurança externa está na dependência do Capitão das Guardas, porém a interna é da exclusiva responsabilidade dos Vigilantes, que observam se todos os presentes podem compartilhar dos trabalhos.

Essa garantia diz respeito à necessidade de os presentes serem portadores dos Graus 32 e 33; no entanto, as razões mais profundas atingem a capacidade esotérica, o estado de ânimo, o espírito de fraternidade de cada um; embora portadores dos Graus permissíveis, por meio da acuidade dos Vigilantes, podem alguns serem retirados para que não perturbem os trabalhos com suas vibrações negativas.

Isso constitui uma prática pouco usada, utópica, que exige uma preparação sutil dos Vigilantes e uma disciplina férrea dos membros do Corpo.

O Presidente repassa com brevidade os conceitos do Grau mantendo diálogo com seus Vigilantes, e lhes exige, por intermédio do Mestre de Cerimônias, as Palavras Sagrada e de Passe.

As reuniões nos diversos Graus obedecem a um horário variável; no entanto, na prática, a hora de encetar os trabalhos será a mesma, em torno de 20 horas.

O Presidente empunha sua Espada e, de forma convencional, abre a sessão.

Lido o Balaústre, é examinada a correspondência e anunciada a Ordem do Dia.

A Ordem do Dia é comum a todos os Graus e assume relevância indiscutível, porque será a apresentação do tema principal.

A Iniciação constitui uma Ordem do Dia cerimoniosa e de destaque; ela deve ser preparada no sentido de que o Ritual Iniciático tenha desenvolvimento impecável.

Mas, nas reuniões comuns, o Presidente deverá prover, junto com os seus Vigilantes, os assuntos de interesse de Ordem que possam servir de estímulo, atração e satisfação dos que buscam nos trabalhos, o conforto múltiplo para as suas necessidades físicas, intelectuais, morais e espirituais.

Uma reunião pode encantar, trazer satisfação, momentos de descanso ao som harmonioso de melodias preparadas com antecedência; é o conforto físico; enriquecer o cabedal de conhecimentos, com a explanação do pensamento filosófico, já que o Ritual manuseia com tantos filósofos do pensamento humano do passado, sem desprezar o pensamento moderno que pode ser proporcionado através de peças de arquitetura apresentadas pelos próprios membros.

Moralmente, a discussão gira em torno dos assuntos quotidianos profanos que, na sua evolução, nem sempre positiva, tendem a enfraquecer a família e a sociedade.

Preparar os Obreiros para o embate de ideias com os dialéticos profanos, arautos de novos movimentos, de libertinagem, que afastam do Homem os conceitos em torno da existência de Deus e de uma Vida Futura.

A Espiritualidade, mediante as lutas quotidianas pela subsistência e sobrevivência, é muito útil, necessária, imprescindível, fortalecendo a Fé, tanto em si próprio, como nos seus irmãos e na Humanidade em geral.

*
* *

A Cripta localiza-se atrás do Trono do Grão-Mestre; um véu a separa da Câmara; pela Cripta, desfilam os Neófitos; atrás de cada uma das nove Colunas, é colocado um Irmão que lerá a sucinta biografia da personagem; a Cripta mantém-se em penumbra; não há colorido algum.

Os Neófitos são dispostos diante da Cripta; ergue-se o véu; as luzes do Templo amenizam-se; ouve-se um fundo musical; há silêncio.

Após uma pausa, diz o Presidente: "Encontramo-nos na entrada da Cripta; escutai a voz dos operários que nos procederam e que se dispõem a nos auxiliar na edificação do último Templo":

PRIMEIRA VOZ – "Eu sou "Confúcio", o sábio que ofereceu à China a sua moral, cem vezes mais importante que a sua cultura material.

A minha doutrina, integralmente, consiste no ensinar a Retidão do coração e o Amor ao próximo.

Existe uma regra universal de conduta que é contida no vocábulo: "Reciprocidade".

Fui o primeiro a reformular a máxima: "Não faças a outrem o que não queres que te façam".

Também disse: "Venera os espíritos, mas deixa-os a distância. Tu que não tens capacidade de servir aos homens, como pretendes servir aos deuses? Tu que não conheces a Vida, como pretendes conhecer a Morte?"

SEGUNDA VOZ – "Eu sou Zarcatustra". Ensinei os Árias da Bactriana a repelir toda idolatria para adorar ao Senhor Onisciente – Ahura Mazda, semelhante no corpo à Luz e no Espírito, à Verdade.

Em vão as potências da escuridão e da mentira disputam o mundo às potências da Luz e da Verdade.

O teu dever é o de acelerar a chegada desse dia, segundo a obra de Ahura Mazda, com bons pensamentos, boas palavras e boas ações.

O guerreiro que com a sua coragem repele o inimigo; o agricultor que faz germinar o trigo; aquele que forma uma família e doa uma vestimenta ao nu; aquele que destrói a Ahriman nos animais nocivos; esses são os que aceleram o evento da Lei de Ahura Mazda e com isso mais fazem do que se entregassem a mil sacrifícios."

TERCEIRA VOZ: "Eu sou Gautama", denominado Buda. Renunciei aos privilégios do nascimento e da riqueza.

Achei minha ascensão ao Nirvana, com a finalidade de dedicar esforços para abrir aos homens o caminho que conduz à extinção do sofrimento.

Tu não extinguirás os seres vivos.

Não furtarás o alheio. Não cometerás adultério. Não mentirás. Não ingerirás licores inebriantes.

Trocarás o mal pelo bem.

A generosidade, a benevolência e a abnegação são para o mundo o que o eixo é para um veículo.

A minha lei é uma lei de perdão para todos os seres.

QUARTA VOZ: Eu sou "Moisés", aquele que foi resgatado das águas. Vislumbrei na Sarça Ardente, no Monte Horeb, o Deus que nem Abraão, nem Jacó conheceram, sob o seu único e verdadeiro nome: o Eterno.

Trouxe da escravidão os filhos de Israel; conduzi-os ao limite das Terras da Promissão e lhes comuniquei, desde o Monte Sinai, os Mandamentos que constituíram a moral judaico-cristã.

Tu não venerarás senão o Deus único e não talharás imagens à sua semelhança. Respeitarás o dia do repouso, o Sabat.

Não furtarás o alheio; não prestarás falso testemunho; não cobiçarás nem a mulher, nem as riquezas do teu próximo.

QUINTA VOZ: Eu sou "Hermes Trimegistos", o três vezes grande, o possuidor da ciência do antigo Egito.

Feliz aquele que, ao entrar no mundo subterrâneo, puder dizer ao seu coração, segundo a antiga fórmula do *Livro dos Mortos*: "Ó meu coração, não me acuseis perante o Deus do julgamento; eu não matei e não traí. Não atormentei a viúva, não afastei o leite da boca das crianças; não fiz chorar; não menti diante do Tribunal; não obriguei os trabalhadores a excesso de trabalho; não fui negligente e tampouco viciado; não maltratei o escravo no Espírito do mestre; não espanquei; não alterei as medidas do trigo e não usurpei nem esbulhei os limites dos campos.

Conciliei-me com Deus pelo amor.
Alimentei o faminto; amenizei a sede; vesti o nu e forneci um barco àqueles que interromperam a viagem".
SEXTA VOZ: Eu sou "Platão", o discípulo dileto de Sócrates.
Ensinei aos homens a se conhecerem; descobri-lhes o mundo das ideias puras e da realidade eterna.
Os nossos sentidos não podem perceber mais que as sobras da realidade, ou seja, dos fenômenos e das leis.
Mas, essas leis nos revelam, no Reino do Espírito, como no Reino da Física, em uma crescente tendência à Verdade, à Beleza e ao Bem, essa tríplice realização do Divino. Nos extremos limites do inteligível reside a ideia do Bem. Não será necessário afirmar que a Justiça consiste no praticar o Bem aos próprios amigos e o mal aos inimigos. O Justo é aquele que vive em harmonia perfeita consigo mesmo, com os seus semelhantes e com a Ordem Universal.
SÉTIMA VOZ: Eu sou "Jesus de Nazaré, o Cristo", aquele que doou a sua vida pelo amor à Humanidade. Vim para completar e não para abolir a Lei; proclamei o direito de a consciência ser a intermediária com o contato com o Pai Celestial.
À samaritana disse: "Chegará o dia em que não se adorará mais o Pai, nem em Garizim nem em Jerusalém, mas onde todos os adoradores o venerarão, como Ele o deseja, em Espírito e Verdade".
Aos fariseus respondi: "Amar a Deus com todas as forças e ao próximo como a si mesmo, é da Lei e dos profetas. Não há maior Mandamento".
Aos que me perguntaram qual o caminho para o Reino dos Céus, respondi: "Procurai em primeiro lugar a Justiça e o resto vos será dado por acréscimo".
OITAVA VOZ: Eu sou "Maomé", o profeta por excelência do Islã.
Deus é Deus e não há outro Deus.
Alá impõe a Justiça, a Benevolência, a Generosidade.
Ele ordena que te instruas. Os sábios são os herdeiros dos profetas.
A santidade não consiste em voltar, na prece, o teu rosto em direção ao Oriente, mas em fazer, por amor a Deus, a caridade aos órfãos, aos pobres e aos estrangeiros.
Ninguém poderá ser aceito como um verdadeiro crente se não tiver o desejo de que seu Irmão tenha aquilo a que ele próprio aspira".
NONA VOZ: Eu sou Aquele do Amanhã; os hebreus aguardam o Messias; os muçulmanos, o Madhi; os cristãos, a segunda vinda do Cristo; os budistas, o próximo Buda; os hindus, a reencarnação de Vishnu que se encarna de tempos em tempos para o triunfo dos bons e a destruição dos maus.
Trago todos esses nomes e muitos outros, ainda, porque a Cadeia Hermética nunca foi rompida.

Notastes a perfeita coordenação dos ensinamentos formulados pelas religiões e pelos organizadores de civilizações que a História nos apresenta.

Outros guias aparecerão para ensinar com sua forte presença a ascensão da Humanidade.

Porém, inobstante a variedade das suas revelações, deveis saber que vos falarão a mesma linguagem, porque ela corresponde às necessidades universais e às aspirações permanentes da natureza humana.

Sede tolerantes, porque nada poderá definir o Grande Arquiteto do Universo.

Procurai a Verdade, praticai a justiça e amai o vosso próximo como a vós mesmos, tal é o caminho do dever, a exclusiva senda da Saúde".

*
* *

Cerra-se a cortina sobre a Cripta. O som melodioso surge, e as luzes, paulatinamente, são intensificadas.

Prossegue a cerimônia com o desenvolvimento da parte final do Ritual.

É colhido o juramento dos Neófitos.

São-lhes dadas as Palavras Sagradas e de Passe; a Bateria, os Toques, a Ordem, os Sinais e a Idade.

O Orador faz uma preleção adequada. É dada uma última e final instrução, de que participam o Grão-Mestre e o Prior.

Os trabalhos encerram-se. O Consistório será em Paz e silente.

*
* *

A Iniciação

Os Neófitos são do Grau precedente, ou seja, 31.

Adentrados os Neófitos, é perguntado a eles de onde vêm; respondem: "Do Ocidente, onde trabalhamos na edificação do Templo (o Templo da Justiça)".

A segunda pergunta: "Para onde ides?"

Resposta: "Para o Oriente, onde, por meio da Escada Misteriosa, esperamos chegar ao cume da glória e do esplendor que todo maçom deve procurar".

Essa "Escada" é, essencialmente, simbólica e significa o esforço gradativo (de degrau em degrau) para atingir a meta; uma vez atingido o "cume da Glória", não há razão alguma para "descer".

O Presidente diz aos Neófitos que é preciso unir os seus desejos plenos de zelo à Instrução.

Essa Instrução consiste na observação atenta durante a visita ao Acampamento.

O Acampamento dos Príncipes do Real Segredo compreende uma grande muralha em forma de "eneágono", isto é, um polígono de nove lados iguais. Em cada lado, vê-se uma tenda designada por uma letra.

Essa muralha é destinada aos maçons do 1º ao 18º Graus Simbólicos e Capitulares.

Comecemos pela Nona Tenda que ostenta uma flâmula em cor azul; aí acampam, sob a direção dos respectivos Veneráveis, os membros das Lojas Simbólicas.

Os adeptos dos três primeiros Graus aí se entregam às suas ocupações ritualísticas; enquanto os Aprendizes desbastam a Pedra Bruta para levantar as Colunas do peristilo (Galeria da Coluna), os Companheiros aprendem a multiplicar pela força da associação o efeito útil de seus esforços e os Mestres esperam a ressurreição do Arquiteto de Salomão, cuja morte trágica simboliza a seus olhos o triunfo final da Luz sobre as Trevas.

Vem em seguida a oitava Tenda, com bandeira verde.

Aí se encontram os Mestres Secretos e os Mestres Perfeitos.

Os Adeptos do Quarto Grau, ainda no luto em que os mergulhou a perda de Hiram, recebem a Chave simbólica que lhes permitirá encontrar e se utilizarem dos segredos do Mestre.

Desde o Quinto Grau, os maçons reanimaram-se e vão começar a luta contra os três Assassinos. O Mestre Perfeito conhece que deve primeiro, vencer a si próprio, se quiser concorrer para a regeneração do mundo profano.

A sétima Tenda ostenta as cores vermelha e verde; é aí que ficam os Secretários Íntimos, assim como os Prebostes e Juízes.

No Sexto Grau ensinaram-nos que a arma da Palavra e da Pena foram dadas ao homem para que ele se pusesse a serviço do Direito; no Sétimo, os maçons aprenderam que é preciso julgar aos outros como desejamos ser julgados.

Vem, depois, a sexta Tenda, de bandeira vermelha e preta, os Intendentes dos Edifícios. Nesse Grau, vos expuseram que a Maçonaria doutrinadora da Liberdade, da Paz e da Justiça repudia a guerra entre as classes, assim como a guerra entre as nações.

Eis aqui a Tenda de bandeira negra. Nela se agrupam os Eleitos dos Nove, os Eleitos dos Quinze e os Eleitos dos Doze.

No Nono Grau, um Eleito tira vingança de um dos Assassinos, mas ninguém tem o direito de fazer Justiça por suas próprias mãos, nem de se antecipar à ação das Jurisdições regulares; é o que o vingador de Hiram aprende à sua custa.

No Décimo Grau, continua a perseguição; os dois Assassinos sobreviventes são cercados e presos e, dessa vez, entregues à justiça do grande rei.

Não há asilo onde o criminoso escape da justiça humana ou possa fugir ao julgamento de sua consciência.

No 11º Grau, depois que o Mestre foi assim chorado e vingado, a reconstituição dos Capítulos dos Eleitos nos mostra que, se os homens passam, as instituições ficam, quando correspondem, como a Maçonaria, a uma necessidade social.

A Quinta Tenda, de bandeira preta e vermelha, é a dos Mestres Arquitetos e dos Cavaleiros do Real Arco.

Em toda empresa é preciso uma unidade de direção. No Décimo Segundo Grau, Adoniram é designado para Arquiteto do Templo e sob a sua hábil direção, os trabalhos tomam um novo rumo.

Entretanto, os Obreiros do Templo ignoram, sempre, o Nome Divino perdido desde o Dilúvio.

No 13º Grau, três destemidos maçons, partindo à sua procura, descem na Caverna profunda, onde os esperavam Verdades subtraídas aos espíritos superficiais. Essa cripta nada mais é que a consciência humana. Aí, sob um machado, eles descobrem a Palavra Sagrada, mas como só podem soletrar-lhe os caracteres, sem penetrar-lhes o sentido, levam-na a Salomão que, em homenagem a eles, institui a Ordem do Real Machado.

A Terceira Tenda, de bandeira vermelha, abriga os Perfeitos Maçons Grandes Eleitos, que guardaram o conhecimento do Nome Místico, quando a desordem se introduziu no Santuário de Israel.

A Segunda Tenda, pintada de verde-claro, assinala o Acampamento dos Cavaleiros do Oriente ou da Espada e dos Príncipes de Jerusalém.

Finda a série dos Graus Hiramitas.

A Cavalaria não morreu, ela apenas se transformou, e a Maçonaria, pode-se dizer, é sua herdeira.

Os Cavaleiros do Oriente relembram as lutas que tiveram de sustentar para reconquistar a Judeia, os exilados repatriados por Zorobabel, depois da promulgação do Edito de Ciro.

No 16º Grau, os Príncipes de Jerusalém reerguem a Cidade Santa de suas ruínas e preparam-se para edificar o Segundo Templo.

Aprende-se nesse Grau quão difícil é reerguer o Santuário da Liberdade, uma vez destruído.

A Tenda que agora se atinge é a Primeira. Sua Bandeira é branca, ligeiramente salpicada de carmim. Aí acampam os Cavaleiros do Oriente e do Ocidente, assim, como os Cavaleiros Rosa-Cruzes.

O 17º Grau mostra como, muito tempo depois da destruição do Segundo Templo, Garimont, o Patriarca de Jerusalém, encontrou, com o concurso dos Cruzados, o túmulo do Mestre e as Colunas que figurarão na nova reedificação do Santuário.

A denominação do Grau representa uma nova confluência do Santuário entre duas grandes correntes – a do pensamento ariano e a do semítico que, após se chocarem, uniram-se para a construção do Terceiro Templo.

Enfim, no 18º Grau, os Cavaleiros Rosa-Cruzes, possuidores da Lei Nova, após terem explorado com o cajado de peregrino, à mão, todas as regiões do mundo e todos os caminhos da ciência, na esperança de reencontrar a Palavra Sagrada, reacendem o Fogo Sagrado com o auxílio da Pramanta Védica, e tendo renovado o sacrifício do Cordeiro festejam a ressurreição da Natureza, celebrando a Festa Mística em memória de Jesus.

Aqui terminam os Graus Capitulares.

O Quinto Estandarte, por onde começaremos a nossa descrição, tem a imagem da Arca da Aliança entre duas palmeiras e duas tochas acesas.

É aí que acampam os Grandes Pontífices e os Grão-Mestres de todas as Lojas Simbólicas.

Com o Colégio dos Pontífices guardiões das tradições sagradas do "latium", nós evocamos a lembrança das religiões municipais que foram a força das cidades antigas, confundindo o culto da divindade com a da Pátria, mas que, baseadas na estreita concepção do Poder Divino, deveriam desaparecer aos embates do ideal universalista.

No 20º Grau, os Mestres de todas as Lojas Simbólicas vos ensinaram, pela prática da disciplina maçônica, a exercer a arte de governar, que tantos políticos imaginam possuir por intuição mas que, na realidade, assim como as outras artes, adquire-se pela experiência e pelo estudo.

Aí vos revelaram, além disso, o último sentido das lendas universalmente espalhadas, cujo tipo mais perfeito manifesta-se na morte e na ressurreição de Osíris.

O Quarto Estandarte traz a imagem de um boi.

Aí ficam os Noaquitas ou Cavaleiros Prussianos e os Cavaleiros do Real Machado.

No 21º Grau, os Noaquitas ou descendentes de Noé, relembram a velha lenda do Patriarca do Dilúvio e da Arca, que os sacerdotes caldeus ensinavam a seus adeptos nos santuários das pirâmides de degraus, sobre as margens do Eufrates e do Tigre, muito tempo antes de ter sido pronunciado o nome de Noé e, até mesmo, o de Israel.

No 22º Grau, os Cavaleiros do Real Machado, Príncipes do Líbano, herdeiros dos drusos, exercitam-se com o machado, a serra, a plaina sobre os cedros do Líbano, para testemunhar que toda atividade produtora é igualmente nobilitante e que a Lei do Trabalho, longe de ser um castigo ou uma proscrição, é – no Universo inteiro – a condição primordial da vida e do progresso.

O Estandarte seguinte é o terceiro; nele, encontrareis uma Águia Bicéfala, ostentando uma coroa imperial e tendo em suas garras uma espada e um coração sangrando.

É o Acampamento dos Chefes do Tabernáculo e dos Cavaleiros da Serpente de Bronze.

Há, no mundo, dois Tabernáculos particularmente célebres por terem dado nascimento a dois únicos cultos estritamente monoteístas: um, o Tabernáculo de Jerusalém, em torno do qual os profetas, reagindo contra o formalismo sacerdotal, preparam o advento de uma religião universalista e espiritualista. O outro, o Tabernáculo de Meca, onde o destruidor da idolatria árabe lançou pela primeira vez esta frase, ainda hoje repetida pelo muezim, de minarete em minarete, até os extremos do Velho Mundo: "Deus é Deus e Maomé é seu profeta".

O maçom é, essencialmente, inimigo de todos os idólatras; seu verdadeiro tabernáculo é a consciência. Aí estão as Tábuas da Maçonaria!

O 25º Grau nos transporta aos confins do Oriente.

O Dragão lembra a imagem do animismo chinês, que Confúcio teve o mérito de transformar em uma religião de moral prática, digna de encontrar asilo em nossos templos.

O Segundo Estandarte traz o emblema de um coração incendiado e alado, engrinaldado de louros.

Aí acampam os Príncipes das Mercês, os Comendadores do Templo e os Cavaleiros do Sol.

Os Príncipes das Mercês, fazendo girar a roda da Lei, extraem da universalidade do sofrimento, a Lei da Solidariedade e o dever da Abnegação.

É o único meio de se subtrair aos encadeamento fatal e doloroso do carma que sozinho pode vencer o altruísmo, levado até o sacrifício de si mesmo, seguindo o exemplo de Buda.

Ao lado dele, os Comendadores do Templo chegam à mesma conclusão altruística, preconizando, porém, a ação vigorosa e incessante do espírito cavalheiresco posto a serviço de uma ideia.

Para eles, essa ideia era a libertação dos lugares imortalizados pela Paixão de Jesus, como para nós ela é a liberação da Humanidade fecundada pelo sangue dos mártires em todas as raças e em todos os tempos.

Por sua vez, os Cavaleiros do Sol, iniciados por meio do hermetismo nos mistérios do invencível Mitra, aprendam a subir os Sete Degraus da Montanha Santa, praticando a Lei do Dever, de acordo com a divisa tradicional dos discípulos de Zoroastro: "Bons pensamentos, boas palavras, boas ações".

O Primeiro Estandarte traz a imagem de um leão deitado, tendo uma chave na boca.

Aí reúnem-se os Cavaleiros de Santo André da Escócia e os Cavaleiros Kadosh.

Iniciados nos mistérios de uma Igreja primitiva, no Reino de João, os Cavaleiros de Santo André da Escócia proclamam a Lei do Amor. Essência da Boa Nova, ao mesmo tempo que ensinam a grande verdade filosófica oculta no símbolo da Energia feita carne.

Enfim, os Cavaleiros Kadosh – depositários da doutrina secreta dos Templários –, depois de terem subido e descido os Degraus da Escada Dupla que conduz ao conhecimento do Homem e do Universo, renovam o juramento de vingar Jacques de Molay, combatendo sem cessar pelas armas da Razão e da Liberdade o absolutismo político e religioso de que foi vítima a Ordem do Templo".

No interior do Pentágono, onde está colocado o Triângulo Equilátero, acampam os Inspetores Inquisidores Comendadores e os Príncipes do Real Segredo.

Os Cavaleiros de Malta também encontram lugar, pois se reuniram à expedição.

Em cada um dos vértices do Triângulo, veem-se um corvo, uma pomba e uma fênix. A preocupação dos trabalhos nesse Pentágono é a organização de uma Justiça adequada, imparcial, independente, necessidade primeira da sociedade humana.

*
* *

No Consistório, os trabalhos são encerrados.

Todos os trabalhos maçônicos têm o seu encerramento. Não se confunda "encerramento" com o "fechamento" da Loja, pois, em certos Graus, a Loja não "fecha", como no caso do Grau 18 que os "trabalhos são suspensos"; a "suspensão", portanto, é determinada por ocasião do "encerramento" dos trabalhos.

O encerramento obedece à fórmula convencional.

O Presidente faz uma pergunta ao Grande Prior: "Que mais há a fazer?". Isso demonstra que a Ordem do Dia foi esgotada.

Responde o Grande Prior: "Retomar os ensinamentos dos Mestres, Cavaleiros e Príncipes do Real Segredo que, partidos de pontos os mais diversos, reuniram-se à espera das Verdades Eternas".

É a retomada da "universalidade" dos conceitos, das práticas, do comportamento moral, da espiritualidade de todos os povos. É a dispersão daqueles que se reuniram em torno de um ideal espontaneamente.

A cada reunião consistorial, que entre nós é trimestral, os Príncipes do Real Segredo renovam as suas forças para enfrentarem o mundo.

A missão da Alta Maçonaria é preparar os seus adeptos para esses embates contínuos; cada Grau, com frequência maior de uma semana, de um mês ou de um bimestre, cumprirá a sua tarefa e no esforço conjunto, tem sabido manter a tradição milenar e dar ao sedento a água viva e ao faminto o alimento que sustenta.

*
* *

As *CRUZADAS* referidas no Ritual:

A Primeira Grande Cruzada: Quatro grandes grupos de homens, no ano de 1096, de todas as classes sociais, partiram da França com ponto marcado em Constantinopla. Organizados em exército, no mesmo ano rumaram para Jerusalém.

Os Cruzados mais ricos usavam, marcadas em suas vestes, uma Cruz no peito, em homenagem ao Cristo. Os chefes pertenciam à nobreza francesa.

A vanguarda dos Cruzados sob o comando de Godofredo de Bulhão (Godefroy de Bouillon) tomou de assalto Jerusalém.

Desse o início, porém, grande número de Cruzados desertaram, premidos pela necessidade, pois não possuíam recursos financeiros.

O Duque Godofredo, vitorioso, foi guindado à posição de rei com o título de "Rei de Jerusalém", título que recusou, preferindo o de "Barão do Santo Sepulcro".

Jerusalém permaneceu em poder dos cristãos, sempre enfrentando escaramuças com os "infiéis" durante 46 anos.

Os Lugares Santos de Jerusalém passaram, com segurança, a ser visitados pelos peregrinos.

A Segunda Cruzada: Nesses 46 anos, passado o tempo da euforia, colhido o ouro dos islamitas, seguros do poder, os nobres mais antigos, envelhecendo, implantou-se a discórdia e a luta pelos postos de destaque e mando.

Essa desarmonia, que chegava a pequenas lutas fratricidas, obviamente começou a enfraquecer o poder do conquistador, que elevava a segundo plano a segurança e o poderio bélico.

Os turcos, em 1147, foram fortalecendo as suas posições e, surpreendentemente, recuperaram a importante cidade de Edessa.

Assustados pelo êxito dos turcos, Luís VII da França e o Imperador Conrado III da Alemanha empreenderam a Segunda Cruzada.

Foram dois anos de desesperada luta, que redundou em fracasso. A resistência enfraquecia e, durante 36 anos, os Cruzados foram sendo dizimados; enfraquecidas as forças, outra solução não lhes restou senão a retirada; e, assim, no ano de 1187, o grande sultão Saladino, à testa de todos os exércitos turcos, retomava Jerusalém aos cristãos.

O mundo cristão recebeu a notícia com grande dor; o fracasso, contudo, serviu para reacender a fé e pregar uma nova Cruzada.

A Terceira Cruzada: O trabalho foi iniciado de imediato e, passados dois anos, já se formavam exércitos para a retomada de Jerusalém.

Os mais poderosos reis, Frederico Barba-Roxa, imperador da Alemanha, Felipe Augusto, rei da França, e Ricardo Coração de Leão, rei da Inglaterra, tomaram a peito a decisão de, unidos, vencerem.

Foi a primeira vez que os ingleses, oficialmente, decidiram auxiliar o movimento.

A coligação parecia poderosa e realmente o era, pois chegou a reunir reis que eram rivais entre si.

O sultão Saladino, percebendo de imediato a reação dos cristãos, preparou a fortificação de Jerusalém e a aliança dos povos árabes, enfrentando os poderosos exércitos.

Os reis, pretendendo a chefia exclusiva da Cruzada, julgando certa a vitória, enfraqueceram a disciplina e o que parecia invulnerável, depois de quatro anos de lutas, a Cruzada resultou em derrota.

Frederico Barba-Roxa morreu afogado ao atravessar uma correnteza; Felipe Augusto, por se desentender com Ricardo Coração de Leão, abandonou o exército e retornou à França.

Ricardo Coração de Leão, reconhecendo a vitória de Saladino, retirou-se em direção à sua Pátria, quando caiu prisioneiro do Duque Leopoldo da Áustria, seu ferrenho inimigo, que o manteve prisioneiro durante longos anos.

Com o fracasso, os cristãos da Europa não mais reagiram; desiludidos, choraram o sonho que haviam alimentado durante tantos anos. A própria Igreja deixou de interessar-se pela causa.

A Quarta Cruzada: Decorridos nove anos, agora com exclusivo interesse de conquista, sob a desculpa religiosa, após o fracasso de algumas expedições isoladas, Balduíno de Flandres, em 1202, reuniu um poderoso exército e rumou para conquistar Constantinopla.

O sultão Saladino entendera fortificar Jerusalém e descuidara-se de Constantinopla, que foi presa fácil para os cruzados.

Balduíno instalou-se na cidade e, diante da fortificação de Jerusalém, desistiu de conquistar a Terra Santa e entendeu de maior interesse apoderar-se do Império do Oriente.

Assim fez, tornando-se monarca em 1204, mudando até o nome para o de "Império Latino". Balduíno reinou durante longos anos, desinteressando-se por completo de Jerusalém. Seu império durou mais de 50 anos, quando Constantinopla foi reconquistada pelos próprios turcos, que alteraram o nome para Império Otomano.

O êxito de Balduíno despertara a cobiça de outros reis e sempre, sob a bandeira cristã, decorridos 13 anos, outra Cruzada foi organizada.

A Quinta Cruzada: André II, rei da Hungria e João de Brienne, em 1217 organizaram um forte exército e rumaram contra Jerusalém, pois João de Brienne aspirava ao título de rei de Jerusalém.

A resistência foi inexpugnável e a Cruzada fracassou desde os primeiros dias.

Dizimado o exército, o rei húngaro e de Brienne retornaram desanimados e derrotados.

Passaram-se 20 anos sem qualquer interesse na conquista tão difícil da Terra Santa.

A Sexta Cruzada: Frederico II, Imperador germânico, mais consciente da fortificação de Jerusalém, após longas pesquisas, formou um exército com a finalidade de conquista, mas apenas para impressionar os detentores da Terra Santa. Era o ano de 1228.

Com propostas pacíficas, conseguiu um contato direto com os sucessores de Saladino e obteve um trabalho que lhe entregava a Cidade Santa, que os peregrinos poderiam visitar com maior liberdade e segurança.

No entanto, o Santo Sepulcro e toda a Palestina continuavam na posse dos muçulmanos.

Foi a única Cruzada de certa forma pacífica, pois as escaramuças foram muito leves e, as baixas e custos, diminutos.

A Sétima e Oitava Cruzadas: No ano 1248, o rei Luís II da França, mais tarde canonizado com o nome de São Luís da França, dadas as suas qualidades excepcionais de justiça e bondade, promoveu a Sétima Cruzada, com o exclusivo intuito de libertar os lugares santos.

Seus pequeno exército, despreparado, não obteve êxito e o monarca caiu prisioneiro dos turcos, libertado mais tarde mediante vultoso resgate.

Seis anos durara a luta da Sétima Cruzada.

Dezesseis anos depois, Luís II, já envelhecido, tentou organizar a que seria a última tentativa de conquistar Jerusalém.

Porém, após alguns meses, o rei veio a ser vitimado, em Túnis, por uma epidemia.

Os atos de heroísmo, os rasgos de bondade, tolerância e, sobretudo, a fé demonstrada, fizeram com que, graças às suas virtudes cristãs, Luís II fosse invocado como santo.

O desinteresse dos poderosos por novas Cruzadas decorreu, também, das lutas internas da Europa, sobretudo na Espanha e Portugal para desalojar os muçulmanos.

Durante o período conhecido como Idade Média, nenhum outro movimento surgiu que despertasse o desejo de libertar a Terra Santa.

Entre os clérigos, surgiram crises violentas, heresias e dissensões.

Entre reis, a guerra dos Cem Anos que ocupou a França e a Inglaterra, soberanias as mais fortes da época.

Em 1453, Maomé II apoderou-se de Constantinopla, dando o golpe de misericórdia ao agonizante Império Romano do Oriente.

Esse acontecimento marca o final da Idade Média.

Soberano Grande Inspetor Geral – 33º Grau

O Grau 33 teria surgido no dia 1º de maio de 1786, data da publicação das Grandes Constituições, oriundas dos Regulamentos de 1762.

O Grau 33, na realidade, é a expressão do próprio Rito Escocês Antigo e Aceito; um resumo dos Graus precedentes. É o único denominado "Alto Grau"; a sua raiz, a encontramos no Grau 25 do Rito de Heredom.

Alcançar o Grau 33 é, ao mesmo tempo, tomar parte em uma derradeira Iniciação e ser, pela primeira vez, "investido", o que significa "tomar posse" do Grau.

Apossar-se do Grau 33 com o consentimento do Soberano Grande Comendador quer dizer ingressar definitivamente o maçom em um "terreno" onde poderá ser erigido um Templo de sua exclusiva propriedade.

A Doutrina do Conhecimento Superior encontra no "Investido" o seu verdadeiro Sacerdote.

As raízes do Grau decorrem do fato de no dia 27 de agosto de 1761, o Conselho dos Imperadores do Oriente e do Ocidente, que governava o Rito de Heredom – esqueleto do Rito Escocês Antigo e Aceito –, conferir toda a responsabilidade ao Grande Inspetor Geral, Estêvão Morin que, dirigindo-se à América do Norte, teve a missão de difundir a Alta Maçonaria Escocesa.

Era o Rito de Heredom que agonizava para o surgimento de um movimento que abarcasse as dissidências e ampliasse as possibilidades de expansão em um Novo Mundo.

A missão de Morin precedeu de um ano a criação por uma Comissão Especial, do Regulamento Geral da Maçonaria de Perfeição, aprovado em 21 de setembro de 1762.

Morin conquistou com extrema facilidade uma enorme quantidade de entusiastas e sobre os Graus do Rito de Heredom foram acrescidos mais 8, dando surgimento em 1º de maio de 1786 ao Rito Escocês Antigo e Aceito de forma definitiva e estável.

No dia 31 de maio de 1801, Morin, após iniciar e investir a sete Grandes Inspetores Gerais, constituiu em Charleston, na Carolina do Sul, Estados Unidos, o Primeiro Supremo Conselho Matriz.

O recebimento de um Soberano Grande Inspetor é feito no Supremo Conselho, em sua sede, em Templo próprio, ornamentado rigorosamente para a investidura e presidido pelo Soberano Grande Comendador, que personifica Frederico II da Prússia, coadjuvado por um Soberano Lugar-Tenente Grande Comendador que personifica Luís Felipe de Orleans e pelos outros Dignitários que são os membros do Sacro Colégio, em número nunca menor que 9 nem superior a 33 Membros Efetivos (no Supremo Conselho da Maçonaria para a República Federativa do Brasil esse número passou para 66).

As reuniões do Supremo Conselho para a Investidura também, é para as sessões magnas no Templo, que é revestido com a cor púrpura, símbolo de autoridade e recoberta a tapeçaria com "ossos humanos" cruzados, tendo um esqueleto inteiro para representar a regeneração da natureza com a morte, a regeneração da sociedade de por meio da Maçonaria.

Essas ossadas são bordadas em prata. Sobe-se ao Oriente por meio de 5 degraus, onde se encontra o Trono do Soberano Grande Comendador; sobre esse Trono, que está sob um Dossel de púrpura e ouro, nota-se o "Transparente Luminoso" onde se vê inserida a estrela de nove pontas constituída de três triângulos equiláteros entrelaçados; em cada ponta da estrela, encontram-se letras formando a palavra latina *Sapientia*.

No centro da estrela, o Tetragrama hebraico Iod, Hé, Vau, Hé; em frente ao Dossel, uma Águia Bicéfala prateada, com bico e garras; entre as garras, uma espada horizontal que ostenta uma fita ondulada onde se lê: "Deus Meumque Jus".

Entre as cabeças da Águia, uma coroa encimada com um triângulo dourado, equilátero, radiante, e em seu centro a letra *Iod* em vermelho. Os raios do triângulo descem atrás da Águia.

Defronte ao Trono é colocado um altar triangular coberto com um pano de cor carmim.

À direita e à esquerda do trono estão colocados os 32 Estandartes, 16 para cada lado (podem ser reduzidos a 6), cada um representando as cores e emblemas principais dos 32 Graus precedentes.

Ao Ocidente, sobre três degraus, está colocado o Trono do Lugar-Tenente Grande Comendador, sob um Dossel de púrpura e ouro em cuja frente se nota a fênix que renasce das cinzas sobre a qual são colocadas as iniciais I.N.R.I.; aos seus pés, uma fita branca com a inscrição: *Ordo Ab Chao*.

Defronte ao Trono, um Altar quadrangular coberto de veludo na cor púrpura em cuja parte frontal vem bordado, em ouro, um triângulo invertido em cada lado, do qual sai o punho de uma espada; ao centro do triângulo, vê-se o número 33.

Sobre o Altar, o Livro Sagrado aberto na primeira página do Evangelho de São João e sobre essa, atravessada, uma espada desembainhada.

Ao Norte do Altar, ou seja, à sua direita, o esqueleto sobre um pedestal sustentando com o braço esquerdo o estandarte do Supremo Conselho; na mão direita, com o braço erguido, um punhal pronto para defesa.

Ao Sul do Altar, ou seja, à sua esquerda, vê-se o Altar dos Perfumes sobre o qual, em um tripé apropriado, um braseiro que consome ervas aromáticas ou incenso; ao seu lado, um recipiente com mercúrio.

As Luzes são em número de 11, distribuídas através de quatro Candelabros; o primeiro com cinco braços, ao Oriente; o segundo, com três braços, ao Ocidente; o terceiro com dois braços, ao Meio-dia, e o último com um só braço ao Setentrião.

Duas ordens de poltronas dispostas em semicírculo ao redor do Altar são destinadas a receber os componentes do Supremo Conselho (Sacro Colégio).

A disposição geral dos elementos que compõem o Templo segue um rígido simbolismo.

A Nave terá o formato de um círculo cortado por um eixo vertical. Os três Altares representam esse eixo, pois são dispostos um defronte ao outro; o Círculo é representado pelas poltronas onde se colocam os Membros do Supremo Conselho. O círculo cortado pelo eixo simboliza a Lei Única universal da Vida; o eixo da roda do Tarô, que corresponde ao "10", que é a unidade reconstituída, e a letra *Iod* que representa a União no seu princípio fisiológico (Verga na Matriz) e de seu princípio metafísico (a descida do Homem-luz), ou seja, o "Verbo Puro", "I" na Matriz da Matéria; "O" com a consequente origem do "IO" ou "EU", prisão do próprio SER.

A Estrela das Nove Pontas contém o "Nome Inefável", que é o símbolo do Grande Arcano do Universo manifestado pela Grande Lei do Quaternário e representando a Harmonia da relação entre o Visível e o Invisível, o Grande Todo, a Vida Una; as quatro letras têm o significado: Que o Princípio (Iod) da Vida (HÉ) está na própria Vida (Vau Hé).

Cada uma dessas letras corresponde a um número que, adicionado, teremos 1 mais 10, mais 5, mais 10, com o total de 26.

Somando os algarismos do número 26, teremos 8, que simboliza o Infinito e a Harmonia das Esferas Universais, o correspondente secreto entre o Céu e a Terra, simbolizado no sinal de reconhecimento do Grau 18, portanto, a manifestação do pensamento de Deus, a Potência da Vida que determina todos os circuitos do Cosmos bem como em cada ser organizado, a circulação da "ninfa" do sangue do fluido nervoso, das correntes telúricas, dos ventos, dos rios que com o seu movimento incessante de fluxo e refluxo dão margem à Vida e à sua continuidade.

Os três triângulos entrelaçados ao redor do Nome Inefável simbolizam as três modalidades do Ser, as três manifestações da Energia, as três grandes tridimensões da Mônada Suprema, os três mundos que compõem a Vida Una.

Segundo a Grande Lei das Analogias desenvolvida no sagrado texto hermético, cada um desses três mundos subdivide-se em outros três: o Mundo da Força, o Mundo da Matéria e o Mundo dos Ritmos; todos esses três, unidos (os três triângulos) formam a estrela de nove pontas.

No seu conjunto, essa estrela simboliza o Céu, o Homem e a Terra, ou seja, Deus, o Homem e a Natureza fundidos em um só Amor.

O número das pontas da estrela corresponde ao signo místico da Lua e essa é o símbolo da geração porque representa a "involução" do Ser Metafísico na Forma.

A tal número corresponde no Mundo Divino a Sabedoria Absoluta; no Mundo Intelectual, a Prudência; no Mundo Físico, a Circunspeção.

Por esse motivo, a nona lâmina do Tarô representa um sábio, apoiado em um cajado e que conduz diante de si uma lâmpada, enrolando-se, totalmente, em seu manto.

A palavra *Sapientia*, cujas letras se encontram nas pontas da estrela, simboliza, outrossim, a "Sofia Celeste dos Veneráveis", Pai da Gnose, a Divina Sabedoria Universal que ilumina a alma do caminho humano.

O esqueleto e os ossos simbolizam a destruição da matéria, ensinando-nos a arte de morrer, dando-nos a Regeneração da Natureza por meio da Morte, que se apresenta como mera ilusão e não o pesadelo do esgotamento.

Os cinco degraus do Trono do Presidente simbolizam as cinco partes do ensinamento maçônico, relembrando a estrela de Cinco Pontas significando que, somente com o desenvolvimento da Vontade até a um Grau tão supremo é que se atinge a quintessência da Suprema Verdade e do nome do Homem.

A Águia Bicéfala do Supremo Conselho do Grau 33 é o seu *Signum Ordinis*, o sinal da Ordem constituído do antigo hieróglifo egípcio, vetusto símbolo da Iniciação Osírica; o disco alado do Sol, as amplas asas do místico Escaravelho estendidas horizontalmente; as duas Serpentes, uma branca e a outra negra, enlaçadas em torno do astro místico, com as suas cabeças erguidas, vigilantes.

A Águia simbolizava para os egípcios a Sabedoria.

Esotericamente a Águia traduz a "Alma das Coisas", que dá morte com suas garras e bicos porém, com suas asas ergue-se até o Sol; simboliza, ao mesmo tempo, morte e ressurreição.

Para os Iniciados, a morte mística do profano e a ressurreição do Mestre.

As duas cabeças simbolizam todo o antagônico e o dualismo. Na analogia dos contrários, simboliza o Equilíbrio e a Harmonia.

O coroamento encimado pelo Triângulo radiante, com o *Iod* inserido, simboliza o poema da Criação.

Esclarece como da Unidade *Iod* deriva o Tríplice de seu Ser, resultando a realidade cujas faces (cabeças aduncas) se mostram opostas somente na aparência, porque, na imensidão do abraço circular de seu olhar e de suas asas abarcam todos os seres visíveis e invisíveis, do infinitamente pequeno ao infinitamente grande.

A Coroa simboliza a primeira Sefirot cabalística e o seu significado oculto é: *Lux Inaccessibilis*, Unidade e Poder (Keter).

A Coroa real sobre as duas cabeças aquilinas simboliza o Poder Efetivo, ou seja, o Poder Realizado, conquistado; que deriva do efeito do *Iod*, que representa o Poder Espiritual Imanente.

A Espada horizontal simboliza a Força sobre a qual se apoia o Poder.

Na parte superior da Coroa, nota-se um pequeno globo representando o globo terrestre, ou seja, o mundo.

Sobre o globo, uma pequena cruz; essa simboliza o Amor derramado sobre o mundo. Essa coroa representa a última Sefirot (Malnuth) e significa "Reino terrestre", envolvida pelos raios que descem do Keter.

A Águia Bicéfala é um emblema antiquíssimo; é o *Lagash*.

Foi a insígnia do rei da Pérsia; o pássaro sagrado do Egito; na Grécia, o emblema de Júpiter, e entre os druidas, o de Deus.

Entre os hebreus, os hititas, samaritanos, enfim, os povos orientais já usavam a Águia Bicéfala como emblema do poder.

Durante as Cruzadas, os europeus a trouxeram com símbolo real adotado pelos romanos e habsburgos; a realeza russa e austríaca adotaram-a como emblema oficial.

Aproveitou-se, em síntese, a insígnia do Rito de Perfeição do antigo Rito dos 25 Graus (Heredom), fazendo, naturalmente, as adaptações artísticas ao gosto americano. O emblema foi adotado por todos os Supremos Conselhos do mundo.

O mote ou divisa Deus Meumque Jus representa, em latim, o evento das Cruzadas, destacando Ricardo Coração de Leão, que o adotara como sua divisa escrita em seu escudo.

É a divisa da Ordem e resume o segredo de nossa força e nosso poder, porque tendo nós todos sido criados na plenitude de nossos direitos, temos o direito de exercitá-los sem qualquer exceção.

O Trono do Lugar-Tenente Comendador sobre três degraus simboliza a lei do ternário; significa que o Lugar-Tenente conhece essas Leis e reconhece a Unidade na Diversidade e se encontra próximo de possuir a Verdade Suprema e no exercício do Supremo poder.

A Fênix que renasce das cinzas que encimam o Dossel do trono é o emblema do Sol e da Grande Obra.

Renascendo incessantemente das chamas, confirma o grande axioma hermético contido na Palavra Sagrada do Grau 18 e, ao mesmo tempo, simboliza a imortalidade do Verdadeiro, que resulta sempre mais forte dos resíduos acesos da mentira e do erro, do fanatismo e da hipocrisia.

Esse símbolo se encontra sobre uma Cruz de Santo André, formada com as achas da fogueira entrelaçadas, para indicar que a Grande Obra nasce do sacrifício e que os sacrifícios dos mártires fazem o ideal imortal.

O mote *Ordo Ab Chao* simboliza a síntese da Doutrina Maçônica, representando o "Segredo" fundamental. Significa que a Grande Obra não pode produzir-se senão por meio de um estado de "putrefação" e de dissolvimento, ensinando que não se poderá atingir a "uma nova Ordem" senão por meio de uma "desordem", sapientemente organizada.

Os Altares do Ocidente e do Oriente são triangulares; o triângulo simboliza as três formas do Ser, a tridimensão do Uno.

O Ser em potencialidade, trino nas suas modalidades de onde emanou o Ser em ação, trino nas suas manifestações, onde as duas "trindades", Ontológica e Divina, representam, por meio dos Altares, as figurações simbólicas em uma linguagem geométrica, tão familiar ao maçom.

Esses dois Altares triangulares, dentro do plano da Loja, apresentam-se opostos.

É, evidentemente, uma "oposição" aparente dos dois ternários: a Evolução e a Involução; análise e síntese; vida e morte; céu e inferno, tudo muito bem simbolizado pela estrela de seis pontas, o "Selo de Salomão".

Geometricamente, os dois Altares triangulares sobrepostos correspondem aos "dois três" que formam o número 33 do Grau.

O Grau 33 tem muita ligação com o Grau 18, haja vista a similitude com a idade desse.

O Grau 33 é símbolo do Equilíbrio e da Perfeição que deve alcançar o Soberano Grande Inspetor Geral; tendo em vista a perfeita igualdade dos dois algarismos que formam o número 33, cada um dos quais, por si só é perfeito, por ser o símbolo do Ternário; somente isso já nos daria uma ideia perfeita do Equilíbrio e da Perfeição.

Jogando com várias operações aritméticas, chegaremos a resultados teosóficos surpreendentes. Assim, a soma das suas cifras nos apresenta o "6", símbolo do equilíbrio representado pelo Selo de Salomão; o produto de suas cifras "9" é outro significativo símbolo da Bondade e da Sabedoria, a que chegamos depois de um aparente antagonismo.

É necessário morrer para renascer; involuir para evoluir; descer para subir; conhecer o mal para atingir o bem; passar através do Hades para atingir o Céu.

Nisso, está a doutrina essencial da Ordem, e como o nove é o símbolo astronômico da Lua, e o seis, do Sol, recordemos como esses dois astros estão representados na Loja do Aprendiz, já podemos deduzir que o "princípio" está contido no "final".

O Altar dos Juramentos apresenta-se no formato de um quadrado, porque esse é o símbolo da obra realizada e do mundo sensitivo, porque o quatro indica vitalidade, estabilidade e força, características fundamentais de nosso Rito.

Constitui, outrossim, o emblema da Pedra Cúbica, ou seja, do fim mediador entre os dois ternários opostos representados pelos dois Altares triangulares.

Colocando-se o número 4 entre os dois números 3, obtemos o número 343, cuja redução teosófica resulta no 10, que em hebraico corresponde ao IOD, símbolo do princípio e da unidade.

Somando o 3 com o 4, obtemos o 7, representando o "Zain" hebraico, símbolo do duplo poder, material e espiritual; corresponde à estrela de 7 pontas, símbolo do Setenário Sagrado que, para os egípcios, era o símbolo da Vida.

Realmente, o 10, o 7 e o 4 não passam de três diversas manifestações da Unidade, cuja unidade está presente em todos os três números, mesmo que existindo sempre, indivisível, a Unidade na qual os três algarismos encontram a solução.

O simbolismo do triângulo invertido, que contém o número 33 e com o punho de uma espada com o formato cruciforme saindo de cada um dos seus lados, representa, no seu conjunto, o símbolo da realização da Grande Obra; é a conciliação obtida pelos dois Ternários opostos, do Grande Binário, no Ternário Eterno por meio do Amor e do Sacrifício.

A Bíblia vem aberta no 1º versículo de São João, porque nesse se encontra a síntese da nossa doutrina filosófica.

Sobre a Bíblia, é colocada a espada do dois gumes que, todavia, é um símbolo da conciliação do antagonismo e da força que de tal conciliação deriva.

O esqueleto colocado junto ao Ara central simboliza que a vontade humana deva passar através da morte para poder atingir o Pensamento Divino.

Relembra-nos o juramento do Kadosh quando nos impusemos a divisa "Vencer ou Morrer", vencer ou morrer em defesa do Estandarte da Ordem que é empunhado pelo esqueleto e que simboliza a potência material e espiritual, que é conferida à Ordem pela Sabedoria dos seus Obreiros.

A atitude de ferir com o punhal, nos recorda o juramento feito, caso se falte à promessa de fidelidade.

A disposição das luzes que iluminam o Templo corresponde à Bateria do Grau, que é formada de 11 golpes distribuídos por 5, 3, 1, e 2, correspondente ao ano maçônico 5312 (1312 da E∴V∴), ano em que foi destruída a Ordem do Templo e do sacrifício de Jacques de Molay.

O Candelabro é colocado no Oriente, de cinco luzes, número igual aos degraus do Trono do Presidente da Assembleia.

Esse número é o da Estrela Flamígera, que reúne o símbolo do fogo e o emblema das Divinas Possibilidades do homem junto ao completo desenvolvimento da própria vontade.

Aparentemente, a Estrela Flamígera apresenta-se com um poder destruidor e desorganizador, como se desejasse devorar a própria Vida; no entanto, encabeça as transformações sucessivas para a formação de novos seres.

O Candelabro colocado no Ocidente é de três luzes, como são três os degraus do trono que ilumina.

É o símbolo da Unidade da Luz em sua diversidade e representa a religião e a ciência únicas, o verdadeiro Cristianismo, o do Sagrado Ternário, onde todo dissídio se aplaca e todas as oposições se conciliam na contemplação da Unidade.

Aqui, o Ternário luminoso significa as três modalidades do Ser, na criação universal da matéria, ou seja, a Causa, o Meio e o Efeito, ou o Movimento, a Putrefação e a Vida.

O Candelabro colocado ao Sul, composto de duas luzes, é o símbolo da antítese aparente que compõe a Harmonia Universal e a qual o Iniciado deve saber conciliar em si mesmo para poder contribuir no Universo para que a Grande Obra se cumpra.

É a bissexualidade da Natureza, cujo movimento, aparentemente, produz a vida e a morte, mas que não passa de um ato de geração.

O Candelabro colocado ao Norte, constituído de uma única luz, simboliza a Única Luz da qual todas as luzes derivam e à qual todas retornam.

É o emblema da Unidade e da Causa Única.

O conjunto das 11 luzes representa o símbolo sintético da nossa concepção filosífica, com o fracionamento das luzes.

O Candelabro dos cinco braços simboliza a tríplice manifestação; o de dois 2 braços, a Emanação andrógina.

As luzes, no seu todo e na sua concepção unitária, ensinam-nos a buscar Deus não fora de nós, mas sim dentro de nós e na Humanidade.

A Abertura dos Trabalhos

Os trabalhos são abertos segundo a forma convencional dos Graus precedentes.

O Presidente empunha uma espada, cujo punho serve de malhete.

Um dos deveres formais em todos os Graus é a verificação a respeito de encontrar-se o Templo a coberto.

Encontrando-se os membros do Supremo Conselho a postos, devidamente aparamentados, portando as suas insígnias, os Oficiais, os seus barretes e joias, o Presidente Soberano Grande Comendador informa da existência de quatro preocupações essenciais, constantes e que necessitam ser esclarecidas: "O que somos", "de onde viemos", "para onde vamos" e "qual o dever dos presentes".

O Lugar-Tenente Comendador esclarece que os presentes são, ainda, frágeis criaturas, cuja vida não passa de um infinitésimo ponto entre "Duas

Eternidades": Eternidade como lapso de tempo passado e a Eternidade como fração de tempo futuro.

O dualismo dentro do "tempo", o que foi e o que é, mas sem destruir o passado, porque o passado também é eterno.

Quem se origina do passado necessita de duas condições para conscientizar-se do que penetra na Eternidade seguinte: Fé e Esperança.

A Caridade já consumiu a Eternidade de ontem.

De onde viemos?

Nossos corpos vêm dos elementos que perecem e a nossa alma provém da grande fonte do Universo.

Não há como se confundir entre Alma e Espírito. A Alma é do homem e o Espírito, de Deus.

A matéria sustenta o ego; a Alma, o nosso Eu, ou seja, a parte eterna que se origina de uma única fonte: o Universo, ou macrocosmo, segundo o conceito astronômico.

Para onde nos dirigimos?

O caminho destinado ao homem parece eterno porque raros são os homens que sabem o dia exato do cumprimento de sua estada na Terra.

Todos nós sentimo-nos eternos; o dia de amanhã não nos parece o encurtamento da vida.

O destino da matéria é o túmulo, na forma convencional, túmulo que acolhe os despojos considerados sagrados dentro da ilusão humana.

Nós cultuamos o corpo de nossos queridos e semelhantes porque desejamos que, chegada nossa vez, outros nos dediquem o mesmo apreço.

Não tem valor algum esse culto. Todo homem é Templo, mas, ao mesmo tempo, túmulo, porque nem sempre poderá ser Templo, mas inexoravelmente será túmulo!

Portanto, o homem dirige-se ao seu próprio túmulo. Aqui não há lugar de alguém desejar apossar-se do sepulcro alheio; cada um terá um destino certo e exclusivo, embora o caminho da Eternidade apresente um estágio: o túmulo.

Não deve nos assustar. Há quem leve rigorosamente a sério o seu destino físico e prepara com antecedência o seu túmulo. Na Antiguidade, os reis e poderosos mandavam preparar jazigos imponentes, pirâmides elevadas, lugares certos, para receberem os seus corpos.

A cerimônia do sepultamento sempre foi grande preocupação e já nos habituamos a presenciar as exéquias dos Papas, com toda pompa, cujos corpos são colocados na cripta do Vaticano.

Os cristãos primitivos tinham nas catacumbas de Roma o seu destino, na ansiosa espera da ressurreição, junto com Cristo!

Outros, como Gautama, Buda, elevaram seus corpos para o Cosmos.

Hiram Abiff teve três túmulos: sob os escombros do Templo; no Monte Mória e, finalmente, retornado com pompa, no centro do Grande Templo de Salomão.

O homem pode ser um túmulo andante, túmulo vivo e no dizer do Nazareno: "túmulo caiado por fora, mas negro por dentro".

Há muita filosofia na pergunta: "Para onde nos dirigimos?", porque o dirigir nossos passos independe da vontade humana; saber para onde vamos constitui uma das grandes sabedorias humanas!

Qual o nosso dever?

A resposta ritualística será: "Suportar com paciência o infortúnio e agir com retidão em todos os momentos".

Não se pode confundir o "dever" da quarta questão com os Deveres Maçônicos.

Esse "dever" diz respeito às respostas precedentes e, consequentemente, exprime o que o homem é, de onde vem e para onde vai; para "vir" o homem necessita cumprir certos deveres místicos; para ser, há necessidade de existirem certos deveres, e para "ir", os deveres são mais importantes ainda.

O Maçom não é um ser do "acaso", do "destino" e do que "deverá acontecer".

Ele vem ao mundo já programado; ele permanece obedecendo aos preceitos que lhe são esclarecidos e ele parte, também, devidamente programado.

A Maçonaria é uma terapia do destino; ela conduz o maçom, realiza-o para um fim glorioso, o de uma Eternidade consciente, junto ao Grande Arquiteto do Universo.

Assim, a morte não aterroriza; é um encontro que o maçom já marcou, programou e anseia por realizar.

Porque nesse encontro verá a Luz. Encontrará a Palavra Perdida.

Essas quatro questões constituem uma preocupação permanente do Supremo Conselho. Ele prefere, de início, esclarecê-las, para que, no trabalho a encetar, esses passos primários não venham a constituir problemas.

A abertura dos trabalhos constitui ad gloriam Dei, para o Governo da Ordem, obtenção da Justiça e triunfo dos desejos de todos os maçons.

Nada se faz sem invocar a presença da Glória do Grande Arquiteto do Universo.

Tudo é reflexo dessa Glória; assim, atuando em nossas ações e pensamentos, não encontramos dentro dessa Glória.

A Justiça é o anseio supremo, porque tudo o que possa servir de contrariedade, de obstáculo, de dificuldade, de oposição, de tristeza, desarmonia e incompreensão, será um ato de injustiça.

Os problemas da sociedade em que vivemos nos preocupam porque são atos de injustiça.

O triunfo dos desejos é nossa meta; a Fraternidade Universal, quando todos se unam, alegres, em paz, satisfeitos dentro da harmonia e da Glória do Supremo Árbitro dos Mundos.

A leitura do Livro Sagrado encontra-se no Evangelho de São João 1:1-15:

"No princípio era o Verbo, e o Verbo estava com Deus, e o Verbo era Deus. Este estava com Deus, no princípio. Por ele foram feitas todas as coisas; e nada do que foi feito, foi feito sem Ele.

Nele estava a Vida, e a Vida era a Luz dos Homens, e a Luz brilha nas trevas, mas as trevas não a comprenderam".

O Evangelho de São João, o Evangelista do Amor Fraterno, foi o único capaz de transmitir o mistério da Divindade.

O Grau 33 retoma nessa parte a mística do Grau 18, com a mensagem de Fé e Esperança.

Encerra a liturgia o gesto típico do "Sinal" e da "Bateria". O "Sinal" para dissipar a confusão; o som da Bateria para neutralizar as vibrações e conduzir todos a um só estado de consciência.

Segue-se a leitura do Balaústre.

A sessão somente será declarada encerrada após a conclusão da comovente Cerimônia de Investidura.

*
* *

A Iniciação

A Cerimônia Iniciática recorda, ligeiramente, a do Primeiro Grau porque o Iniciando, descalço, braços cruzados com uma tocha acesa na mão direita, é introduzido no Templo acompanhado do Poderoso Grande Mestre de Cerimônias, que segura em sua mão esquerda um cordão negro enrolado em torno do pescoço do Iniciando.

Caminha de forma curvada, com a cabeça inclinada, enceta três giros, passando entre o Altar dos Perfumes e o Altar, e toda vez que passa diante do Soberano, faz uma parada.

Depois dessas marchas cumpre o ato de coragem e de abnegação, mergulhando as suas mãos no recipiente que contém mercúrio.

Presta, a seguir, o Juramento do Grau colocando sua destra sobre a espada colocada sobre o Evangelho, beijando por três vezes a espada e o Livro da Lei.

Depois dessa Cerimônia é consagrado e vestido na forma do Ritual.

O Soberano lhe entrega a Faixa, a Joia e a Fé.

A faixa é branca, porque branca é a composição da Luz e a síntese de todas as cores, assim como o Grau 33 é a síntese de todos os Graus precedentes.

Na faixa, temos a reprodução de todos os símbolos já descritos.

Na extremidade da faixa, vê-se bordada uma roseta que contém as cores da Bandeira Nacional e na extremidade, a Joia.

Nas reuniões, o Avental não é usado.

As Joias do Grau são várias: a Águia Bicéfala, a Cruz Tríplice, a Fé ou Anel e a Cruz Teutônica.

A Cruz Tríplice é usada, normalmente, na lapela e corresponde à Cruz Papal.

A Fé é formada por um anel de ouro duplo, normalmente ornamentado com o triângulo, tendo inserido no centro o número 33; na parte interna, vê-se a inscrição: Deus meumque Jus, o nome do titular e a data da Investidura.

A última Joia é a Cruz Teutônica, que é usada como se fora uma condecoração, sobre uma fita branca com os debruns vermelhos; é esmaltada em encarnado, sobre outra Cruz em ouro de dimensões um pouco maiores; tem raios prateados, fundo esmaltado em branco. No centro, um círculo onde se encontra a Águia Bicéfala; cruzam a Cruz, duas Espadas.

O uso da comenda é obrigatório.

O Iniciando, Sublime Príncipe do Real Segredo, ainda uma vez, bate à porta para a etapa final.

É a aspiração suprema de todo maçom que atingiu os últimos Graus do Consistório, já perfeitamente entrosado na filosofia maçônica e provado com profundidade em todos os sentidos.

O Iniciando busca, sempre, atingir o aperfeiçoamento e o Soberano, mais uma vez, adverte-o de que esse só será atingido por meio do trabalho incessante.

A prática do Bem será exclusivamente pelo Amor a esse Bem, sem esperar recompensa, pois "Bem", aqui, significa praticar a Divindade.

Mais uma vez é notado que o Iniciando jamais bate à Porta de um Templo Maçônico; alguém bate por ele e, no caso, ainda é o Mestre de Cerimônias.

É a questão da intercessão: "Ninguém vai ao Pai senão por mim", já proclamava Jesus.

A prática do bem soma dedicação e perseverança.

Adentrado o Iniciando, o Soberano surpreende-se porque o nota preso pelos laços do cordão negro.

O Mestre de Cerimônias explica: "Representa os povos que vivem sob a opressão da tirania; o coração humano, com o despotismo paralisa a alma, cuja aspiração para a Verdade é manipulada pelo fanatismo e pela intolerância".

É óbvio que o Iniciando, sendo Príncipe do Real Segredo, deveria apresentar-se livre, soberano e altivo; ele representa, porém, durante a cerimônia, os que sofrem.

Intervém o Soberano Lugar-Tenente Comendador e diz: "Libertar da tirania a Humanidade e do fanatismo a consciência humana é, realmente, uma das grande missões da Maçonaria. Havemos de alcançá-la, porque um povo só é escravo quando desconhece as próprias forças e o homem se submete à intolerância porque desconhece o potencial inesgotável de sua vontade".

O Iniciando enceta as viagens, repetindo os números simbólicos que compõem a data da destruição da Ordem do Templo.

A cada viagem lhe é dada uma mensagem.

É-lhe dito que a Maçonaria não possui dogmas, mas princípios doutrinários; contudo, existem, de certa forma, "dogmas" no sentido lato do vocábulo, seja na presença das lendas, seja na crença do invisível; refere-se o Soberano aos dogmas que são impostos sem o raciocínio, sem a discussão, sem o esclarecimento. O dogma também encontra sua simbologia e definição.

A existência de Deus e a Imortalidade da Alma não são definidos; se o fossem, constituiriam dogmas os mais oclusos.

A Maçonaria não impõe limite à investigação; não proselitiza a religião e prega: "Ama a teu próximo".

A Moral Maçônica não se prende a limitações de escolas ou teorias; novas escolas e novas teorias surgem a cada momento e a moral altera-se. A Moral Maçônica transcende a todas, pois o que ela visa é a dignidade da pessoa humana.

A manifestação da simpatia e da compaixão para com a Humanidade é um tributo tão difícil que somente a semente do Bem, no seu conceito de Divindade, torna possível. O homem é egoísta por natureza, pois se ama a si mais que aos outros.

Os preconceitos, os erros, as impressões superficiais, as críticas maldosas, a intolerância afligem os homens. A Maçonaria quer que os homens possam ser "iluminados" e que se vejam uns aos outros não como competidores, mas como seres fraternos.

Concluídas as viagens, os laços que prendem o Iniciando são desfeitos e o Soberano, frente a frente com ele, diz com autoridade:

"Sustentai a honra de vossa Pátria e mantende-vos sempre prontos a dar a vossa vida para defesa de seus direitos. Não deveis, porém, ter qualquer temor em dizer aos vossos concidadãos as verdades que lhes sejam úteis.

Não busqueis, jamais, conquistar uma popularidade vã. Esforçai-vos por instruir o povo, esclarecê-lo, melhorá-lo, nunca buscando enganá-lo, nem fazer dele o vosso instrumento. Não sustenteis, nem defendais o mal e o erro contra vossa Pátria.

Não dissimuleis a Verdade em proveito de um partido, onde haja um interesse particular; considerai que sois um defensor da moralidade pública.

Tende, sempre, tanto os tiranos como os demagogos, na qualidade de seres nefastos, a liberdade nacional.

Que para o futuro seja a vossa divisa, como cidadão: "Liberdade com Ordem; Igualdade com Respeito; Fraternidade com Justiça".

Essa admoestação, vinda de decênios, constituiria uma plataforma política das mais inspiradas.

Poderiam alguns dos nossos políticos repetir essas palavras, com consciência e honra?

Caso esses preceitos maçônicos fossem aplicados aos homens públicos profanos, quão diferente seria a situação de nossa Pátria!

Após recebido o primeiro grande compromisso decorrente das candentes sentenças, prossegue o Presidente:

"Trabalhai em benefício da Humanidade na esfera de vossa influência.

Procurai instruir os homens, sem distinção de raças.

Ensinai-os sobre seus deveres e seus direitos, sobretudo os primeiros.

Não ligueis aos ataques de políticos corruptos e desonestos; não os tenhais por aliados, nunca, mesmo por inação ou submissão.

Acreditai e ensinai que o trabalho honrado é sempre respeitável, qualquer que seja, e a ociosidade, um crime.

Nunca encareis com desprezo a gente do povo, porque esse é o sustentáculo físico da nação.

Procurai desenvolver o Bem que reside em germe na Natureza humana e combatei os impulsos para o mal.

Alimentai e conservai sempre, vivas no coração humano, o lume sagrado da honra, da independência, da magnanimidade e do patriotismo, e na consciência pública os sentimentos de Direito e Justiça".

A seguir, o Iniciando presta os compromissos do Grau e diante dos Pavilhões da Pátria e do Supremo Conselho, o compromisso de fidelidade.

Todos os demais membros presentes reassumem os mesmos compromissos de forma solene.

O Soberano Grande Comendador passa, a seguir, a investir o Iniciando, esclarecendo mais ainda as suas prerrogativas e cingindo-o com as insígnias e joias do Grau.

A palavra é dada aos presentes para comentar a cerimônia e os trabalhos são encerrados na forma do Ritual, convencionalmente.

*
* *

Encerramento dos Trabalhos

O hábito é denominar as sessões como "trabalhos", na preocupação constante de que os maçons são eternos Obreiros.

Assim, encerradas as atividades, o Soberano Grande Comendador anuncia chegado o momento da separação, com a retomada das tarefas profanas.

O "Tempo", sempre presente, faz remontar as nossas mentes, sobre as questões do "vir" e "ir"; sendo chegado o "tempo", fixa-se o "momento" da separação.

A reunião dos Irmãos é sempre aprazível; a separação traduz tristeza.

As reuniões do Supremo Conselho não são frequentes, mas espaçadas; muitas vezes, uma reunião anual apenas.

Esquecidos os empreendimentos e as tarefas profanas, por algumas horas, dentro de um mundo todo espiritual, onde o comum se apresenta harmônico, fraterno, pacífico e produtivo, os Irmãos que sentiram quão boa é a união fraterna choram a separação.

O Soberano Lugar-Tenente pergunta, solenemente: "Qual é a lembrança que devemos ter presente em nosso espírito?"

Essa pergunta sutil sugere a convicção da presença em todos do Grande Espírito, do Verbo, do *Logos*, de Deus, no aspecto de Grande Arquiteto do Universo.

A humanidade tem direito à nossa simpatia; os desgraçados, ao alívio de suas penas; os perseguidos, ao nosso apoio, e os que caem, à nossa piedade.

Mas o homem não possui todos esses atributos para dar simpatia, alívio, apoio e piedade porque são atributos divinos que só podem ser doados pelo Espírito que está em nós.

É evidente que, por sermos maçons, temos de ser solidários com os nossos irmãos e fiéis aos nossos juramentos.

Nossos laços fraternais não podem ser despedaçados por nenhuma rivalidade porque devemos ter tolerância com todas as opiniões políticas e religiosas.

Devemos ter sempre presente que somos Grandes Inspetores Gerais e temos a obrigação de exercer os nossos poderes com justiça, imparcialidade e isenção de ânimo.

Finalmente, em resumo: cumpre-nos buscar o Bem, evitando o mal, e do caos exsurgir à Luz: Ordo ab Chao.

Esgotados os trabalhos, vamos encontrar que o Sol da manhã ilumina o Conselho.

Os trabalhos são encerrados de forma ritualística e convencional.

Todos se retiram em Paz, acompanhados por Deus.

*
* *

Leitura Recomendada

Maçonaria
100 instruções de aprendiz

Raymundo D´elia Júnior

O autor reuniu nesta obra um total de 100 instruções que nortearão o Aprendiz em sua senda maçônica, facilitando o seu estudo e entendimento a respeito do Primeiro Grau da Maçonaria.

O Compasso e a Cruz
Uma História dos Cavaleiros Templários Maçonicos

Stephen Dafoe

Stephen Dafoe, renomado escritor e autor maçônico de Nascidos em Berço Nobre – Uma História Ilustrada dos Cavaleiros Templários (Madras Editora), considera em detalhes as origens e a evolução dos Cavaleiros Templários Maçônicos desde seu início, na metade do século XVIII, até sua presente forma.

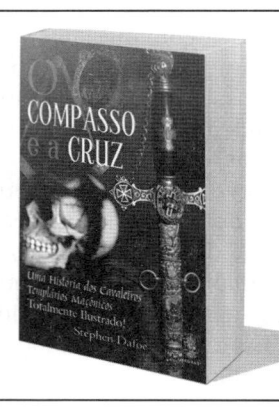

Maçonaria – Escola de Mistérios
A Antiga Tradição e seus Símbolos

Wagner Veneziani Costa

É comum ouvirmos que a Maçonaria consiste em uma instituição que congrega homens de bons costumes, solidários e transformadores da sociedade. Há quem diga que sua origem remonta às primeiras civilizações do mundo (egípcios, persas, gregos...) e que vem acumulando diversos conhecimentos desde então.

www.madras.com.br

MADRAS Editora — CADASTRO/MALA DIRETA

Envie este cadastro preenchido e passará a receber informações dos nossos lançamentos, nas áreas que determinar.

Nome _____
RG _____ CPF _____
Endereço Residencial _____
Bairro _____ Cidade _____ Estado ____
CEP _____ Fone _____
E-mail _____
Sexo ❏ Fem. ❏ Masc.   Nascimento _____
Profissão _____ Escolaridade (Nível/Curso) _____

Você compra livros:
❏ livrarias   ❏ feiras   ❏ telefone   ❏ Sedex livro (reembolso postal mais rápido)
❏ outros: _____

Quais os tipos de literatura que você lê:
❏ Jurídicos   ❏ Pedagogia   ❏ Business   ❏ Romances/espíritas
❏ Esoterismo ❏ Psicologia ❏ Saúde   ❏ Filosofia/música
❏ Bruxaria   ❏ Autoajuda   ❏ Maçonaria ❏ Outros:

Qual a sua opinião a respeito dessa obra? _____
_____

Indique amigos que gostariam de receber MALA DIRETA:
Nome _____
Endereço Residencial _____
Bairro _____ Cidade _____ CEP _____

Nome do livro adquirido: ***Rito Escocês Antigo e Aceito***

Para receber catálogos, lista de preços e outras informações, escreva para:

MADRAS EDITORA LTDA.
Rua Paulo Gonçalves, 88 – Santana – 02403-020 – São Paulo/SP
Caixa Postal 12183 – CEP 02013-970 – SP
Tel.: (11) 2281-5555 – Fax.:(11) 2959-3090
www.madras.com.br

MADRAS® Editora

Para mais informações sobre a Madras Editora,
sua história no mercado editorial
e seu catálogo de títulos publicados:

Entre e cadastre-se no site:

www.madras.com.br

Para mensagens, parcerias, sugestões e dúvidas, mande-nos um e-mail:

marketing@madras.com.br

SAIBA MAIS

Saiba mais sobre nossos lançamentos,
autores e eventos seguindo-nos no facebook e twitter:

@madrased

/madraseditora